ROUSSEAU
ET LA POLITIQUE DES MODERNES

BIBLIOTHÈQUE D'HISTOIRE DE LA PHILOSOPHIE

NOUVELLE SÉRIE

Fondateur : Henri GOUHIER Directeur : Emmanuel CATTIN

Jean-Marie BEYSSADE

ROUSSEAU ET LA POLITIQUE DES MODERNES

Textes édités et présentés
par
Blaise BACHOFEN

Postface de
Béatrice LONGUENESSE

Ouvrage publié avec le concours du Centre d'Études Cartésiennes EA 3552 – Sorbonne Université

PARIS
LIBRAIRIE PHILOSOPHIQUE J. VRIN
6, Place de la Sorbonne, V^e

2025

Que Vincent Carraud, directeur du Centre d'Études Cartésiennes, soit remercié pour le soutien apporté par Sorbonne Université à la publication du présent ouvrage.

Imprimé en France

ISSN 0249-7980

ISBN 978-2-7116-3169-8

www.vrin.fr

ABRÉVIATIONS

ŒUVRES DE ROUSSEAU

OC — *Œuvres complètes de Rousseau*, éd. B. Gagnebin et M. Raymond, « Bibliothèque de la Pléiade », Paris, Gallimard, 1959-1995, suivi du numéro de tome.

Corse — *Projet de constitution pour la Corse* (*OC* III).

CS — *Du Contrat social, ou Principes du droit politique* (*OC* III).

DEP — *Discours sur l'économie politique* (*OC* III).

DI — *Discours sur l'origine et les fondements de l'inégalité parmi les hommes* (*OC* III).

Dialogues — *Dialogues. Rousseau, juge de Jean-Jacques* (*OC* I).

Émile — *Émile, ou De l'Éducation* (*OC* IV).

Émile et Sophie — *Émile et Sophie, ou Les solitaires* (*OC* IV).

État de guerre — *Que l'état de guerre naît de l'état social* (*OC* III).

Extrait PPP — *Extrait du Projet de paix perpétuelle de l'abbé de Saint-Pierre* (*OC* III).

Jugement PPP — *Jugement sur le Projet de paix perpétuelle de l'abbé de Saint-Pierre* (*OC* III).

LEM — *Lettres écrites de la Montagne* (*OC* III).

MsG — *Manuscrit de Genève* [première version du *Contrat social*] (*OC* III).

NH — *Julie, ou la Nouvelle Héloïse* (*OC* II).

Pologne — *Considérations sur le gouvernement de Pologne et sa reformation projetée* (*OC* III).

Rêveries — *Rêveries du promeneur solitaire* (*OC* I).

AUTRES ABRÉVIATIONS

C. Facultés	E. Kant, *Le conflit des Facultés en trois sections*, IIe section, *Conflit de la Faculté de philosophie avec la Faculté de droit*, trad. fr. St. Piobetta, dans E. Kant, *La philosophie de l'histoire*, Paris, Aubier-Montaigne, 1947 ; rééd. *Opuscules sur l'histoire*, Paris, GF-Flammarion, 1990 (la première édition étant épuisée, les références à cette édition sont suivies des références de sa réédition).
Doctrine du droit	E. Kant, *Métaphysique des mœurs*, Ire partie, *Doctrine du droit*, trad. fr. A. Philonenko, Paris, Vrin, 1971.
EL	Ch. de Montesquieu, *De l'esprit des lois*, dans *Œuvres complètes*, t. II, éd. R. Caillois, « Bibliothèque de la Pléiade », Paris, Gallimard, 1951.
Mémoires	Louis de Rouvroy, *duc de Saint-Simon, Mémoires*, éd. Y. Coirault, « Bibliothèque de la Pléiade », Paris, Gallimard, 1983-1988, 8 t.
PPP	Abbé de Saint-Pierre, *Projet pour rendre la paix perpétuelle en Europe*, présentation et commentaires S. Goyard-Fabre, Paris, Garnier, 1981.
Princ. ph. du droit	G. W. F. Hegel, *Principes de la philosophie du droit ou Droit naturel et science de l'État en abrégé*, trad. fr. R. Derathé, Paris, Vrin, 1975.
Théorie et pratique	E. Kant, *Sur l'expression courante : il se peut que ce soit vrai en théorie, mais en pratique cela ne vaut rien*, trad. fr. L. Guillermit, Paris, Vrin, 1967.

INTRODUCTION

Jean-Jacques Rousseau, dans les *Considérations sur le gouvernement de Pologne*, s'interroge sur la meilleure façon d'établir une hiérarchie *républicaine* des honneurs, faisant droit à l'inégalité des talents et des vertus et même à une saine émulation, sans laisser libre cours à la concurrence des vanités dont, depuis le *Premier Discours*, il dénonce les effets délétères au moins autant chez les philosophes et les savants que chez les aristocrates et les bourgeois affairés :

> Le vrai bien se fait avec peu d'éclat. C'est par une conduite uniforme et soutenue, [...] par tous les devoirs de son état bien remplis, par des actions enfin qui découlent de son caractère et de ses principes, qu'un homme peut mériter des honneurs, plutôt que par quelques grands coups de théâtre [...]. L'ostentation philosophique aime beaucoup les actions d'éclat [1].

La carrière académique de Jean-Marie-Beyssade a été précoce, brillante, et l'a conduit au sommet de l'Université française. En témoignent l'importance de ses travaux sur Descartes et sur la philosophie du XVIIe siècle – dont sa thèse d'État, récemment rééditée [2], mais aussi des traductions et éditions de textes qui font toujours référence, et de très nombreux articles [3]. La place majeure qui lui revient se révèle aussi dans les

1. *Pologne,* XIII, p. 1026 n.

2. *La Philosophie première de Descartes. Le temps et la cohérence de la métaphysique,* thèse soutenue en 1972, publiée à Paris en 1979 chez Flammarion, rééditée en 2017 chez Aubier-Montaigne.

3. Ceux-ci ont été rassemblés pour partie en deux volumes parus en 2001 (*Descartes au fil de l'ordre*, Paris, P.U.F., 2001 ; *Études sur Descartes. L'histoire d'un esprit,* Paris, Seuil, 2001), pour partie en trois nouveaux tomes: outre celui-ci, *Études sur Spinoza*, éd. M. Beyssade, J. Lagrée et P.-F. Moreau, Rennes, Presses Universitaires de Rennes, 2023 et *Descartes et la nature de la raison. Études métaphysiques*, éd. D. Kambouchner, Paris, Champion, 2023. On trouve une bibliographie complète des publications de J.-M. Beyssade dans Ch. Jaquet (dir.), *La générosité à l'œuvre. Hommage à Jean-Marie Beyssade*, Paris,

constants échanges et débats qu'il a nourris, directement ou indirectement, informellement ou par le biais de communications et de publications, avec les meilleurs esprits de son temps, de Michel Foucault dont il fut l'assistant à Jean-Luc Marion en passant par Louis Althusser, Martial Gueroult, Ferdinand Alquié, Victor Goldschmidt, Jacques Derrida, Étienne Balibar – pour ne citer qu'eux. Mais il y a plusieurs façons de « faire carrière ». Des carrières fondées sur les « coups d'éclat » et sur l'« ostentation philosophique » dont parle Rousseau, il reste souvent peu de chose lorsque le temps a fait son tri. Les publications des auteurs à la mode du moment vieillissent mal et vite.

Les textes rassemblés ici font apparaître par contraste à quel point est persistante dans le temps, car *substantielle*, une recherche « classique » dans le meilleur sens du terme, indifférente aux modes, évitant toute forme de jargon, soucieuse de pédagogie et de clarté stylistique et conceptuelle, même (surtout) lorsqu'il s'agit de traiter les questions les plus complexes.

Ce recueil fera découvrir des textes connus, d'autres moins connus et deux textes inédits, qui à eux seuls justifieraient cette publication. Le lecteur ne pourra qu'être frappé de la densité et de la force interprétative de ces études. Leur réunion en un volume contribue en outre à jeter sur chacune d'elles une lumière nouvelle. On y voit le fruit d'années de lecture à la fois patiente, méthodique et inventive, l'approfondissement de questions et d'hypothèses qui s'élaborent et s'affinent au cours du temps. On y découvre surtout une originalité dans la recherche qui a conduit Jean-Marie Beyssade à faire de son immense érudition la matière d'une interrogation proprement philosophique. Comme le souligne fort justement Béatrice Longuenesse dans sa postface, il fut à la fois un grand historien de la philosophie (cela, chacun le savait déjà, quoique l'on découvre ici qu'il lisait systématiquement Kant dans le texte original, ou encore qu'il avait lu et relu, en plus d'innombrables autres auteurs, toute l'œuvre de Corneille et les milliers de pages des *Mémoires* de Saint-Simon) et *aussi* un philosophe, au sens où l'entend Kant :

> La philosophie n'est qu'une simple idée d'une science possible, qui n'est donnée nulle part […] mais de laquelle on cherche à s'approcher par différentes voies. […] On ne peut apprendre aucune philosophie ; car où est-elle ? Qui la possède ? […] On peut seulement apprendre à philosopher,

Classiques Garnier, 2019, p. 177-181. Voir aussi la notice biographique qui lui est consacrée, parue dans *L'Archicube* 29 bis, février 2021, p. 158-163.

> c'est-à-dire exercer le talent de la raison à rechercher ses principes généraux dans certaines questions qui se présentent [1].

L'histoire de la philosophie à elle seule ne nous donne jamais à connaître « la » philosophie, qui n'existe dans aucun « livre » que l'on pourrait « présenter » en disant : « Voyez, voici de la science et des connaissances assurées ; apprenez à le comprendre et à le retenir, bâtissez ensuite là-dessus et vous serez philosophes » [2]. Et pourtant, dans sa façon de travailler, d'aborder les questions qui se présentent (encore faut-il les voir), de les résoudre, Jean-Marie Beyssade démontrait par la pratique qu'il n'y a en réalité pas de sens à séparer histoire de la philosophie et philosophie. L'art de lire au plus près les textes des auteurs du passé ouvre la voie à la résolution des questions qui importent à tous, ici et maintenant. La lettre des textes ne tue pas la pensée profonde. L'esprit et la lettre se vivifient réciproquement. Le rapprochement surprendra peut-être, mais on trouve, dans son art de lire et d'écrire, un écho de ce que Leo Strauss nommait « un art d'écrire oublié » [3]. Non que Jean-Marie Beyssade ait, comme Strauss, cherché dans les textes qu'il interprétait des vérités camouflées par prudence dans des textes cryptiques, mais parce qu'il y mettait au jour quelque chose comme des énigmes, qu'il se donnait les moyens et surtout le *temps* de résoudre, au point d'y revenir, pour certaines d'entre elles, à de multiples reprises et sur plusieurs décennies, en « évit[ant] soigneusement la précipitation et la prévention ; et [en] ne compren[ant] rien de plus en [s]es jugements, que ce qui se présent[ait] […] clairement et […] distinctement à [s]on esprit » [4].

Ce recueil met pour la première fois l'accent sur l'importance des thématiques politiques dans l'œuvre de Jean-Marie Beyssade et sur sa connaissance pointue du XVIIIe siècle, notamment de l'œuvre de Rousseau, mais aussi de celles de l'abbé de Saint-Pierre et de Kant. La richesse et l'originalité de leurs acquis théoriques se révèlent mieux encore à la relecture. Quelques lignes de force et quelques thèses majeures se dessinent, autour desquelles la pensée de Jean-Marie Beyssade s'est constituée et affermie progressivement. Même si de nombreux autres textes de Kant

1. E. Kant, *Critique de la raison pure*, IIe partie, « Théorie transcendantale de la méthode », chap. III, « L'architectonique de la raison pure », trad. fr. A. Tremesaygues et B. Pacaud, Paris, P.U.F., 1944, p. 561.

2. E. Kant, *Annonce du programme des leçons de M. E. Kant durant le semestre d'hiver 1765-1766,* trad. fr. M. Fichant, Paris, Vrin, 1973, p. 69.

3. L. Strauss, *Persecution and the Art of Writing*, Glencoe, The Free Press, 1952 ; rééd. Chicago, University of Chicago Press, 1988.

4. Voir R. Descartes, *Discours de la méthode*, IIe partie, dans *Œuvres* de Descartes, éd. C. Adam et P. Tannery, t. VI, Paris, Vrin, 1982 (rééd.), p. 18.

sont cités, il est frappant de noter la récurrence des références à la *Doctrine du droit*, particulièrement aux développements sur le « droit politique », la vingtaine de pages que constituent les § 43 à 52 de la 1re section de la IIe partie, cités aussi bien dans une des deux études sur Saint-Simon que dans les textes sur Rousseau, et abordés de façon systématique dans les deux études sur Kant. La réflexion du philosophe de Königsberg sur l'articulation entre pouvoir exécutif et pouvoir législatif, sur la différence entre démocratie et république, sur la Révolution française et la condamnation à mort de Louis XVI, que Kant caractérise comme un « crime inexpiable » non pour des raisons morales mais politiques et juridiques, et sur la grande « faute de jugement » qu'a constituée, à ses yeux, la convocation des États généraux[1] (§ 52, Remarque) est mobilisée notamment pour interroger la notion de « souveraineté », dont la complexité ne cesse de se révéler tout au long du recueil. Cette notion est envisagée à la fois dans son intemporalité et dans ses variations contingentes. La distinction entre souveraineté de fait et souveraineté de droit impose de rencontrer la question cruciale du rôle qui peut et doit être dévolu au peuple dans l'ordre des choses politiques. Cette présence sous-jacente du peuple, qu'il soit émeutier ou convoqué dans les formes, pesant sur les affaires de l'État en surgissant en personne dans l'espace public ou sous l'espèce plus informelle mais non moins décisive qu'est l'opinion publique, « souverain » de droit sinon de fait, est centrale aussi bien dans les lumineuses analyses sur le *Nicomède* de Corneille que dans l'interprétation de la pensée politique de Saint-Simon.

L'intérêt de Jean-Marie Beyssade pour le duc de Saint-Simon est particulièrement révélateur de l'indépendance d'esprit dont il a fait preuve en traçant son chemin de chercheur. On situe mieux, à le lire, la place du mémorialiste, entre la position presque fonctionnelle d'un conservateur attaché à l'ordre à la fois stable et fragile de l'Ancien Régime et son statut, rarement reconnu comme tel, d'auteur des Lumières (il est mort en 1755, l'année de la publication du *Discours sur l'inégalité* de Rousseau), conscient de la progressive émergence d'un nouvel univers philosophique et politique. En témoigne notamment la paradoxale critique de la « tyrannie » formulée par ce partisan de l'absolutisme, critique dont Jean-Marie-Beyssade montre qu'elle peut être rapprochée de certaines thèses de Montesquieu, dont Saint-Simon se révèle plus proche qu'on ne le suppose communément. C'est que son absolutisme doit être compris moins comme

1. J.-M. Beyssade écrit toujours ainsi la formule « États généraux », avec une majuscule, notamment dans les deux articles sur Saint-Simon, malgré l'usage le plus courant (« états généraux »). Cette orthographe a été conservée dans tout le recueil.

une adhésion à la théorie mystique du pouvoir de droit divin que comme un attachement à la fonction ordonnatrice de la souveraineté. Quel qu'en soit le détenteur factuel, la souveraineté comme pure fonction, comme pouvoir de décider en dernière instance, contribue à tempérer l'arbitraire et la concurrence des ambitions et tend à produire un « règne de la loi », dont on sait que la pensée républicaine fait un de ses principes cardinaux. Jean-Marie Beyssade cite à ce propos les travaux de Jean-Pierre Brancourt, mais on pense aussi, en le lisant, à l'ouvrage d'Ernst Kantorowicz *Les deux corps du roi.*

Écartant les facilités d'une opposition entre une pensée progressiste, donc seule fréquentable, et une pensée conservatrice qui n'aurait rien à nous apprendre, Jean-Marie Beyssade aborde les questions politiques en cherchant à comprendre la relation entre, d'une part, deux ordres normatifs, celui du droit public positif (ce qu'il nomme la « machine » de l'État), et celui de la légitimité ou de la rationalité « métapolitique », d'autre part un ordre factuel, le substrat historique, sociologique et anthropologique de l'existence collective, que doit prendre en compte une philosophie politique *complète*. Parce qu'il avait compris que les questions politiques relèvent de ces trois ordres indissociables, il a nourri un intérêt tout particulier pour les moments historiques lors desquels se jouent les basculements d'un univers institutionnel à un autre (révoltes, révolutions, coups d'État, états d'exception, états de guerre) donc pour un des objets centraux de la théorie politique et juridique contemporaine, le problème du « pouvoir constituant ». De là aussi son intérêt pour le caractère très rationnel et donc *trop* rationnel des *Projets de paix perpétuelle* de l'abbé de Saint-Pierre, dont il montre que l'échec pose des questions que notre temps n'a toujours pas résolues, peut-être parce que nous ne sommes pas sortis de la naïveté hyper-rationaliste et technocratique de cet auteur qui « eût été un homme très sage s'il n'eût eu la folie de la raison »[1]. Les études politiques ici rassemblées laissent de même deviner, de façon discrète mais transparente, l'importance des débats qui ont marqué l'univers intellectuel de son temps et qui continuent de se poser à nous, fût-ce par d'autres biais. C'est autant du marxisme que de la Révolution française qu'il s'agit lorsque Jean-Marie Beyssade décrit la façon dont s'élabore chez Kant une « pensée de la Révolution » qui, quoique « non révolutionnaire », « n'est jamais contre-révolutionnaire »[2]. L'actualité politique, qui le passionnait, est rarement évoquée, mais elle se devine en arrière-fond de travaux qu'il

1. J.-J. Rousseau, *Fragments et notes sur l'abbé de Saint-Pierre*, *OC* III, p. 657.

2. Voir notamment « Le duc de Saint-Simon et les États généraux de 1715 », p. 71-79, « État de guerre et pacte social », p. 116-122 et « République et régicide chez Kant », p. 265.

faut se garder de voir comme de simples exercices d'érudition. Elle éclaire sa réflexion sur le caractère à la fois nécessaire et, peut-être, impossible d'une « politique des modernes ».

C'est le caractère central de cette problématique qu'il a particulièrement identifiée et travaillée dans l'œuvre de Rousseau, ce qui lui a permis d'interpréter celui-ci en échappant aux lectures caricaturales de ceux que le Genevois nommait des « lecteurs pressés »[1]. Certains articles (« Du contrat social en général », « Le pacte social et la voix du gueux ») ont fait date et sont cités dans tous les travaux sérieux sur Rousseau. Ces articles ont contribué à poser les bases d'un (autre) exposé des « principes du système de Rousseau », pour reprendre le titre de l'ouvrage de Victor Goldschmidt que Jean-Marie Beyssade citait avec admiration, qui nourrissait sa réflexion, mais dont il discutait certaines thèses avec fermeté et perspicacité. Sans ignorer les difficultés que présente son œuvre, faisant même souvent de ces difficultés le point de départ de ses études, Jean-Marie-Beyssade a su voir en Rousseau un *philosophe*, à une époque où cela n'allait pas de soi. Se refusant à le lire, comme on le fait trop souvent, par fragments ou en simplifiant artificiellement la complexité de sa pensée, il a exploré son œuvre avec une méticuleuse et généreuse attention. Non seulement les ouvrages majeurs – le *Discours sur l'inégalité*, le *Contrat social*, l'*Émile* – étaient connus de lui dans leurs moindres détails, mais il prenait toujours soin de faire le tour de l'œuvre pour en expliquer chaque partie. Ses interprétations se nourrissaient du soigneux examen des variantes, des passages biffés, des brouillons, de la correspondance non moins que des textes canoniques. Cette maîtrise d'ensemble, cette circulation à l'intérieur de toute l'œuvre, l'ont conduit à s'intéresser à des textes alors souvent négligés, tels que les fragments politiques, les brouillons et textes inachevés sur la guerre, les textes sur la Corse et la Pologne ou encore les écrits sur l'abbé de Saint-Pierre.

Ainsi, le magistral article de 1978 intitulé « Du contrat social en général » cite, commente et éclaire les unes par les autres douze œuvres différentes de Rousseau, auxquelles s'ajoutent les réflexions de Kant sur la théorie du contrat. Cela témoigne assez de la vertu d'*étonnement* qui animait Jean-Marie Beyssade, en l'espèce de son désir d'aborder à nouveaux frais la question de ce qui est (toujours) à découvrir dans *Du Contrat social* et plus généralement dans la notion de « contrat social », trop souvent réduite à sa plus simple expression, à partir de schémas

1. *CS*, I, 4, p. 373 n.

plaquant les uns sur les autres des raisonnements aussi différents que ceux de Hobbes, de Locke et de Rousseau.

Ni acte réel – le pacte social n'est évidemment pas l'origine factuelle des sociétés en général, ne serait que parce que la société précède la société politique –, ni simple fiction ou vue de l'esprit, ce modèle théorique, cette expérience de pensée dont il faut saisir « la triple fonction conservatrice, réformatrice et révolutionnaire » [1], donne à connaître quelque chose de vrai sur les corps politiques réels. Abordant le pacte qui fait qu'« un peuple est un peuple » [2] à travers ce qu'il nomme un « détour », Jean-Marie Beyssade le cerne en le comparant à trois formes de conventions qui constituent des communautés plus ou moins solides et viables : l'association léonine soumettant les pauvres au riches par un « pacte » mêlant le consentement à la ruse et à la contrainte, l'obligation rationnelle et réciproque qui instituerait idéalement, par la seule force de sa légitimité librement reconnue, des rapports justes et égaux entre les membres d'une société politique, enfin, au niveau supranational, le droit des gens qui règle imparfaitement les rapports entre les États et le sentiment moral ou religieux qui lie les hommes considérés comme membres d'une hypothétique communauté universelle. Le pacte du *Contrat social* n'est rien de cela ; pourtant chacune de ces perspectives contribue à la compréhension du grand traité politique de 1762. Comprendre ce qui fait qu'« un peuple est un peuple » suppose de prendre en compte *à la fois* la contingence et la nécessité, *à la fois* l'économie, l'histoire, la conflictualité sociale, la guerre, la puissance des passions, la voix discrète et ferme de la raison, les mœurs et la morale, le souci du bien commun et la volonté de le poursuivre par l'exercice collectif de la liberté, enfin la mise en forme que produit l'institution politique, l'unification de la pluralité par la loi.

À la question, qui manifestement l'intéressait personnellement, et non seulement comme historien de la pensée, de savoir s'il existe une « politique des modernes », Jean-Marie Beyssade a répondu le plus souvent à demi-mots, prudemment, laissant en général le lecteur tirer lui-même ses conclusions. Mais on devine qu'il voyait dans la position rousseauiste de cette question – telle qu'elle se formule notamment au début de l'*Émile*, ou dans les textes sur le christianisme, souvent cités et commentés – à la fois le lieu où elle se pose de la façon la plus décisive et ce contre quoi il a construit une conviction, sans doute mêlée d'un regret.

1. Voir *infra*, chap. IV, p. 82.
2. *CS*, I, 5, p. 359.

> La pensée de Rousseau, écrit-il, comporte une philosophie politique [...] [mais] ne se clôt pas dans une philosophie politique [1].

Cependant il laisse entendre que cette philosophie qui briserait la clôture d'une politique *nationale* ou *patriotique* se cherche sans vraiment se trouver. Soit parce qu'elle est introuvable, soit parce que Rousseau n'a, selon lui, pas su mener à son terme une universalisation de la citoyenneté qu'il esquisse parfois – notamment à travers la figure d'Émile – et qui tendrait vers une civilité européenne, voire humaine et donc cosmopolitique. L'idéal de cette autre politique se dessine assez clairement dans l'analyse de la pièce de Corneille *Nicomède*, sous le nom d'une « politique de la générosité », conçue à partir de la théorie cartésienne de la générosité, « auto-affirmation d'une liberté qui s'ouvre à la liberté d'autrui » orientée vers l'« horizon incertain d'une paix et peut-être d'une amitié entre des libertés extérieures les unes aux autres » [2].

Horizon désirable mais… « incertain ». Il n'est pas impossible que la clôture dans laquelle se maintient la politique rousseauiste soit au fond la vérité ultime de la politique. Que cela ait quelque chose de désespérant, Rousseau l'écrit lui-même : « on en a fait trop ou trop peu dans l'institution sociale » [3]. Peut-on aller plus loin que ce constat désabusé ? Existe-t-il une place pour une « politique de la générosité » ailleurs que dans les systèmes des philosophes ? Jean-Marie Beyssade ne tranche pas, il interroge. Et, dans son interrogation, il nous emmène loin dans la découverte d'un Rousseau qu'il a lu avec autant de justesse et de profondeur que Descartes ou Spinoza. Il est d'ailleurs significatif qu'il ait choisi, dans plusieurs de ses travaux sur Rousseau, d'aborder sa pensée politique par ce biais des rapports entre les peuples, que ce soit à l'échelle de l'Europe ou du monde, que ces peuples soient séparés par leurs frontières politiques ou par leurs croyances religieuses. D'une part parce que Rousseau lui-même insiste sur le fait que le *Contrat social* est le « reste » d'un plus vaste ouvrage, les *Institutions politiques*, qu'il n'a jamais achevé et qui devait compléter l'étude du droit interne par celle des « relations externes » [4]. D'autre part parce que les questions de la guerre et du droit des gens sont présentes dès le début de son œuvre et la travaillent sans cesse. Jean-Marie Beyssade est l'un des premiers interprètes majeurs à l'avoir compris, comme en témoignent notamment ses articles sur « État de guerre et pacte social » et sur « Le soldat et le citoyen », texte exemplaire de rigueur et d'inventivité

1. Voir *infra*, chap. VI, p. 144.
2. Voir *infra*, chap. I, p. 22 et p. 43.
3. *Émile*, V, p. 848.
4. *CS*, IV, 9, p. 470.

conceptuelle et seule étude notable à ce jour portant sur la notion de « soldat » chez Rousseau. En approfondissant l'énigme de la non-coïncidence entre les concepts de « citoyen » et de « soldat », on voit se déployer non seulement ce que son auteur nomme une « théorie du soldat », mais un aperçu remarquable de la partie manquante des *Institutions politiques*, l'ébauche d'une reconstitution de la réflexion rousseauiste sur le droit des gens et le droit de la guerre.

Ce ne sont là que quelques aperçus de l'apport de Jean-Marie-Beyssade à la connaissance de la pensée politique moderne et particulièrement de celle de Rousseau. Les études rousseauistes, qui ont connu un renouveau spectaculaire à partir des années 2000, ont suivi une période de relatif désintérêt pendant la deuxième moitié du XXe siècle – du moins comparativement à d'autres périodes et à d'autres auteurs. On a ainsi souvent noté le contraste entre l'importance qu'a prise, dans le monde entier, la commémoration du tricentenaire de Rousseau et des 250 ans du *Contrat social* en 2012, par rapport à la discrétion des commémorations de 1962. Or nombre de ceux qui ont été les acteurs de ce renouveau, du moins en France, furent des étudiants de Jean-Marie-Beyssade. Dans les années 1970 et jusqu'à la fin des années 1990, il fallait le discernement et le travail scrupuleux d'un grand lecteur pour produire sur cet auteur des travaux qui méritent de garder ou de retrouver toute leur place aux côtés des recherches les plus récentes[1].

Cela, les spécialistes de Rousseau le savaient déjà. Ceux qui cherchent de solides outils conceptuels pour l'aborder, plus largement pour décrypter la philosophie politique moderne, trouveront dans ce recueil la parole d'un maître : non d'un maître à penser, mais d'un initiateur et d'un guide averti et assuré, permettant de trouver son propre chemin de philosophe.

Blaise BACHOFEN

1. Ce recueil ne rassemble d'ailleurs pas la totalité des travaux publiés de J.-M. Beyssade sur Rousseau. On peut au moins mentionner également « Ou contrat social ou esclavage. Objections à Jean Lefranc », *Revue de l'enseignement philosophique,* 33e année/2, décembre 1982/janvier 1983, p. 41-53 ; « Rousseau et la pensée du développement. Facultés virtuelles et développement chez Jean-Jacques Rousseau », dans O. Bloch, B. Balan et P. Carrive (éd.), *Entre forme et histoire, la formation de la notion de développement à l'Âge classique*, Paris, Méridiens Klincksieck, 1988, p. 195-214; la notice « Rousseau, Jean-Jacques », dans M. Canto-Sperber (dir.), *Dictionnaire d'éthique et de philosophie morale*, Paris, P.U.F., 1996, p. 1316-1324 ; « Choix des principes et irréversibilité du temps chez Jean-Jacques Rousseau », *Cahiers philosophiques de Strasbourg* 13, printemps 2002, p. 131-147.

NOTE SUR L'ÉDITION DES TEXTES

Outre la vérification des textes, des citations et des références, la tâche de l'éditeur a consisté pour l'essentiel à harmoniser la présentation, certains des articles ne comportant pas de notes de bas de page mais des références dans le corps du texte ou ne donnant, pour les textes de Rousseau, que les paginations dans l'édition de la Pléiade, sans mention des ouvrages cités. Les textes ont été parfois corrigés ou complétés sur la base des annotations manuscrites portées par Jean-Marie Beyssade sur ses exemplaires des articles ou chapitres d'ouvrages publiés.

Certaines notes ont été ajoutées ou complétées pour l'information du lecteur. Les abréviations ont été harmonisées.

Que soient remerciés les éditeurs d'ouvrages et directeurs de revues qui ont autorisé la republication des pièces non inédites du présent ouvrage.

Ma gratitude va enfin et surtout à Michelle Beyssade et à Denis Kambouchner qui m'ont accordé leur confiance, qui ont travaillé à un premier établissement des textes et qui m'ont confié les manuscrits et tapuscrits de Jean-Marie Beyssade. Ce recueil n'aurait pas pu voir le jour sans leur initiative et leur aide. Ils ont été, tout au long de la préparation du recueil, de précieux interlocuteurs, constamment disponibles pour m'éclairer et me conseiller sur les décisions à prendre.

CHAPITRE PREMIER

ENTRE TERREUR ET GÉNÉROSITÉ : LES IDÉES DU POLITIQUE DANS LE *NICOMÈDE* DE PIERRE CORNEILLE *

Je remercie l'Institut de Philosophie et l'Académie des sciences tchèques pour l'honneur qu'ils m'ont fait en m'invitant à participer à ce colloque ; et je les remercie aussi pour m'avoir permis, à travers les organisateurs, de traiter un sujet qui pourrait apparaître d'abord un peu marginal. Je tenterai cet après-midi de montrer en quoi l'objet d'étude que je vous propose, *Nicomède*, la pièce de Pierre Corneille, mérite de retenir quelques instants un regard de philosophe. Il me semble que s'y croisent et s'y fixent, en s'y définissant et en s'y hiérarchisant, à travers quelques personnages majeurs et dans l'action d'une journée dramatique, au double sens théâtral et révolutionnaire du mot journée, plusieurs Idées du politique.

Par Idées du politique, j'entends pour commencer plusieurs Idées *de la* politique, c'est-à-dire de la conduite ou de l'art humain qui cherche à fixer ou à modifier, dans un État ou entre divers États, les rapports de pouvoir, de maîtrise et de sujétion entre les dominants et les dominés, ceux qui ordonnent ou gouvernent et ceux qui obéissent.

Mais j'entends aussi plusieurs Idées *du* politique, de l'homme (ou de la femme) politique, de ce que Corneille après Platon appelle « une âme royale »[1]. Du caractère ou, puisqu'il s'agit d'Idées, du type idéal, des

* Texte inédit. La conférence a été prononcée à Prague en 1996. Toutes les notes sont de l'éditeur de ce recueil.

1. Pierre Corneille, *Nicomède*, dans *Œuvres complètes,* éd. G. Couton, « Bibliothèque de la Pléiade », Paris, Gallimard, 1984, t. II, note III, scène 2, v. 819.

vertus qui individualisent ce qu'on appelle un homme d'État. « Madame, je n'ai vu que des vertus à Rome », dit le jeune prince Attale à sa mère Arsinoé qui lui répond, désabusée et un peu inquiète : « Le temps vous apprendra, par de nouveaux emplois, / Quelles vertus il faut à la suite des Rois » [1].

Pour unir ces deux sens (idées de la conduite politique; idées du politique accompli) sous un troisième qui les surplombe, j'entendrai enfin par Idées du politique ce qui, par contraste avec le religieux, ou le technique, ou l'éthique, définit idéalement un sens ou une essence, ce qui est politique comme tel ou éminemment, l'idée ou les Idées de l'État : à savoir la puissance absolue d'un pouvoir souverain institué entre les hommes et dans leurs relations juridiques, pouvoir absolu ou souveraineté absolue qui ouvre sur l'horizon incertain d'une paix et peut-être d'une amitié entre des libertés extérieures les unes aux autres.

Je prends mon point de départ dans la chronologie, avec le rappel de quelques faits historiques. La pièce sort au début de 1651, et elle a été écrite vers 1650, en plein milieu du XVIIe siècle. C'est l'année où Descartes meurt après avoir publié les *Passions de l'âme*, mais sans avoir donné de politique. En France, la monarchie absolue s'installe laborieusement. Richelieu et Louis XIII sont morts depuis sept ou huit ans. Louis XIV ne prendra le pouvoir que dix ans plus tard. Mazarin lutte contre les Grands et la crise de la Fronde bat son plein. La pièce est jouée quelques jours après que le grand Condé, le chef de la Fronde des Princes, est sorti de prison, le 13 février 1651. Pièce d'actualité pour un absolutisme naissant, dont l'accouchement ne se fait pas sans douleur.

Si *Nicomède* est l'un de ses chefs-d'œuvre, c'est parce que Corneille réussit à y lier deux des motifs où il excelle. La mise en scène d'un ressort passionnel fondamental dans son anthropologie, la générosité, le ressort passionnel le plus directement opposé à la terreur : sa morale ou son éthique si l'on veut, mais aussi bien le cœur de son anthropologie ou de sa psychologie, comme nous dirions aujourd'hui. Et une analyse politique, la dissection d'une machinerie fondamentale pour lui comme pour nous, le pouvoir d'État : la politique et ses rouages, dirons-nous. L'originalité de *Nicomède* est de fondre présentation de l'héroïsme généreux et analyse du pouvoir politique. Corneille en effet a écrit beaucoup de pièces politiques, et *Nicomède* n'est qu'une parmi bien d'autres : mais c'est la seule où toute la machinerie politique soit regardée d'en haut par une grande âme généreuse ou magnanime (c'est une tautologie), qui ne se dément pas du début jusqu'à la fin. Corneille par ailleurs a décrit bien des

1. *Nicomède*, III, 8, v. 1117-1118.

héros, des généreux, des magnanimes, et Nicomède n'est qu'une grande âme parmi les autres : mais c'est la seule qui se circonscrive tout entière dans le jeu du pouvoir, dans la conduite d'une intrigue politique.

« Je ne veux point dissimuler que cette pièce est une de celles pour qui j'ai le plus d'amitié », avouait avec simplicité l'auteur dans son « Examen »[1]. Je ne veux pas dissimuler que cette pièce est une de celles pour qui j'ai le plus d'admiration. Je chercherai dans cette communication à rendre sensibles les raisons de mon admiration, en montrant ce que cette figuration théâtrale peut éclairer pour notre intelligence de modernes dans les obscurités du pouvoir politique, et en particulier dans les liens entre terreur, tyrannie et état d'exception qui nous occupent ici et maintenant.

DEUX PRÉALABLES

Pour me faire comprendre, je dois commencer par deux considérations préalables. D'abord, indiquer quelle espèce de leçon politique je crois entendre dans cette tragédie. Ensuite rappeler à grands traits, pour que mes auditeurs s'y retrouvent, l'intrigue de la pièce, ses personnages principaux et son nœud.

Premier préalable

La question majeure en cette pièce est celle de la vieillesse : la question de la vieillesse en politique, d'une politique de la vieillesse, et peut-être même de la vieillesse du politique comme tel. La scène est à Nicomédie, une ville d'Asie, près de l'actuelle Istanbul, capitale de ce qu'on nous présente comme un très vieil État d'Orient, « la Bithynie entière / Telle que de tout temps l'aîné la tient d'un père »[2]. Sur cette antique monarchie héréditaire qui ressemble assez à la France de Louis XIII ou de Louis XIV règne un très vieux monarque, Prusias, qui est parfaitement conscient de sa vieillesse extrême. Est-il encore le véritable Roi ? Il en doute lui-même :

> Je n'en suis plus que l'ombre, et l'âge ne m'en laisse
> Qu'un vain titre d'honneur qu'on rend à ma vieillesse,
> Je n'ai plus que deux jours peut-être à le garder[3].

1. *Ibid.*, « Examen », p. 643.
2. *Ibid.*, II, 3, v. 647-648.
3. *Ibid.*, 2, v. 499-501.

Or ce très vieux monarque à la tête de ce très vieil État se voit exposé au danger d'une double jeunesse. À l'extérieur, à l'intérieur.

À l'extérieur, il est menacé par la jeunesse d'un impérialisme naissant, celui de la Rome républicaine. En cette pièce, si Rome n'est plus toute jeune, son impérialisme est dans sa fraîcheur. Rome vient de triompher d'Annibal, et elle se prépare à dominer tout l'espace méditerranéen. Son ambassadeur à Nicomédie, Flaminius, est fondé à le dire :

> Carthage étant détruite, Antiochus défait,
> Rien de nos volontés ne peut troubler l'effet,
> Tout fléchit sur la Terre et tout tremble sur l'Onde,
> Et Rome est aujourd'hui la maîtresse du Monde [1].

Rome dans la pièce est vue de l'extérieur : il ne s'agit pas d'une pièce romaine, puisqu'à l'inverse l'unité héroïque va se faire entre Bithyniens, en face de Rome et même, en un sens, contre Rome. Corneille écrit dans « L'adresse au lecteur » :

> Mon principal but a été de peindre la politique des Romains au-dehors, et comme ils agissaient impérieusement avec les Rois leurs alliés, leurs maximes pour les empêcher de s'accroître, et les soins qu'ils prenaient de traverser leur grandeur quand elle commençait à leur devenir suspecte, à force de s'augmenter, et de se rendre considérable par de nouvelles conquêtes [2].

Rome, unique superpuissance, est ici ce que Raymond Aron appellera une République impériale, républicaine au dedans mais impérieuse au dehors ; et cette Rome, impérieuse sinon impériale ou impérialiste, est encore loin de son déclin. À Laodice, la jeune Reine d'Arménie qui évoque sa fin possible, l'ambassadeur est fondé à répondre : « Ce jour est encor loin, / Madame » [3]. La puissance romaine est toujours dans sa phase ascendante ; et si Flaminius joue dans l'action dramatique un rôle essentiel, c'est qu'il est comme le visage que Rome montre à l'étranger. À la cour de Bithynie, la frontière passe entre deux camps : ceux qui avec le vieux Prusias et sa seconde épouse, la Reine Arsinoé, ont insensiblement laissé l'alliance tourner à la vassalité ; ceux qui, derrière le fils aîné Nicomède, ne supportent plus une amitié devenue tyrannique. On relèvera au passage que le mot de « tyrannie » qualifie dans la pièce la servitude que Rome impose de l'extérieur à ses vassaux [4] autant ou plus que l'exercice abusif du

1. *Nicomède*, III, 2, v. 905-908.
2. *Ibid.*, « Adresse au lecteur », p. 641.
3. *Ibid.*, III, 3, v. 921-922.
4. *Ibid.*, IV, 2, v. 1251 et V, 7, v. 1731.

pouvoir à l'intérieur de la Bithynie [1]. Et c'est bien cette tyrannie de Rome qui est mise en échec au dénouement.

> Seigneur, à découvert, toute âme généreuse
> D'avoir votre amitié doit se tenir heureuse.
> Mais nous n'en voulons plus avec ces dures lois
> Qu'elle jette toujours sur la tête des Rois.
> Nous vous la demandons hors de la servitude
> Ou le nom d'ennemi nous semblera moins rude [2].

Nicomède a triomphé. Telle est en effet, sous les traits du héros éponyme Nicomède, la seconde jeunesse qui menace Prusias, de l'intérieur. Nicomède est, lui aussi, un astre qui se lève sur le ciel de l'Orient. « Il est l'Astre naissant qu'adorent mes États, / Il est le Dieu du Peuple, et celui des soldats », confie le vieux Roi à Araspe, capitaine de ses gardes et le dernier de ses fidèles [3]. Son ardeur renoue avec un dynamisme initial dont la vieille Bithynie s'est peu à peu éloignée, il fait signe vers quelque chose comme une Grande Bithynie, la vocation à un futur d'expansion sans limite. Il a déjà conquis, pour son père Prusias qui n'en a que faire, trois royaumes voisins dont l'un au moins porte un nom prestigieux, le Pont, un nom qu'illutrera plus tard Mithridate.

> Le Pont sera pour vous, avec la Galatie,
> Avec la Cappadoce, avec la Bithynie.
> Ce bien de vos aïeux, ces prix de votre sang [4]...

Quand Flaminius fait l'exact recensement de ces couronnes dont le rassemblement inquiète tant Rome, il sait comme chacun que Nicomède par ses victoires est en Bithynie tel le grand Condé en France : il peut tout ce qu'il veut, il n'a qu'à l'entreprendre [5]. L'armée est devenue son armée plus encore que celle de Prusias. « Nombreuse, obéissante, à vaincre accoutumée », certes [6] :

> Mais par quelle conduite, et sous quel général ?
> Le Roi, s'il s'en fait fort, pourrait s'en trouver mal [7].

1. Voir *ibid.*, III, 2, v. 848.
2. *Ibid.*, V, 9, v. 1839-1844.
3. *Ibid.*, II, 1, v. 449-450.
4. *Ibid.*, 3, v. 699-701.
5. Voir *ibid.*, v. 429-430.
6. *Ibid.*, III, 2, v. 828.
7. *Ibid.*, v. 841-842.

Souverain dans l'armée et sûr de ses soldats, Nicomède peut s'il le veut soulever le peuple et ôter à son père ce qui lui reste de pouvoir. Car il n'est pas seulement un chef militaire à qui l'armée obéit, il est devenu dans la guerre d'images qui se joue à Nicomédie et qu'il a gagnée le héros national qu'appelle l'opinion publique.

> Le peuple ici vous aime, et hait ces cœurs infâmes,
> Et c'est être bien fort que régner sur tant d'âmes [1],

constate au début de la pièce la très agissante Laodice.

Ainsi Prusias, en qui est incarnée l'Idée monarchique dans sa légitimité, voit sa vieillesse étouffer entre les deux puissances qui montent, Rome à l'extérieur et Nicomède à l'intérieur, deux puissances qui tendent l'une et l'autre à la toute-puissance et le réduisent peu à peu à l'impuissance. Le drame de la vieillesse, dans la politique comme ailleurs, est avant tout celui de l'impuissance. Drame, ou tragédie ?

Second préalable

Il faut en venir à l'intrigue, au nœud et au mouvement de la tragédie : autrement dit, introduire celui qui en est autant ou plus que Nicomède l'âme véritable. Tous les autres personnages restent ce qu'ils sont du début à la fin de la pièce : ils confirment leur être en étant fidèles à leur caractère. Seul Attale, second fils du Roi, change ou plutôt se révèle, il accède à son être en devenant ce qu'il n'était pas ou pas encore au début de la pièce. Prusias en effet a deux fils. De l'aîné, Nicomède, né d'un premier lit, la mère n'est jamais nommée : tout se passe comme s'il n'avait en lui que le sang de son père, le sang de Prusias. Mais Prusias a une seconde épouse dont il est idolâtre, Arsinoé, la Reine. Il en a eu cet autre fils, Attale, en qui coulent les deux sangs mêlés : le sang royal de Bithynie, celui de Prusias et de Nicomède [2]; et le sang d'Arsinoé [3]. Un sang qu'Attale n'entend pas renier, malgré sa conversion à l'idéal généreux de son aîné, et l'échec corrélatif qu'il va entraîner pour les projets de sa mère.

Car Arsinoé, à première vue et même à seconde, tient le rôle du méchant. Elle passe pour toute-puissante sur le Roi son époux, et Corneille dans son *Examen* ratifie ce jugement (« la Reine, qui suivant l'ordinaire des secondes femmes avait tout pouvoir sur celui [*i.e.* l'esprit] de son vieux mari » [4]), comme il le fait ratifier par Prusias :

1. *Nicomède*, I, 1, v. 115-116.
2. *Ibid.,* III, 8, v. 1093 : « Nous ne sommes qu'un sang ».
3. *Ibid.,* V, 9, v. 1838 : « Que mon sang rompt le cours du mal que j'avais fait ».
4. *Ibid.,* « Examen », p. 642.

> Quel besoin d'accabler mon cœur de vos douleurs,
> Quand vous y pouvez tout, sans le secours des pleurs [1] ?

Arsinoé est à la tête de la faction pro-romaine. Son fils Attale a été envoyé à Rome à quatre ans, il y a été élevé pendant vingt ans, hôte et otage à la fois, et il y a acquis le titre envié de citoyen romain. Attale est ainsi, à l'éducation romaine, ce que son aîné Nicomède est aux leçons d'Annibal, réfugié après ses défaites à la cour de Bithynie où il a éduqué le prince héritier. L'aîné peut donc dire à son cadet, lorsque leur concurrence et leur conflit politique et amoureux se nouent au premier acte :

> Et nous verrons ainsi qui fait mieux un brave homme,
> Des leçons d'Annibal ou de celles de Rome [2].

Quand la pièce commence, Attale est revenu de Rome : sa mère Arsinoé a négocié avec Flaminius son retour contre l'abandon d'Annibal, acculé par là au suicide pour éviter d'être livré. Or, dans le même temps, Nicomède a quitté sans ordre son armée, après une dernière victoire en Cappadoce. Il a plusieurs raisons de revenir. Il vient d'abord venger son maître Annibal. Il vient aussi dénoncer à son père Prusias une tentative d'assassinat dont il se croit la victime de la part d'Arsinoé sa belle-mère. Il vient enfin et surtout rejoindre Laodice, la Reine d'Arménie qui l'aime et dont il est aimé, Reine légitime mais exilée de son pays et réfugiée auprès de Prusias, jeune Reine promise par les traités à l'héritier de Bithynie et dont Attale est devenu lui aussi amoureux. La pièce se réduit à ce conflit politique autour du vieux monarque, entre le camp romain qui cherche à affaiblir ou même à perdre Nicomède en poussant contre lui son demi-frère Attale, et le camp national sinon nationaliste, le camp hostile à Rome dont Nicomède est le héros et Laodice la très efficace inspiratrice à Nicomédie.

L'intrigue est resserrée dans l'espace d'une journée, qui sera la journée des dupes (au sens que l'histoire a donné au 10 novembre 1630) en même temps qu'une journée révolutionnaire (au sens des journées de 1789 ou 1792). Car Arsinoé a lancé la partie : elle a monté une machination, elle a payé deux provocateurs, Métrobate et Zénon (dont les initiales MZ forment le monogramme de Mazarin) pour qu'ils se dénoncent eux-mêmes à Nicomède comme chargés par la Reine de l'assassiner. Le but visé par Arsinoé est atteint dans un premier temps : Nicomède indigné abandonne ses troupes et revient, seul et sans ordre, se plaindre au Roi son père. Après l'avoir attiré doucement au Palais il s'agit de l'y perdre en le dressant contre Prusias, à qui les deux imposteurs affirmeront que c'est Nicomède et

1. *Ibid.*, IV, 1, v. 1125-1126.
2. *Ibid.*, I, 3, v. 275-276.

non Arsinoé qui a monté le coup et qui les a soudoyés. Le piège semble infaillible, et cette très moderne machination de basse police (dont on a retrouvé l'original dans l'histoire de la Fronde avec l'affaire des témoins à brevets) va jeter Nicomède « au bord du précipice »[1]. Mais un retournement de situation sur lequel nous aurons à revenir, retournement où le rôle décisif est tenu par Attale, déjouera la manœuvre d'Arsinoé. À la faveur d'une émeute populaire, il va réunir autour de Nicomède toute la famille royale de Bithynie, en face de Rome et de son ambassadeur. Échec diplomatique majeur pour Flaminius, revanche posthume pour Annibal, quatre couronnes et cinq bientôt avec la fabuleuse Arménie basculent dans la résistance à l'impérialisme romain, les amis de Rome se rallient à Nicomède : voici dessiné à gros traits le cadre de nos analyses.

Pour les ordonner, je vais reprendre l'un après l'autre quelques-uns des principaux personnages, en examinant l'Idée politique que chacun conduit à sa plénitude.

POLITIQUE DE LA GÉNÉROSITÉ

À tout seigneur tout honneur : commençons par le héros qui donne son nom à la pièce, Nicomède, ou plutôt par le couple des « généreux »[2], le couple héroïque que forment Laodice et Nicomède. Curieusement, faudra-t-il dire qu'on ne trouve chez eux nulle idée de la politique mais plutôt une idée de l'anti-politique ? Lisons le début de l'« Examen » :

> La grandeur du courage y règne seule, et regarde son malheur d'un œil si dédaigneux, qu'il n'en saurait arracher une plainte. Elle y est combattue par la politique, et n'oppose à ses artifices qu'une prudence généreuse, qui marche à visage découvert, qui prévoit le péril sans s'émouvoir, et ne veut point d'autre appui que celui de sa vertu, et de l'amour qu'elle imprime dans les cœurs de tous les peuples[3].

La politique semble rejetée avec ses artifices du seul côté de la bassesse d'âme, et réduite à ce machiavélisme des faibles qu'en réponse à Prusias, d'une antiphrase ironique et méprisante, Laodice nommera « une si salutaire et noble politique »[4]. N'y aurait-il donc aucune politique de la générosité ?

1. *Nicomède*, I, 5, v. 336.
2. *Ibid.*, V, 6, v. 1664.
3. *Ibid.*, « Examen », p. 642.
4. *Ibid.*, III, 1, v. 752.

Ne tranchons pas trop vite : car Corneille parle, pour l'opposer à la politique et à ses artifices, d'une « prudence généreuse ». Comme prudence, elle relève elle aussi de la politique au sens large, d'un machiavélisme de la force et non de la faiblesse, qui ne s'oppose plus à la vertu ou grandeur du courage mais qui la met en œuvre. Ce que Nicomède après Flaminius appelle, sans ironie aucune, « l'art de bien régner » [1] ou encore le « grand art de régner » :

> Du grand art de régner elle suit la maxime,
> Et son Ambassadeur ne fait que son devoir
> Quand il veut entre nous partager le pouvoir [2].

Il ne l'ignore ni ne le méprise, non plus que Laodice. Quand Flaminius, pour lui faire accepter comme époux le candidat de Rome, lui rappelle « qu'une vertu parfaite a besoin de prudence » et que « la grandeur de courage, en une âme royale, / n'est sans cette vertu qu'une vertu brutale », Laodice peut sourire :

> Ma prudence n'est pas tout à fait endormie,
> Et sans examiner par quel destin jaloux
> La grandeur de courage est si mal avec vous,
> Je veux vous faire voir que celle que j'étale
> N'est pas tant qu'il vous semble une vertu brutale [3].

Le succès de l'émeute populaire en apportera la démonstration à Prusias, « ces mutins ont pour chefs les gens de Laodice », et Flaminius d'enchaîner : « J'en avais soupçonné déjà son artifice » [4]. La générosité n'ignore donc pas la politique et ses maximes, ce qu'on peut appeler au sens large les leçons de Machiavel, « la règle de la vraie et saine politique », comme dit Araspe au v. 432 (II, 1), c'est-à-dire aussi bien « les maximes d'État » qui dans la politique de la faiblesse et de la fourberie sont tournées par Arsinoé contre le « bien public » [5] que les « raisons d'État » [6] à l'œuvre dans la politique extérieure de Rome. Dans le grand art de régner, l'art cesse d'être artifice, il se subordonne et se resserre sous la norme absolue de la vertu, dans ce qui est appelé ici la « grandeur de courage », ou « du courage » [7].

1. *Ibid.*, II, 3, v. 537, repris au v. 569 par « l'art de commander ».
2. *Ibid.*, V, 9, v. 1788-1790.
3. *Ibid.*, III, 2, v. 816-836.
4. *Ibid.*, II, 3, v. 1559-1560.
5. *Ibid.*, III, 2, v. 850.
6. *Ibid.*, II, 3, v. 681.
7. *Ibid.*, III, 2, v. 819 et 834.

Caractérisons d'un peu plus près cette politique de la générosité, qui s'oppose à la terreur et à la tyrannie, et qui finit par triompher à la faveur d'une émeute, moment exceptionnel sinon état d'exception où l'ordre légal est suspendu.

Cette politique de la générosité est refus de toute bassesse. On rejoint ici la typologie cartésienne des passions qui oppose générosité à bassesse ou abjection. Car la bassesse n'est pas seulement la petitesse d'âme ou la faiblesse, même si elle les présuppose. Elle implique consentement volontaire à l'abaissement. Laodice peut devenir esclave, elle n'acceptera pas de s'assujettir :

> Et ces vastes malheurs où mon orgueil me jette
> Me feront votre esclave et non votre sujette ;
> Ma vie est en vos mains, mais non ma dignité [1].

De même, Nicomède sujet ne donnera aucun consentement à rien de ce qui serait abaissement de soi ou de la dignité royale en lui. Sujet, il ne se rebellera pas contre les décisions du monarque légitime, même quand son père décidera de l'exiler à Rome.

> J'irai, j'irai, Seigneur, vous le voulez ainsi,
> Et j'y serai plus Roi que vous n'êtes ici [2].

Mais son obéissance ne vaut pas consentement. Il l'a dit dès la scène de défi où il a été chargé par le Roi de répondre pour lui à l'Ambassadeur :

> Grâces aux Immortels, l'effort de mon courage
> Et ma grandeur future ont mis Rome en ombrage.
> Vous pouvez l'en guérir, Seigneur, et promptement.
> Mais n'exigez d'un fils aucun consentement.
> Le maître qui prit soin d'instruire ma jeunesse [*i.e.* Annibal]
> Ne m'a jamais appris à faire une bassesse [3].

Consentir à l'abaissement, voilà la bassesse à quoi s'oppose la générosité.

Elle éclate dans l'affirmation absolue de la souveraineté royale, avec le refus de toute vassalité à l'égard de l'étranger. Car « l'ardeur » qui emporte le héros (Prusias) et qu'il se refuse obstinément à dompter, c'est l'essence même de la souveraineté d'une nation en son souverain (Nicomède) « à qui dessus son trône on veut faire la loi » [4]. Cette intransigeance comporte une

1. *Nicomède*, III, 1, v. 787-789.
2. *Ibid.*, IV, 4, v. 1385-1386.
3. *Ibid.*, II, 3, v. 659-664.
4. *Ibid.*, v. 628 et 626.

forme de roideur et même de rudesse, quelque chose comme un fanatisme de l'absolu. Curieusement, le fanatisme de la monarchie absolue se déploie ici en un héros qui n'est pas encore Roi et qui le sait, qui assume entièrement sa situation de sujet. Mais le vieux Prusias est fondé à retourner la leçon vers l'intérieur. Car il porte tout autant que Nicomède ou Laodice l'Idée de la souveraineté monarchique en sa rigueur absolue. Ce moment est marqué avec éclat dans la scène 2 de l'acte II, où Prusias prend l'avantage sur son fils. Car revenir sans ordre de l'armée à la Cour a été une faute, inacceptable.

> Mais gardez-vous aussi d'oublier votre faute,
> Et comme elle a fait brèche au pouvoir souverain,
> Pour la bien réparer retournez dès demain.
> Remettez en éclat la puissance absolue,
> Attendez-la de moi, comme je l'ai reçue,
> Inviolable, entière, et n'autorisez pas
> De plus méchants que vous à la mettre plus bas.
> Le peuple qui vous voit, la cour qui vous contemple
> Vous désobéiraient sur votre propre exemple.
> Donnez-leur-en un autre, et montrez à leurs yeux
> Que nos premiers sujets obéissent le mieux [1].

Cette exigence radicale de la souveraineté requiert l'obéissance absolue de tous les sujets, y compris les plus grands.

Deux traits permettent d'aller plus loin pour fixer l'essence singulière d'une politique de la générosité, celle de Nicomède et de Laodice, et pour l'opposer à la politique d'Arsinoé, politique de la terreur et de la fourbe.

D'abord, un respect scrupuleux, aussi bien dans l'amour que dans l'amitié, pour les égalités externes de souveraineté à souveraineté. Ainsi l'amour infiniment respectueux de Nicomède pour Laodice, reconnue par lui comme maîtresse absolue de ses affections et de ses choix. À son frère, il impose comme règle à leur joute amoureuse l'interdiction de toute pression extérieure :

> Je la défendrai seul, attaquez-la de même
> Avec tous les respects qu'on doit au diadème [2].

1. *Ibid.*, II, 2, v. 504-514.
2. *Ibid.*, I, 3, v. 271-272.

À Prusias qui lui a enjoint de choisir entre Laodice et ses quatre couronnes, il commence par rappeler qu'il n'est pas

> le Roi de Laodice
> Pour l'offrir à mon choix avec quelque justice,

avant de conclure :

> À ce frère si cher transportez tous mes droits
> Et laissez Laodice en liberté du choix.
> Voici quel est le mien [1].

Choix qui veut en l'autre la liberté de choix, telle est la définition cartésienne de la générosité. Et telle aussi, dans les relations entre nations, l'amitié qui est proposée à Rome, hors de toute servitude, par un pays qui en recouvrant son indépendance n'entend pas pour autant refuser l'alliance. En parodiant la parole amoureuse, on pourrait présenter comme suit le choix politique de Nicomède : *Laissez la Bithynie en liberté du choix, voici quel est le mien*. Mais c'est ce que refuse la tyrannie de Rome, qu'Attale avait parfaitement définie :

> Eux, qui pour gouverner sont les premiers des hommes
> Veulent que sous leur ordre on soit ce que nous sommes,
> Veulent sur tous les Rois un si haut ascendant
> Que leur Empire seul demeure indépendant [2].

C'est quand la rudesse se tempère en ouverture à l'autre, en égalité reconnue des extériorités souveraines, que la générosité s'oppose à la tyrannie.

Ensuite, à l'intérieur du corps politique où le souverain ou le quasi-souverain exerce son autorité, la politique de la générosité donne un sens nouveau à la réunion des forces, à ce pouvoir dont la conquête est par définition l'essence du politique. Si la puissance est toujours relative, avec la grandeur de courage c'est l'orientation du pouvoir qui s'inverse. La puissance, que la politique cherche toujours (dans l'artificieuse politique comme dans la prudence généreuse) à diviser chez les autres pour le composer à son profit, la puissance se transforme. Elle ne se retourne plus sur elle-même pour se fixer en un objet de jouissance. Ainsi la confusion d'un ennemi abaissé ne deviendra pas arrêt dans son humiliation, épreuve réactive ou par contraste de ma force par sa faiblesse. « Parmi les généreux il n'en va pas de même », dit Laodice qui triomphe jusque dans le palais,

1. *Nicomède*, IV, 3, v. 1331-1339.
2. *Ibid.*, V, 1, v. 1519-1522.

« ils savent oublier quand ils ont le dessus » [1]. La force acquise, pour les généreux, est à chaque fois ouverture d'un chemin vers d'autres acquisitions. Logique de l'impérialisme, voué par là à la mortelle contradiction des impérialismes ? Certes. Mais aussi arrachement à toute clôture dans l'espace fini d'un État donné où le pouvoir pourrait s'exercer de haut en bas, en une exploitation réglée des sujets par ceux qui les gouvernent. Les chemins de la fabuleuse Arménie font dans cette tragédie signe vers une histoire qui ne serait plus la répétition de l'identique. Écoutons le Prince Nicomède parler à son père Prusias lors de leur première rencontre :

> La Reine d'Arménie est due à ses États,
> Et j'en vois les chemins ouverts par nos combats,
> Il est temps qu'en son Ciel cet Astre aille reluire ;
> De grâce accordez-moi l'honneur de l'y conduire [2].

Une cosmologie de style cartésien fait passer de tourbillon en tourbillon pour suivre, au-delà des planètes asservies à leur répétitive révolution, les comètes mystérieuses. Laodice reprendra à son tour la formule :

> Je ne veux point régner sur votre Bithynie,
> Ouvrez-moi seulement les chemins d'Arménie [3].

La politique de la générosité est ainsi l'effectuation d'un mouvement d'ascension inachevé :

> Quoi ? je verrai, Seigneur, qu'on borne vos États,
> Qu'au milieu de ma course on m'arrête le bras,
> Que de vous menacer on a même l'audace,
> Et je ne rendrai point menace pour menace,
> Et je remercierai qui me dit hautement
> Qu'il ne m'est plus permis de vaincre impunément [4] ?

La clé du conflit avec Flaminius est là. L'un voit un univers indéfiniment ouvert, avec toujours plus de puissance à unir :

> Les bords de l'Hellespont, ceux de la mer Égée,
> Le reste de l'Asie à nos côtés rangée
> Offrent une matière à son ambition [5].

1. *Ibid.*, V, 6, v. 1664-1665.
2. *Ibid.*, II, 2, v. 517-520.
3. *Ibid.*, V, 6, v. 1711-1712.
4. *Ibid.*, II, 3, v. 629-634.
5. *Ibid.*, v. 607-609.

L'autre entend fermer tous les chemins, dans un monde clos où la paix romaine aura mis chacun à sa place, que Rome détermine :

> Rome prend tout ce reste en sa protection,
> Et vous n'y pouvez plus étendre vos conquêtes
> Sans attirer sur vous d'effroyables tempêtes [1].

Je conclus sur la politique de la générosité. Elle n'est pas « une vertu brutale » [2]. Elle n'ignore pas la pratique machiavélienne du grand art de régner, l'art de diviser et de composer les forces. Mais elle ne se contente pas de subordonner la politique machiavélienne à une norme éthique qui la dépasserait : elle la noue en une affirmation qui est solidairement affirmation de soi, affirmation d'un ordre dans lequel on se retrouve sans que le vrai bonheur s'y disjoigne de l'honneur, et l'affirmation d'une puissance qui n'est jamais jouissance de son état mais chemin vers plus d'être, mouvement vers un au-delà indéfini et fabuleux.

FOURBE, TERREUR, TYRANNIE

ARSINOÉ OU LE SECRET DE LA REINE

Passons à l'autre extrême, à la politique d'Arsinoé. Il faudrait peut-être dire à la politique de Prusias et d'Arsinoé, mais la seconde épouse, la marâtre, est plus mal aimée encore et plus mal jugée que Prusias. Je n'aurai pas le ridicule de faire de la Reine un personnage positif de la tragédie. Elle en est l'anti-héros, elle est l'anti-Nicomède. Dans sa bouche se rencontre la seule conjonction expresse entre terreur et tyrannie. Elle explique à sa confidente Cléone la machination qu'elle a montée contre Nicomède :

> Irriter un vainqueur en tête d'une armée
> Prête à suivre en tous lieux sa colère allumée
> C'était trop hasarder, et j'ai cru pour le mieux
> Qu'il fallait de son fort l'attirer en ces lieux.
> Métrobate l'a fait, par des terreurs paniques ;
> Feignant de lui trahir mes ordres tyranniques,
> Et pour l'assassiner se disant suborné,
> Il l'a, grâces aux dieux, doucement amené.
> Il vient s'en plaindre au Roi, lui demander justice,
> Et sa plainte le jette au bord du précipice.

1. *Nicomède*, III, 2, 610-612.
2. *Ibid.*, v. 820.

Sans prendre aucun souci de m'en justifier,
Je saurais m'en servir à me fortifier [1].

La politique d'Arsinoé est en un sens la perversion du pouvoir royal absolu. Elle est la politique de la terreur et de la tyrannie. Elle a peur et elle fait peur. « Quiconque entre au Palais porte sa tête au Roi » [2] : toute-puissante sur le Roi, elle a donné à ce principe monarchique de base un sens qui épouvante Laodice elle-même. Mais cette peur qu'elle fait est à la mesure des craintes qu'elle éprouve. Tout l'inquiète, et tous. Elle veut être rassurée, c'est-à-dire assurée. D'où l'appui qu'elle attend de l'allié romain, prête à payer de sa servilité la consolidation de son pouvoir. Les deux tyrannies se répondent, celle de Rome sur la Bithynie, celle d'Arsinoé à la Cour de Nicomédie. Le vieux Prusias le sait, et n'en aime pas moins sa femme :

Nicomède, en deux mots, ce désordre me fâche.
Quoi qu'on t'ose imputer, je ne te crois point lâche,
Mais donnons quelque chose à Rome qui se plaint,
Et tâchons d'assurer la Reine qui te craint [3].

Laodice est moins indulgente, et son diagnostic est le plus souvent partagé : « le peuple ici vous aime, et hait ces cœurs infâmes » [4].

Je crois pourtant qu'il faut éviter d'être injuste avec Arsinoé, sous peine de manquer l'intention de l'auteur et la force de la pièce. Puisque Corneille a parlé d'un « secret de la Reine » [5], je détournerai l'expression pour suggérer que, derrière la bassesse ou l'infamie, on trouve dans la Reine une vertu bien à elle, son fort, une vertu qu'elle seule porte à son terme : la clairvoyance. Elle ne s'éblouit pas. Mais elle met sa clairvoyance au service de l'intérêt.

« Votre vertu, Madame, est au-dessus du crime » [6]. L'affirmation d'Attale doit être suspecte, puisqu'elle est d'un fils, mais pas plus que la caricature malveillante qu'a fait triompher le camp annibalien dans la guerre d'images qu'il a gagnée à Nicomédie. Arsinoé n'est pas une grande âme, et sa politique est celle de la fourberie, voilà qui est incontestable. « Cœur infâme » [7], voilà ce qu'on peut discuter. Il faut éviter de projeter sur Arsinoé la future Béline de Molière. Rien ne suggère quelque mensonge

1. *Ibid.*, I, 5, v. 327-338.
2. *Ibid.*, 1, v. 93-94.
3. *Ibid.*, IV, 3, v. 1307-1310.
4. *Ibid.*, I, 1, v. 113.
5. *Ibid.*, I, 5, v. 363.
6. *Ibid.*, III, 8, v. 1099.
7. *Ibid.*, I, 1, v. 115.

dans l'amour qu'elle porte à Prusias, et la certitude qu'elle affiche de ne pas lui survivre sonne juste. Elle explique sa bravade envers Nicomède :

> Et puisqu'ainsi jamais il ne sera mon Roi,
> Qu'ai-je à craindre de lui ? que peut-il contre moi [1] ?

Au dernier acte, quand l'émeute triomphe, sa résolution devant la mort confirme cette forme de courage :

> Mourons, mourons, Seigneur, et dérobons nos vies
> À l'absolu pouvoir des fureurs ennemies,
> N'attendons pas leur ordre, et montrons-nous jaloux
> De l'honneur qu'ils auraient à disposer de nous [2].

La Reine est capable d'amour comme de courage, et peut-être aussi d'estime pour la vertu. Il n'est pas absolument exclu qu'elle ait un temps soutenu Nicomède auprès du Roi son père. Il n'est pas absolument impossible que la générosité de Nicomède réveille au dernier acte un sentiment de vertu qui l'entraîne à son tour dans la spirale de la réconciliation.

> Seigneur, faut-il si loin pousser votre victoire,
> Et qu'ayant en vos mains et mes jours et ma gloire,
> La haute ambition d'un si puissant vainqueur
> Veuille encore triompher jusque dedans mon cœur ?
> Contre tant de vertu je ne puis le défendre,
> Il est impatient lui-même de se rendre.
> Joignez cette conquête à trois sceptres conquis,
> Et je croirai gagner, en vous, un autre fils [3].

À l'évidence, l'essentiel n'est pourtant pas là. Arsinoé a joué contre Nicomède, et elle a perdu. Quel jeu jouait-elle, et pourquoi ?

Pour mieux apprécier le personnage, il faudrait savoir autant d'histoire ancienne que les contemporains de Corneille, c'est-à-dire plus que nous d'ordinaire. Jamais en vérité la fortune de Rome n'a trébuché sur la Bithynie, qui n'est pas le Pont, et la famille royale n'en est connue que par les crimes du vrai Nicomède II, qui a assassiné le vrai Prusias son père qui avait essayé de l'assassiner, et par les stupres de Nicomède III, qui a contre finances disposé du jeune César. Le poète peut à sa guise inventer un couple héroïque, l'historien sait bien qu'il n'y a pas de grande histoire en Bithynie. Le seul personnage dans la tragédie qui le sache aussi est

1. *Nicomède*, IV, 2, v. 1285-1286.
2. *Ibid.*, V, 8, v. 1767-1770.
3. *Ibid.*, 9, v. 1807-1814.

Arsinoé. « Laissez moins de fumée à vos feux militaires, / Et vous pourrez avoir des visions plus claires », lançait Flaminius à Nicomède en glissant pour ménager le vieil allié et ami Prusias : « Par respect pour le Roi je ne dis rien de plus » [1]. Le sang qui coule dans les veines d'Arsinoé n'est pas le sang royal de Bithynie. Elle ne croit à aucun des mythes fondateurs sur lesquels se bâtit le camp adverse. Elle sait que Rome pour le moment peut tout en Orient, et que le reste est vision. Elle ne croit pas plus à la Grande Bithynie qu'aux secrets d'Annibal dont Nicomède serait devenu le détenteur. Elle ne croit pas au mythe annibalien. Quand elle a droit, comme chaque personnage, à son grand moment de vérité, elle déchire tous ces mensonges avec une ironie d'autant plus cruelle que le spectateur sait bien que c'est elle qui maintenant a raison. Elle lance à son époux les vérités que l'ambassadeur romain n'avait osé développer, et qui sont la clé de sa politique :

> Et n'appréhendez point [*vous, Prusias, qui par tendresse pour votre fils aîné allez vous laisser détourner de votre alliance privilégiée*] Rome ni sa vengeance ;
> Contre tout son pouvoir il [*Nicomède*] a trop de vaillance ;
> Il sait tous les secrets du fameux Annibal,
> De ce héros à Rome en tous lieux si fatal,
> Que l'Asie et l'Afrique admirent l'avantage
> Qu'en tire Antiochus et qu'en reçut Carthage [2].

Pour elle seule Annibal est ce qu'il fut, un vieillard vaincu :

> Que son maître Annibal, malgré la foi publique,
> S'abandonne aux fureurs d'une terreur panique,
> Que ce vieillard confie et gloire et liberté
> Plutôt au désespoir qu'à l'hospitalité ;
> Ces terreurs, ces fureurs sont de mon artifice [3].

Pour elle seule la Bithynie et son armée sont ce qu'elles furent, des puissances d'opérette dans un théâtre d'ombres. Arsinoé n'a pas la foi ; elle a le savoir, un savoir désenchanté.

D'où la rigueur marchande de sa politique, qui n'est pas celle du crime mais de l'échange et du gain, des petits gains. Elle a la petitesse du gagne-petit. Elle ne croit pas à la Grande Bithynie ; et ce n'est pas elle qui chercherait à s'ouvrir les chemins d'Arménie. Si elle semble d'abord

1. *Ibid.*, II, 3, v. 685-688.
2. *Ibid.*, IV, 2, v. 1295-1300.
3. *Ibid.*, v. 1175-1179.

engager son fils Attale à aimer Laodice, c'est « à dessein d'éblouir le Roi, Rome et la Cour ». Elle ne s'éblouit pas elle-même :

> Je n'en veux pas, Cléone, au sceptre d'Arménie,
> Je cherche à m'assurer celui de Bithynie,
> Et si ce diadème une fois est à nous,
> Que cette Reine après se choisisse un époux [1].

Cette petite Bithynie n'est pas un élément à composer avec d'autres pour s'élever vers des possibles toujours nouveaux. Elle est un objet fini de jouissance, à exploiter paisiblement avec son vieux mari et son jeune fils, sous la suzeraineté du protecteur romain. Politique de la faiblesse, où la clairvoyance prend acte de la finitude pour la fixer et s'en assurer. Politique qui rencontre la politique de la générosité comme un obstacle et comme un péril, même si elle n'exclut pas un mouvement d'estime pour le généreux. Cette politique de la faiblesse et de la clairvoyance est moins celle du crime que de la petitesse : « La fourbe n'est le jeu que des petites âmes, / Et c'est là proprement le partage des femmes » [2], diagnostique sans féminisme excessif le très peu galant Nicomède. Arsinoé sait les limites de son pouvoir, son impuissance, sa faiblesse, et elle utilise sans faiblesse sa force d'esprit, sa clairvoyance, pour séparer les autres de leur force, pour les attirer hors de leur fort. Ainsi, pour Nicomède, on l'a vu :

> Irriter un vainqueur en tête d'une armée,
> Prête à suivre en tous lieux sa colère allumée,
> C'était trop hasarder, et j'ai cru, pour le mieux,
> Qu'il fallait de son fort l'attirer en ces lieux [3].

Même jeu au fond avec Flaminius, qu'elle a dévié de sa mission et doucement amené à lui rendre Attale en jouant de sa haine purement personnelle contre Annibal : « Un Romain seul l'a faite, et par mon artifice » [4]. Arsinoé essaie de défendre sa faiblesse en dissociant les forts de leur force. Par là sa douceur est au service de l'artifice, elle est doucereuse plutôt que douce. Mais sa clairvoyance n'est nullement diminuée pour être au service de petits intérêts.

Arsinoé dans la pièce perd la partie, mais l'histoire effective a donné raison à sa clairvoyance. Rome en effet triomphera, et le vrai Nicomède assassinera son père. La politique d'Arsinoé est celle des petits intérêts et des vérités basses. Les vérités basses n'en sont pas moins des vérités, et la

1. *Nicomède*, I, 5, v. 346-350.
2. *Ibid.*, IV, 2, v. 1255-1256.
3. *Ibid.*, I, 5, v. 327-330.
4. *Ibid.*, v. 296.

petitesse des intérêts ne les rend pas infâmes. C'est un horizon de la modernité qu'elle ouvre, celui du total désenchantement politique, du mépris pour des valeurs mortes.

De la terreur à la générosité : la conversion d'Attale

Attale est le véritable moteur de l'action tragique, puisqu'il est le seul à découvrir son être alors que les autres personnages se contentent de confirmer le leur. Il est en même temps celui qui fait passer du monde d'Arsinoé, de la terreur et de la tyrannie qui règnent dans le Palais, au monde de Laodice et de Nicomède. Il est le héros le plus attachant, parce que sa générosité n'a plus la rude simplicité des origines. Les deux sangs qui se mêlent dans ses veines, le sang royal de Bithynie et le sang d'Arsinoé, donnent à sa jeunesse le charme d'un mixte, et son éducation romaine fait briller en lui une vertu nouvelle, inconnue aux divers camps entre lesquels il évolue. Attale surprend son monde, et peut-être se surprend lui-même. Cette journée des dupes est pour lui seul le jour de sa déclaration. Et il introduit en se déclarant une idée neuve de la politique, une politique de la modernité.

Attale arrache, dans la journée tragique, la reconnaissance de son être par son frère :

> Ah, laissez-moi toujours à cette digne marque
> Reconnaître en mon sang un vrai sang de Monarque.
> Ce n'est plus des Romains l'esclave ambitieux,
> C'est le libérateur d'un sang si précieux :
> Mon frère, avec mes fers vous en brisez bien d'autres,
> Ceux du Roi, de la Reine, et les siens, et les vôtres.
> Mais pourquoi vous cacher en sauvant tout l'État [1] ?

C'est Attale en effet qui a fait échouer l'enlèvement de Nicomède. Par la mort d'Araspe il a fait triompher l'émeute et libéré son frère aîné. Il a retourné contre sa mère Arsinoé un stratagème monté pour assurer le triomphe du parti romain et le sien propre. Et tout cela dans le silence et l'incognito : « L'auteur d'un si grand coup m'a caché son visage, / Mais il m'a demandé mon diamant pour gage, / Et me le doit ici rapporter dès demain » [2], répond Nicomède à son père Prusias qui l'interroge :

1. *Ibid.*, V, 9, v. 1823-1829.
2. *Ibid.*, v. 1817-1821.

« Mais parmi les douceurs qu'enfin nous recevons, / Faites-nous savoir, Prince, à qui nous vous devons ? » [1]. Pourquoi cette conduite, qui désarçonne le parti romain et Flaminius ? Pourquoi l'auteur d'un si grand coup s'est-il dissimulé, ce qui déroute ses bénéficiaires ? La conversion d'Attale à une nouvelle vision de l'ordre monarchique est la clé du mystère.

Attale n'est pas rentré de Rome en esclave ambitieux, il n'y a pas été façonné en « esclave », il n'a jamais eu en son cœur « une crainte servile / Qui tremble à voir un aigle, et respecte un édile » [2]. De cette caricature que véhicule le camp annibalien, et dont peut-être Laodice et Nicomède sont les premières dupes au commencement de la pièce, il faut retenir une incompréhension radicale par eux de l'idéal romain, du respect qu'un libre citoyen porte à la volonté générale, symbolisée par l'aigle, jusque dans la personne du plus modeste magistrat municipal, l'édile. Dans le monde du despotisme asiatique, il n'y a qu'un maître, le souverain, et ses sujets sont ses esclaves. Attale a découvert à Rome, dans la Cité républicaine telle qu'elle fonctionne encore, une autre forme de la liberté. Cette liberté a pourtant au moins un point commun avec l'indépendance absolue qu'exige le vrai sang des monarques : vivre sans maître.

> Permettez qu'une fois je vous parle en Romain.
> Sachez qu'il n'en est point que le Ciel n'ait fait naître
> Pour commander aux Rois et pour vivre sans maître [3].

Attale rentré à Nicomédie cherche donc à y réaliser un idéal de liberté qu'il a appris à Rome, et qu'il pense ne pouvoir réaliser qu'en devenant Roi en Asie. Son amour pour Laodice est aussi, sans qu'il s'en cache aucunement, un moyen pour se soustraire à l'affront de se voir sujet. Or il découvre, à Nicomédie, que Rome à l'extérieur ne permet à personne, pas même aux monarques, de réaliser l'exigence de liberté commune à tous les citoyens romains (à l'intérieur de leur Cité) et au vrai sang des monarques d'Asie.

> Attale, était-ce ainsi que régnaient tes ancêtres ?
> Veux-tu le nom de Roi pour avoir tant de maîtres ?
> Ah, ce titre à ce prix déjà m'est importun,
> S'il nous faut en avoir, du moins n'en ayons qu'un,
> Le Ciel nous l'a donné trop grand, trop magnanime,
> Pour souffrir qu'aux Romains il serve de victime [4].

1. *Nicomède*, V, 9, v. 1817-1821.
2. *Ibid.*, I, 1, v. 50-52.
3. *Ibid.*, 2, v. 218-220.
4. *Ibid.*, IV, 6, v. 1467-1472.

Attale va retourner contre Rome, et la politique de Rome à l'extérieur, une exigence d'autonomie qu'il a apprise dans Rome, un peu comme les héros de la décolonisation aux Indes ou en Afrique ont retourné contre les colonialismes anglais ou français des valeurs apprises dans leur force et non dans leur faiblesse à la Sorbonne ou à Oxford. Mais comme il doit la transposer dans une monarchie d'Asie, il doit y inventer quelque chose de neuf, la libre subordination à l'aîné reconnu pour le futur maître. Il découvre ce qui sépare la monarchie moderne, par exemple française, du simple despotisme : l'honneur, que Montesquieu opposera plus tard à la peur. Il consent à une forme d'abaissement, qui n'est plus l'inverse de la générosité mais son accomplissement. Pour Rome et Flaminius son ambassadeur, c'est un désastre diplomatique, la Bithynie avec la défection d'Attale leur échappe et se ferme comme une huître. Il s'agit pourtant aussi bien d'une victoire de l'influence romaine, puisque désormais Nicomède est l'obligé d'Attale tout autant que Prusias était et reste l'obligé de Nicomède, et surtout que le type d'obéissance introduit par Attale accomplit une sorte de mutation générale qui affecte Nicomède lui-même. Attale par son incognito s'est réservé la possibilité de se venger, ou sur son frère ou sur lui [1], par le fratricide ou par le suicide, s'il avait mal jugé de son aîné et qu'il se fût montré un rebelle insolent. Mais en rejetant la tentation de l'usurpation, Nicomède consacre une hiérarchie de respects qui ne sont plus des craintes.

Saisissons bien cette forme nouvelle de la générosité dans le contraste entre la servitude (envers Rome dans la faction romaine) et l'obéissance (pour un maître qui est le supérieur légitime dans la monarchie retrouvée ou instaurée à la fin de la pièce). Quand il feint devant sa mère Arsinoé de consentir au rôle de Roi fantoche, par la grâce de l'étranger, Attale mime l'abjection ou bassesse, qui est, je le rappelle, le consentement à la bassesse.

> Je les connais [*les Romains*], Madame, et j'ai vu cet ombrage [*leur ombrage à voir n'importe quel autre État rester indépendant*]
> Détruire Antiochus, et renverser Carthage.
> De peur de choir comme eux, je veux bien m'abaisser
> Et cède à des raisons que je ne puis forcer.
> D'autant plus justement mon impuissance y cède
> Que je vois qu'en leurs mains on livre Nicomède :
> Un si grand ennemi leur répond de ma foi,
> C'est un lion tout prêt à déchaîner sur moi [2].

1. Voir *ibid.*, V, 9, v. 1833.
2. *Ibid.*, 1, v. 1523-1530.

Dupe d'un propos dont le spectateur sait depuis le monologue précédent qu'il n'est pas sincère, Arsinoé livre dans son soulagement la clé d'une autre prudence, la sienne, la prudence non généreuse :

> C'est de quoi je voulais vous faire confidence,
> Mais vous me ravissez d'avoir cette prudence,
> Le temps pourra changer, cependant prenez soin
> D'assurer des jaloux dont vous avez besoin [1].

La prudence d'Attale est différente, elle est elle aussi généreuse : il ne s'agit pas pour lui de faire leur part à des forces extérieures, de chercher par ces concessions ou ces compromissions un minimum d'assurance présente, en attendant une occasion de revenir sur ce qu'on a dû céder. Il s'agit de grandeur et de hauteur, de refuser le joug d'une contrainte externe, de la vision claire des valeurs inégales et de la volonté constante d'en respecter la hiérarchie :

> Montrons-leur hautement [*aux Romains*] que nous avons des yeux,
> Et d'un si rude joug affranchissons ces lieux.
> Puisqu'à leurs intérêts tout ce qu'ils font s'applique,
> Que leur vaine amitié cède à leur politique,
> Soyons à notre tour de leur grandeur jaloux,
> Et comme ils font pour eux, faisons aussi pour nous [2].

Il y a bien une politique d'Attale, comme un être d'Attale, l'être qui se fait sous nos yeux à mesure que la tragédie progresse.

Concluons. Attale est l'être du commencement, il a le charme de ses vingt-quatre ans et sa mère est la seule à bien mesurer cette jeunesse :

> Arsinoé : Vous êtes peu du monde, et savez mal la Cour.
> Attale : Est-ce autrement qu'en Prince on doit traiter l'amour ?
> Arsinoé : Vous le traitez, mon fils, et parlez en jeune homme [3].

Mais cette jeunesse donne aussi toute sa fleur à un mélange réussi des deux sangs. L'amour, qui a lié et qui continue de lier du dehors Prusias et Arsinoé, s'est accompli en ce jeune homme dont la perfection unifie en les subordonnant les vertus inégales des deux lignées. S'y ajoute une éducation étrangère, cette vertu romaine qui suscite en Bithynie la méfiance de chacun et pour commencer de la mère :

1. *Nicomède*, V, 1, v. 1531-1534.
2. *Ibid.*, IV, 6, v. 1473-1478.
3. *Ibid.*, III, 8, v. 1113-1115.

Je crains qu'en l'apprenant son cœur ne s'effarouche;
Je crains qu'à la vertu par les Romains instruit,
De ce que je prépare il ne m'ôte le fruit,
Et ne conçoive mal qu'il n'est fourbe ni crime
Qu'un trône acquis par là ne rende légitime [1].

L'être d'Attale est multiple, il est un mixte, sa valeur ne peut pas être la même que celle de son aîné, ni sa générosité. Ce qui chez l'un est pureté et rudesse devient chez l'autre douceur, retenue, civilité. D'où la nouvelle idée du politique qui se fait jour à travers lui, politique comme accord réglé d'une multiplicité de mobiles, dissociation du public et du privé, degrés entre le tout de la souveraineté et le rien de l'esclavage. En choisissant librement de donner le pouvoir à son frère, Attale d'un même mouvement se soustrait à toute servitude, il est faiseur de Roi, et il se soustrait au despotisme du politique, il met chaque chose à sa place, et le pouvoir politique comme les autres. Rien ici qui ressemble à de la bassesse; mais la stricte fidélité à l'idée de la souveraineté nationale et du pouvoir absolu des Rois s'ouvre à la pensée moderne des monarchies tempérées. Derrière la rudesse républicaine de Rome ou les despotismes d'Asie on voit se profiler l'État moderne de l'âge classique. Attale donne le charme de sa jeunesse à ce qui est la politique des vieilles sociétés, la synthèse de l'hétérogène, la politique de la modernité.

Une pièce de théâtre n'est pas un traité de philosophie, et la présentation que je viens de proposer de *Nicomède* ne saurait conduire à des *thèses*. Je termine donc par le relevé de quelques thèmes, de trois *thèmes* où les figures que la tragédie noue dans la fiction d'une journée mémorable exhibent des *tensions* qui traversent encore notre vie et notre réflexion politiques.

Un thème anthropologique, que je rapporte à la conception cartésienne de la générosité. Auto-affirmation d'une liberté qui s'ouvre à la liberté d'autrui, peut-elle déboucher sur une politique? Elle s'oppose clairement à la clôture sur soi de la terreur et de la tyrannie. Mais est-elle fondée, autrement que par une niaise ou béate crédulité, à espérer la présence en l'autre, et jusque dans le tyran, d'un minimum de générosité qui lui réponde? Dit autrement, peut-on croire, et faut-il croire, à la conversion finale d'Arsinoé et de Prusias? Corneille n'y croyait pas trop lui-même, qui écrit dans son *Examen*: « la fin [...] va trop vite », et « l'on peut même [y] trouver quelque inégalité de mœurs ». J'ai cédé, dit-il, au « goût des

1. *Ibid.*, I, 5, v. 287-292.

spectateurs » qui aiment « à voir rassembler tous nos personnages à la conclusion de cette sorte de poèmes »[1].

Un thème politique, qui noue relations internes et externes dans la pensée de l'État. Le génie de Corneille a été, pour penser l'appui qu'une tyrannie à l'intérieur d'un État cherche dans la terreur qu'inspire à l'extérieur une puissance dominante, de choisir l'exemple romain. Car Rome reste un modèle de liberté et de générosité. D'où l'impossibilité de la caricature. On est obligé de penser l'essence de la tyrannie sans les facilités du diabolisme, et on ne l'en pense que mieux. Le personnage d'Attale est par là, dans sa complexité, le plus énigmatique. Sa conversion à la cause nationale du frère aîné ouvre-t-elle ou ferme-t-elle la porte à une alliance renouvelée avec Rome, le grand voisin ? Le dernier mot revient ici à Prusias et c'est le dernier mot de la pièce :

> Nous autres réunis sous de meilleurs auspices,
> Préparons à demain de justes sacrifices,
> Et demandons aux Dieux, nos dignes Souverains,
> Pour comble de bonheur l'amitié des Romains[2].

Un thème juridique, qui situerait l'effectivité des rapports sociaux dans un corps politique entre deux fictions : celle du Roi et celle du Peuple. Il aurait fallu pour être précis analyser en détail le personnage de Prusias, qui finit par se résigner à n'être qu'une « ombre » de Roi[3], un Roi « en peinture »[4]. « Le Roi n'est qu'une Idée »[5], mais c'est l'Idée juridique de la légalité, qui peut et doit couvrir les renversements du pouvoir. Comme à l'autre extrémité le Peuple aurait dû être vu à travers les méandres de l'émeute, cet état d'exception qui suspend la légalité. Exigeant justice et raison, ami naturel de la vertu, le peuple à Nicomédie ne commence à se faire raison lui-même que parce que ses gouvernants la lui refusent. Mais cette façon illégale et déraisonnable de se faire raison n'est reconnue par aucun des personnages, pas même ceux qui en profitent. Pour tous sans exception, le peuple qui se révolte est coupable, qu'il mérite punition ou pardon. Je laisse ici à Flaminius le dernier mot, et c'est encore le mot de Terreur :

1. *Nicomède*, « Examen », p. 643-644.
2. *Ibid.,* V, 9, v. 1851-1854.
3. *Ibid.,* II, 2, v. 499.
4. *Ibid.,* V, 7, v. 1736.
5. *Ibid.,* III, 2, v. 869.

Le premier sang versé rend sa fureur plus forte,
Il l'amorce, il l'acharne, il en éteint l'horreur,
Et ne lui laisse plus ni pitié ni terreur [1].

Voilà pour les réflexions de philosophie politique. Mais ces deux derniers mots, *pitié* et *terreur*, imposent de laisser le dernier mot à l'homme de théâtre et non au philosophe. Ce mot sera une fois encore l'antonyme du mot de Terreur. Depuis Aristote, les ressorts traditionnels de la tragédie étaient la terreur et la pitié. Or Corneille se flatte dans son *Examen* d'avoir innové : je suis, dit-il, « un peu [sorti] des règles de la tragédie » [2], en ce que le seul ressort dramatique de *Nicomède* est l'admiration. Et si la leçon politique de cette admirable pièce tenait aussi à ce qu'elle est la tragédie de l'admiration ?

1. *Ibid.*, V, 5, v. 1576-1578.
2. *Ibid.*, « Examen », p. 643.

CHAPITRE II

L'IDÉE DE TYRANNIE DANS LES *MÉMOIRES* DU DUC DE SAINT-SIMON : L'ORDRE ET LES DEGRÉS DE L'USURPATION *

En présentant brièvement la pensée politique de Saint-Simon, je voudrais contribuer à réparer une injustice, liée à une erreur de perspective.

L'injustice serait de méconnaître la portée philosophique de l'œuvre. Le contraste est frappant entre le destin littéraire des *Mémoires* et leur destin théorique, puisque nul ne saurait sans ridicule « découvrir » le génie de l'écrivain, alors que l'ampleur de sa réflexion politique et sa systématicité conceptuelle restent à établir. Depuis Stendhal et Proust, des descendants illustres ont fait éclater rétrospectivement, par leur hommage explicite, l'originalité de l'écrivain. Entre Malebranche et la *Doctrine du droit* de Kant, Saint-Simon n'a pas obtenu sa place. A-t-elle tout à fait disparu, l'image d'un esprit étroit, privé de tout sens du politique et de l'histoire, maniaque d'un mythe féodal déjà désuet au XVIIe siècle au regard des jusnaturalistes du droit naturel moderne, plus désuet encore au Siècle des Lumières entre Montesquieu et Rousseau ? À la première diffusion des *Mémoires*, en des copies mutilées, l'injustice fut simultanément littéraire et philosophique : Saint-Simon écrit mal, et il raisonne mal. La célèbre appréciation de Madame du Deffand en porte témoignage :

> Les *Mémoires* de Saint-Simon m'amusent toujours et comme j'aime à les lire en compagnie, cette lecture durera longtemps ; elle vous amusera, quoique le style en soit abominable, les portraits mal faits ; l'auteur n'était

* Première publication : *Cahiers de philosophie politique et juridique de Caen* 6, 1984, p. 127-146.

> point un homme d'esprit; mais comme il était au fait de tout, les choses qu'il raconte sont curieuses et intéressantes [1].

Ce jugement d'un XVIIIe siècle venu à maturité est double : Saint-Simon n'écrit pas comme Voltaire, donc son style est abominable; Saint-Simon ne pense pas la politique comme les Encyclopédistes, donc il n'était point un homme d'esprit. Il ne lui reste plus que d'amuser la curiosité en dévoilant un intérieur de cour méconnu. Les lecteurs de Saint-Simon ont abandonné depuis longtemps les préjugés contre son style peu « académique » [2]; il n'est pas sûr que la philosophie politique reconnaisse à sa pensée l'ampleur et la cohérence qui lui appartiennent.

Cette injustice me semble liée à une erreur de perspective. Saint-Simon est vu comme un auteur du XVIIe siècle attaché à des vestiges plus archaïques encore, alors qu'il est un auteur du XVIIIe siècle soucieux de remonter aux origines historiques et rationnelles des institutions. Sous le mémorialiste qui écrit à la première personne ses *Mémoires* selon l'ordre chronologique des événements auxquels il a assisté, il faut apercevoir aussi le penseur systématique dont les œuvres relèvent d'une philosophie du droit : autre versant qui aboutit aux pièces annexes, à ces mémoires écrits à la troisième personne, par exemple sur les formalités requises pour rendre légale une modification dans l'ordre de succession au trône. On trouve alors, sous le duc et pair curieux des développements de la monarchie française et de ses origines féodales, curieux aussi bien d'histoire comparée (par exemple de la monarchie espagnole et des Grands d'Espagne), un homme qui est du XVIIIe siècle et un penseur qui n'est pas étranger aux Lumières. Une amitié exceptionnelle a lié deux quasi-jumeaux [3], qui ont joué ensemble et porté un temps le même nom, Chartres,

1. Voir G. Truc, Introduction aux *Mémoires*, t. I (1953), p. XXIV. Au moment de la publication de cet article, l'édition G. Truc (7 t., 1953-1961) était en cours de remplacement par celle d'Y. Coirault (8 t., 1983-1988), dont deux tomes étaient alors parus (années 1691-1707). J.-M. Beyssade cite l'éd. Y. Coirault pour ces deux tomes et l'édition G. Truc pour les tomes suivants. L'éd. Y. Coirault étant depuis devenue l'édition de référence, et dans la logique du choix de J.-M. B. de la citer pour les deux premiers tomes (il a d'ailleurs en plusieurs endroits ajouté après-coup à la main, sur son exemplaire de la revue, les références dans cette nouvelle édition), nous avons choisi de remplacer partout la tomaison et la pagination de l'éd. G. Truc par celle d'Y. Coirault (t. I, 1983, t. II, 1983, t. III, 1984, t. IV, 1985, t. V, 1985, t. VI, 1986, t. VII, 1987, t. VIII, 1988). Le t. VIII de cette édition, p. 1859-1867, donne une table de concordances avec le manuscrit des *Mémoires*, l'éd. d'A. de Boislisle et l'éd. G. Truc. Nous citons *Mémoires*, suivi de l'année à laquelle se réfère Saint-Simon puis du numéro du tome [NdÉ].

2. *Mémoires*, 1723, VIII, p. 666 : « Je ne fus jamais un sujet académique ».

3. Voir A. De Waelhens, *Le duc de Saint-Simon*, Bruxelles, Facultés Universitaires Saint-Louis, 1981, chap. VIII, p. 118.

avant de devenir, pour l'un, le duc de Chartres, Philippe d'Orléans, Régent de 1715 à 1723, et, pour l'autre, vidame de Chartres, le duc de Saint-Simon. Cette amitié est à interpréter comme une sorte d'allégorie. Dans la génération née vers 1675, la première génération du XVIIIe siècle, ces deux amis symbolisent les deux voies opposées que les enseignements d'un Malebranche ont ouvertes. Prenons ici Malebranche, l'exact contemporain de Louis XIV (1638-1715), pour représenter la génération précédente, puisque ses leçons ont alimenté deux traditions antagonistes [1]. C'est la voie d'un libertinage hédoniste et souvent matérialiste, la voie irréligieuse, que prendra le Régent, et cette voie l'emportera en France jusqu'à sembler parfois s'identifier à l'esprit des philosophes en général. Mais l'autre voie, la voie d'un rationalisme naturaliste et religieux à la fois, comptera en Angleterre ou en Allemagne peut-être plus encore. C'est en 1675 que naît Samuel Clarke et en 1753 que meurt George Berkeley, et Saint-Simon est presque exactement contemporain de Christian Wolff (1679-1754). L'exigence d'un rationalisme, et même d'un rationalisme expérimental, n'est pas plus absente de cette lignée que de l'autre, mais elle y prend une tout autre coloration. « La confiance inébranlable jusqu'à la mort » qui se maintint entre deux amis « si inégaux », entre le Régent et Saint-Simon, nous invite à ne pas rejeter le second hors de son siècle, et à prendre au sérieux la formation dont il se réclame. Même s'il n'est pas absolument établi qu'il eut pour précepteur le malebranchiste Lelevel, il reste qu'il évoque lui-même sa relation à Malebranche :

> Je les avais connus (d'Allemans père et fils) chez le célèbre P. Malebranche, de l'Oratoire, dont la science et les ouvrages ont fait tant de bruit, et la modestie, la rare simplicité, la piété solide ont tant édifié, et dont la mort dans un âge avancé a été si sainte, la même année de la mort du Roi. D'autres circonstances l'avaient fait connaître à mon père et à ma mère. *Il avait bien voulu quelquefois se mêler de mes études*; enfin il m'avait pris en amitié, et moi lui, qui a duré autant que sa vie [2].

Sans faire dire à ce passage plus qu'il ne dit [3], ni oublier la distance entre un philosophe méfiant à l'égard de l'histoire et un passionné d'histoire méfiant à l'égard des pures constructions de raison, on en retiendra la possibilité de situer Saint-Simon penseur dans la lignée qui va du grand rationalisme à l'esprit des Lumières, dans la filiation de Malebranche.

1. Voir F. Alquié, *Le cartésianisme de Malebranche*, Paris, Vrin, 1974; *id.*, *Malebranche et le rationalisme chrétien*, Paris, Seghers, 1977, p. 9-11 et p. 81-91 notamment.

2. *Mémoires*, 1719, VII, p. 463 [souligné par J.-M. B.].

3. Voir Y. Coirault, « La rencontre avec l'ange : Saint-Simon et le malebranchisme », dans *Approches des Lumières. Mélanges J. Fabre*, Paris, Klincksieck, 1974.

C'est dans cette perspective qu'il faut tenter d'apprécier l'idée de la tyrannie dans les *Mémoires* : le cadre théorique systématique qui donne à cette idée sa place, les ressorts anthropologiques que la tyrannie met en œuvre, et enfin l'analyse historique et politique de la situation où elle se développe.

La construction théorique est dominée par la notion d'*ordre*. L'ordre est ici un système inégalitaire et hiérarchisé de positions sociales, de rangs, de dignités, ordre si strict et si différencié que, comme par une sorte de principe des indiscernables, on ne saurait trouver deux individus entre lesquels aucune subordination ne serait assignable. Cet ordre essentiel est constitutif de chaque corps politique, et on le dira naturel ou originel. Il appartient à la raison et à l'histoire, par leur concours, de le faire connaître. C'est l'amour de l'ordre qui, comme mobile ou ressort d'action, constitue le citoyen, et, du haut au bas de l'échelle sociale, quiconque veut être un bon citoyen doit aimer cet ordre avant tout.

L'*usurpation*, qui fait la matière première de l'histoire, est « l'intervertissement » des rangs, les atteintes portées par l'intérêt ou l'ambition à cette hiérarchie des positions. Elle va par degrés, qui s'enchaînent les uns aux autres, car toute « entreprise » à la fois appelle et permet une nouvelle entreprise ou un nouveau degré de l'usurpation, à quoi elle sert de « chausse-pied » (terme qui dans les *Mémoires* désigne une sorte de concept). Le propre du mémorialiste est de relever sans défaillance l'apparition du degré initial, et ensuite chaque progrès de l'usurpation ; la tâche du penseur politique est de dénombrer et de mesurer avec exactitude ces degrés. On aboutit à dresser des tables complémentaires, par ordre chronologique et par ordre des matières. Globalement considérée, l'histoire est celle d'une décadence : « Tout passe, tout s'élève, tout s'avilit, tout se détruit, tout devient chaos »[1]. Deux mots peuvent désigner ce chaos, cette limite à laquelle tend l'effacement de l'ordre, deux mots associés, deux mots entre lesquels il faudra choisir : *despotisme* et *tyrannie*.

Le *rétablissement de l'ordre* est pour un véritable homme d'État la fin dernière de son action politique, et c'est elle que Saint-Simon a poursuivie les deux fois où il a approché du pouvoir. D'abord comme conseiller du duc de Bourgogne, devenu dauphin en 1711 et chargé par le vieux roi de coordonner le travail des ministres. Avec ce prince exemplaire[2], Saint-Simon a

1. *Mémoires*, 1709, III, p. 619.

2. *Ibid.*, 1712, IV, p. 422 : « Jamais homme si amoureux de l'ordre ni qui le connût mieux, ni si désireux de le rétablir en tout, d'ôter la confusion, et de mettre gens et choses en leur place ».

connu l'espérance historique: un changement de gouvernement qui partirait du prince comme premier principe, dès que le futur roi disposerait de la pleine autorité royale, et qui procèderait par principes en donnant force de lois à ses maximes de justice et de raison[1]. Tels sont exactement les deux caractères qui, dans la *Doctrine du droit* de Kant, distinguent la réforme de la révolution[2]. Mais la mort inattendue du duc de Bourgogne en 1712 a ruiné cette espérance. Une seconde occasion d'agir s'ouvre en 1715: le fidèle ami des années sombres organise avec Philippe d'Orléans le nouveau pouvoir et il accède au conseil de régence[3]. Un Régent n'a certes pas les mêmes facilités pour agir qu'un roi, et si ce Régent connaît l'ordre et l'aime même peut-être un peu, il aime plus encore le futile, la bagatelle, voire le désordre (au sens de Saint-Simon). Le lit de justice du 26 août 1718 sera pourtant le jour de la plus grande joie, « une volupté que je n'ai jamais ressentie ni devant ni depuis ce beau jour »[4]. Tout le progrès d'une usurpation est brisé quand, en présence de l'enfant-roi, le duc du Maine, bâtard de Louis XIV, est réduit à son rang de pairie.

> Moi cependant je me mourais de joie. J'en étais à craindre la défaillance; mon cœur, dilaté à l'excès, ne trouvait plus d'espace à s'étendre. La violence que je me faisais pour ne rien laisser échapper était infinie, et néanmoins ce tourment était délicieux. Je comparais les années et les temps de servitude, les jours funestes où, traîné au Parlement en victime, j'y avais servi de triomphe aux bâtards à plusieurs fois, les degrés divers par lesquels

1. *Ibid.*, 1711, IV, p. 271 : « Il est difficile d'exprimer ce que je sentis en sortant d'avec le Dauphin. Un magnifique et prochain avenir s'ouvrait devant moi. Je vis un prince pieux, juste, débonnaire, éclairé et qui cherchait à le devenir de plus en plus, et l'inutilité avec lui du futile, pièce toujours si principale avec ces personnes-là [...]. Je connus avec certitude un changement de gouvernement par principes, j'aperçus sans chimères la chute des marteaux de l'État et des tout-puissants ennemis des seigneurs et de la noblesse qu'ils avaient mis en poudre et à leurs pieds, et qui, ranimée d'un souffle de la bouche de ce prince devenu roi reprendrait son ordre, son état et son rang, et ferait rentrer les autres dans leur situation naturelle. Ce désir en général sur le rétablissement de l'ordre et du rang avait été toute ma vie le principal des miens, et fort supérieur à celui de toute fortune personnelle. Je sentis donc toute la douceur de cette perspective, et de la délivrance d'une servitude qui m'était secrètement insupportable, et dont l'impatience perçait souvent malgré moi ».

2. Voir E. Kant, *Doctrine du droit*, II, 1, § 49, Remarque A.

3. *Mémoires*, 1715, V, p. 429 : « Premier ministre, monsieur! Je veux bien que vous sachiez que s'il y avait un premier ministre à faire, et que j'en eusse envie, ce serait moi qui le serais, et que je pense aussi que vous ne vous persuadez pas que vous l'emportassiez sur moi ; mais je vous déclare que tant que M. le duc d'Orléans m'honorera de quelque part en sa confiance, ni moi ni vous, ni homme qui vive ne sera jamais premier ministre, dont je regarde la place et le pouvoir comme le fléau, la peste, la ruine d'un État, l'opprobre et le geôlier d'un roi ou d'un régent qui se donne ou se souffre ce maître, duquel pour tout partage il n'est plus que l'instrument et le bouclier ».

4. *Ibid.*, 1718, VII, p. 238.

> ils étaient montés à ce comble sur nos têtes; je les comparais, dis-je, à ce jour de justice et de règle, à cette chute épouvantable, qui du même coup nous relevait par la force de ressort[1].

Brève embellie avant que l'influence de Dubois l'emporte et qu'il devienne premier ministre, avant que la mort emporte le Régent et avec lui toute participation effective de Saint-Simon au pouvoir politique.

C'est dans la perspective d'un échec de cette restauration, échec radical et conscient, que les *Mémoires* ont été définitivement rédigés, bien plus tard. Le modèle initial de l'ordre authentique, exact et pur, n'en est nullement atteint, ni l'exigence immuable de son rétablissement. Mais l'espérance historique a disparu. Le « beau jour », exaltant comme un reflet du jugement dernier ici-bas, ne fut dans le cours du temps qu'une péripétie. L'histoire, comme l'humanité, ne rétrograde pas : la pente sur laquelle le mode de gouvernement a engagé le corps politique conduit inéluctablement à l'effacement de l'ordre. L'intérêt particulier ou partisan peut certes y trouver son compte :

> Une triste expérience, mais continuelle, sur la plupart des événements principaux, m'avait depuis longtemps convaincu que le solide, l'essentiel, le grand avait changé de place avec la bagatelle, le futile, la commodité momentanée, que les plus importants effets étaient depuis longtemps toujours sortis de cette dernière source et je compris que je pouvais en tirer un grand parti dans cette occasion[2].

Mais toute entreprise de rétablissement public est vouée à l'échec, et une réforme avortée de la gabelle en arrache l'aveu : « Tout bien à faire est impossible »[3]. Le caractère historique de cette impossibilité n'est pas oublié et le bien à faire n'est pas contradictoire en soi ou dans son concept, il est « possible à faire », mais selon l'ordre des causes il « avorte nécessairement ». D'où la consolation pour le narrateur, qui continue à sentir et à penser, à penser l'ordre selon sa vérité d'essence et l'état actuel comme

1. *Mémoires*, 1718, VII, p. 263-264.

2. *Ibid.*, 1710, III, p. 832.

3. *Ibid.*, 1718, VI, p. 582-583 : « Cette occasion m'arrache une vérité que j'ai reconnue pendant que j'ai été dans le Conseil, et que je n'aurais pu croire, si une triste expérience ne me l'avait appris[e] : c'est que tout bien à faire est impossible. Si peu de gens le veulent de bonne foi, tant d'autres ont un intérêt contraire à chaque sorte de bien qu'on peut se proposer; ceux qui le désirent ignorent les contours sans quoi rien ne réussit, et ne peuvent parer aux adresses ni au crédit qu'on leur oppose, et ces adresses appuyées de tout le crédit des gens de maniement supérieur et d'autorité, sont tellement multipliées et ténébreuses, que tout le bien possible à faire avorte nécessairement toujours. Cette affligeante vérité, et qui sera toujours telle dans un gouvernement comme est le nôtre depuis le cardinal Mazarin, devient infiniment consolante pour ceux qui sentent et qui pensent, et qui n'ont plus à se mêler de rien ».

désordre advenu par degrés, à sentir ou ressentir l'amour de l'ordre, l'ordre comme aimable et impératif, le désordre établi comme condamnable et haïssable. La consolation est que la nostalgie de l'ordre perdu ne s'accompagne plus de la tentation de « se mêler » en agissant dans l'histoire.

Au moment de fixer avec l'idée de tyrannie le sens politique de cette marche au chaos, il faut restituer à la conscience d'irréversibilité sa dimension cosmique, ou plus exactement météorologique.

> Il y eut le jour de la Chandeleur un ouragan si furieux que personne ne se souvint de rien qui eût approché d'une telle violence, dont les désordres furent infinis par tout le royaume. Le haut de l'église de Saint-Louis, dans l'île [*sic*], à Paris tomba [...]. Cet ouragan a été l'époque [*c'est-à-dire l'an I à partir duquel on date une nouvelle ère*] du dérangement des saisons et de la fréquence des grands vents en toutes; le froid en tous temps, la pluie, etc., ont été bien plus ordinaires depuis, et ces mauvais temps n'ont fait qu'augmenter jusqu'à présent, en sorte qu'il y a longtemps qu'il n'y a plus du tout de printemps, peu d'automnes, et pour l'été quelques jours par-ci par-là. C'est de quoi exercer les astronomes [1].

Cette étrange notation, sur le dérangement des saisons comme désordre advenu, aide à comprendre à quelle sorte d'astronomie du monde politique Saint-Simon entendait travailler: puisque l'effacement des différences fonctionne au profit du plus mauvais temps, le chaos historique équivaut à une grande glaciation dont le mémorialiste narre l'irrésistible montée.

La pensée politique de Saint-Simon se formule, dans les *Mémoires*, à l'époque où Montesquieu [2] cherche dans *L'Esprit des lois* la nature et le principe du gouvernement monarchique, et fait de l'honneur (qui n'est ni la vertu républicaine comme amour de l'égalité, ni la crainte comme égalité dans la terreur) son ressort spécifique, ce qui le distingue réellement d'avec le gouvernement despotique. Et Saint-Simon meurt le même hiver où s'imprime le *Second Discours* de Rousseau, sur l'origine de l'inégalité, qui voit dans l'amour-propre, véritable source de l'honneur, le principe commun à l'institution d'une noblesse et à la montée du despotisme [3].

1. *Ibid.*, 1701, I, p. 816 et note 5, p. 1561.

2. Montesquieu, qui meurt en 1755 quelques jours avant Saint-Simon, note dans le *Spicilège* une longue conversation avec lui à La Ferté (Montesquieu, *Œuvres complètes*, t. II, éd. R. Caillois, « Bibliothèque de la Pléiade », Paris, Gallimard, 1951, p. 1395-1399). Voir aussi p. 1323 une curieuse anecdote, absente des *Mémoires*.

3. J.-J. Rousseau, *DI*, Note XV, p. 219 : « L'amour-propre n'est qu'un sentiment relatif, factice et né dans la société, qui porte chaque individu à faire plus de cas de soi que de tout autre, qui inspire aux hommes tous les maux qu'ils se font mutuellement, et qui est la véritable source de l'honneur ». Dans le « dernier degré de l'inégalité », qui est « le changement du

Peut-on trouver dans les *Mémoires* les éléments d'une anthropologie qui éclairerait sur les ressorts psychologiques de la tyrannie ?

L'axiome fondamental est que « l'intérêt propre » constitue « le premier mobile, ou plutôt unique, de tous les grands mouvements des cours »[1], et ce premier mobile est la volonté de monter dans cet ordre inégalitaire des positions. L'art du politique est de faire jouer au profit de l'ordre en général la volonté particulière d'avancer (soi-même, sa famille, son groupe, etc.) ; et la vertu du citoyen est de subordonner en soi-même l'ambition de monter à l'amour de l'ordre. Pour un État rendu à sa norme idéale, le désir du rétablissement de l'ordre en général passe le premier, même s'il ne fait pas disparaître l'émulation comme désir d'améliorer sa propre position : « l'unique façon de bien placer les hommes, et pour la chose publique et pour eux-mêmes », quand il s'agit, à l'ouverture de la Régence, d'attribuer les « diverses places du gouvernement à venir », est de « penser, je le dirai avec simplicité, non à celles qui me conviendraient, mais à celles à qui je conviendrais moi-même »[2]. Mais dans l'État qui gémit en silence sous l'autorité usurpée des bâtards, Saint-Simon trouve encore cet amour de la hiérarchie légitime, par exemple en un duc qu'il croyait asservi à leur nouveau rang :

> Voyez-vous, monsieur, me répliqua-t-il avec feu, je vis très bien avec eux et suis leur serviteur ; mais je vous avoue que leur rang m'est insupportable. Il n'y a de parti à présent que de se taire ; mais dans d'autres temps il faut culbuter tout cela, comme on renverse toujours les choses violentes et odieuses [...]. Je vous parle à cœur ouvert, ajouta-t-il d'un air plus serein, sentant peut-être ma surprise ; je sais qu'on peut vous parler ainsi : tous ceux qui ont un reste de sentiment ne peuvent penser autrement.

Si Saint-Simon est tout étourdi « d'une franchise si peu attendue » et de « tout ce que cachent les replis du cœur d'un vrai courtisan »[3], une anecdote de la même année précise encore la nature de cet amour de l'inégalité réglée et en énonce l'universalité. Un favori, d'Antin, au lieu d'être fait duc et pair et de passer ainsi selon sa date d'érection après ses anciens, se réclame d'une ancienne famille éteinte et prétend ainsi « se trouver leur

pouvoir légitime en pouvoir arbitraire » (*DI*, II, p. 187-191), on rencontre successivement l'institution d'une noblesse héréditaire (« sois Grand toi et toute ta race », *ibid.*, p. 188), le développement du pouvoir royal (« fortifier le pouvoir qui les contient tous », *ibid.*, p. 190 avec l'annotation marginale de Voltaire citée par J. Starobinski, p. 1358) et « le despotisme élevant par degrés sa tête hideuse » jusqu'à ce que « les peuples n'aient plus de chefs ni de lois, mais seulement des tyrans » (*ibid.*, p. 190-191).

1. *Mémoires*, 1710, III, p. 834.
2. *Ibid.*, 1715, V, p. 315.
3. *Ibid.*, 1711, IV, p. 135.

confrère et du même coup à leur tête». Louis XIV qui le favorise sourdement fait à la cantonade écho à un de ses propos, il dit

> qu'il ne comprenait pas que personne se pût opposer à d'Antin, que sa prétention ne faisait rien à personne, hormis quelques anciens devant lesquels il se trouverait, ce qui serait imperceptible à tous les autres, et qu'il n'y avait point d'intérêt à être avancé ou reculé d'un rang [1].

Mais Saint-Simon veillait «de derrière la tapisserie», et un duc bien prévenu sut répondre à propos «que chacun y était fort intéressé, puisque *ce pas de plus ou de moins était ce qui de tout temps était le plus cher à tous les hommes*» et «le roi, qui ne s'attendait qu'à étourdir son homme, et de là sans doute à étonner et ralentir les opposants, ne répliqua rien à une si digne réponse» [2] : d'Antin fut fait duc et pair, et il passa le dernier. Tous étaient ainsi bien d'accord sur la nature et l'universalité du mobile.

Le principal problème que soulève la «si digne réponse» touche aux effets de ce ressort d'action : principe de compétition, ne débouche-t-il pas sur la partialité égoïste, et n'est-il pas comme facteur de guerre le véritable ressort psychologique de la tyrannie? L'objection est admirablement formulée par le chancelier Pontchartrain quand il gronde amicalement les préjugés du duc et pair: «Serez-vous toujours partial en toute affaire? ramperez-vous toujours dans le rang des parties sans entrer jamais dans l'esprit de législateur?» Pour lui l'égalité sous la loi commence à s'opposer à l'inégalité des positions particulières intéressées :

> Pouvez-vous, en justice, en honneur, en conscience désirer [...] que l'on renverse un projet d'édit de cette importance, bon de votre propre avis en tout ce qui est de votre goût et qui ne regarde point votre petit intérêt, à qui vous voulez que tout cède? J'en appelle à la noblesse de votre cœur et à votre droite raison : Monsieur, vous êtes citoyen avant d'être duc, vous êtes sujet avant d'être duc, vous êtes fait par vous-même pour être homme d'État, et vous n'êtes duc que par d'autres [3].

La réponse de Saint-Simon approfondit le rapport de la loi à l'honneur. Il reconnaît certes le devoir de subordonner à l'ordre en général tout attachement à un intérêt particulier, et il sait distinguer le mérite de la personne et la place qu'elle occupe (à preuve l'estime et presque l'amitié qu'il portera à l'un des deux bâtards, le comte de Toulouse). Mais une autre pensée de la loi s'attache à l'inégalité des rangs, la pensée du privilège. «Si je suis trop partie, ne soyez vous-même législateur qu'en vous mettant

1. *Ibid.*, 1711, IV, p. 11-20.
2. *Ibid.* [souligné par J.-M. B.].
3. *Ibid.*, p. 165.

en la place de sur qui portent les lois», formule si facile à prendre à contresens puisqu'elle ne renvoie pas à l'égalité (rousseauiste) de ceux sur qui portent les lois, des hommes comme sujets, mais à l'inégalité des dignités hiérarchisées sur qui (ou sur quoi) porte l'édit :

> C'est notre fonction la plus propre, la plus ancienne, la plus auguste, dont rien ne peut consoler et à laquelle d'ailleurs je ne me flatterais pas personnellement de pouvoir prétendre. Ainsi, ce n'est pas moi que je pleure, mais la plaie de la dignité [1].

Loin d'être un facteur anthropologique de tyrannie, l'ambition est intrinsèquement, comme la politesse, principe conservateur de l'ordre et des gradations, et, par là, elle ne contredit nullement «l'esprit de législateur». L'analyse achève de s'expliciter quand la noblesse non titrée, manœuvrée par les bâtards et ulcérée par certaines prétentions malencontreuses, prend feu contre les ducs. Saint-Simon a conscience de

> travailler à un rétablissement commun qui, peu à peu, rendant à chacun sa considération, remettrait chacun en sa place, ouvrirait les yeux à tous, et ferait sentir à la noblesse non titrée la malignité des pièges et des panneaux qu'on lui aurait tendus, l'ignorance de son propre intérêt, combien il en était d'être unie aux ducs; que tous ne pouvant être ducs, mais le pouvant devenir, *chercher à abattre les distinctions des ducs était vouloir abattre sa propre ambition*, puisque cette dignité en était nécessairement le dernier période [2].

Ainsi, à l'universalité des rangs (charges, dignités) en tous les États, à l'universalité du désir de primer en tout homme, il faut ajouter l'affirmation d'un accord : la volonté d'avancer dans l'ordre inégalitaire, creusée jusqu'à sa racine, enveloppe la volonté de maintenir, au-dessus comme au-dessous de soi, la gradation de cet ordre en général.

Saint-Simon rejoint par là, contre l'analyse rousseauiste de l'amour-propre (principe de tyrannie par réduction ultime à la relation maître-esclave), la doctrine de Montesquieu sur l'honneur (principe de maintien pour les degrés intermédiaires et, partant, de différenciation entre monarchie et despotisme).

Quels que soient ses ressorts anthropologiques, la tyrannie est avant tout une catégorie de la pensée politique. Saint-Simon la rencontre avec les paradoxes qu'enveloppe la monarchie absolue, et c'est au regard de l'ordre qu'il lui arrive de dissocier *despotisme* et *tyrannie*. Car si l'ordre permet à

1. *Mémoires*, 1711, IV, p. 166.
2. *Ibid.*, 1715, V, p. 433 [souligné par J.-M. B.].

un monarque absolu d'accéder au pouvoir despotique (être maître, c'est pouvoir tout ce que l'on veut), il n'y a tyrannie qu'au moment où ce pouvoir est retourné contre l'ordre (vouloir tout ce qu'on peut, c'est être tyran).

Le roi légitime, pour Saint-Simon, accède au pouvoir suprême en fonction d'un ordre qui le précède et qui le dépasse. C'est la manière d'accéder au trône qui fait la différence entre un souverain légitime et un usurpateur, c'est la manière de l'exercer qui fait la différence entre un roi et un tyran[1]. Comparons les deux révolutions d'Angleterre. Cromwell, qui a joui à l'intérieur d'un pouvoir despotique et a tout égalisé sous lui, a été privé par cette confusion même de la majesté des rois : il fut tyran. Guillaume, appelé à la couronne « par une injuste révolution de toute la nation », fut un usurpateur, mais il sut « conserver les lois, les rangs, l'ordre accoutumé en Angleterre pour toutes choses » et c'est pourquoi, malgré une puissance bien inférieure, « il jouit de l'éclat, de la grandeur, de toute la majesté royale, où Cromwell avec toute sa puissance n'avait pu parvenir »[2]. Un roi légitime est celui qui, tel Louis XIII, exerce le pouvoir conformément au même ordre qui l'y a fait accéder. Cet ordre, ce qu'on appelle dans la monarchie française les lois fondamentales du royaume, fonde l'agir et l'être même du roi : il est une créature et non un créateur ; sous la suite des rois, se continue un acte primordial par quoi la nation a transféré le pouvoir souverain à toute une famille, de mâle en mâle par ordre de primogéniture en légitime mariage. L'axiome de base est donc que l'ordre, principe de la monarchie, précède le prince : « sa couronne est un fidéicommis qui ne lui appartient pas en propre »[3]. On en tirera toutes les conséquences. D'abord un roi n'est pas en droit de changer seul l'ordre de succession à la couronne, qui ne vient pas de lui mais du pacte originel entre la nation et une famille, et d'où il tire son pouvoir[4]. Ensuite un roi advient

1. Saint-Simon, *Matériaux pour servir à un mémoire sur l'occurrence présente – Août 1753*, cité dans J.-P. Brancourt, *Le duc de Saint-Simon et la monarchie*, Paris, Cujas, 1971, p. 243 : « Il n'y a donc que l'excès de l'ignorance et de la plus fausse de toutes les flatteries qui puisse dire que tout soit égal devant le roi. Sa grandeur et sa majesté consistent dans l'inégalité de tous ces sujets en sa présence. Son trône en est l'image, par les degrés pour y monter. Il n'y a point d'ordre sans gradation, sans inégalité, sans différence, et sans ordre il n'y a que coterie, confusion, désordre qui défigure tout, et qui attente à la grandeur de laquelle dérivent toutes les autres. C'est la différence essentielle entre beaucoup d'autres qui est entre les rois et les tyrans ».

2. *Ibid.*, p. 243-244.

3. *Mémoires*, 1714, IV, p. 816. Cf. *ibid.*, 1715, V, p. 318 : « la monarchie n'est point élective et n'est point héréditaire ; c'est un fidéicommis, une substitution faite par la nation à une maison entière ».

4. Saint-Simon, *Réflexions sur l'édit de juillet 1714 et sur la déclaration du 23 mai 1715*, cité dans J.-P. Brancourt, *Le duc de Saint-Simon et la monarchie*, *op. cit.*, p. 234 : « La

dans un ordre social réglé, de parentés, de propriétés, de dignités, qui existe antérieurement à lui et indépendamment de lui[1]. Enfin, conséquence extrême devant laquelle Saint-Simon a lui-même reculé en refusant sous la Régence la direction des finances, un roi qui n'hérite rien de son prédécesseur n'est pas tenu d'honorer ses dettes : une doctrine qui rappelle la création continuée de Descartes (un règne ne dépend pas du précédent, mais il dépend immédiatement de l'acte fondateur ou créateur) débouche sur la discontinuité et le droit à la banqueroute[2]. Dans la monarchie telle que Saint-Simon la pense, une politique de l'ordre coïncide avec une philosophie de l'être et des degrés d'être : le roi, créature, n'a pas le pouvoir de faire de l'être à partir de rien et, étant en son domaine politique l'être le plus relevé, il s'appuie sur les degrés immédiatement inférieurs.

Mais le pouvoir auquel le roi accède ne peut-il pas être dit absolu ou despotique ? À la différence du mot *tyrannie*, le mot *despotique* n'a pas nécessairement pour Saint-Simon valeur péjorative : il désigne le pouvoir d'un maître dont la volonté déclarée fait droit sans qu'aucune autre soit nécessaire pour la confirmer ou ait autorité pour lui faire obstacle. Le pouvoir le plus élevé n'est pas toujours et partout également despotique. C'est ainsi que l'Église de Rome est « la mère et la maîtresse de toutes les autres, avec laquelle il faut être en communion ; maîtresse, *magistra*, et non pas *domina* »[3]. C'est ainsi que « le gouvernement de Castille est plus despotique que celui de la France, le gouvernement de l'Aragon moins despotique que celui de l'Angleterre »[4]. En effet, vestiges d'un passé où la monarchie était militaire plutôt que despotique, certaines formalités tempèrent ce qui est pourtant l'axiome de base : « En France il n'y a qu'une autorité unique, une puissance unique, qui réside dans le roi, de laquelle, et au nom duquel, émanent toutes les autres »[5]. D'où le pouvoir qu'a le roi de modifier l'ordre des positions sociales. Toutes les dignités émanant de la sienne, il est « despotiquement le maître [...] de les abaisser, de les élever, d'en faire comme d'une chose sienne et absolument dans sa main »[6].

connaissance de l'ordre dans lequel nos princes ont droit de devenir nos Maîtres doit être aussi simple et naturelle que l'air qu'on respire ».

1. *Mémoires*, 1710, III, p. 980 : « Quelque puissant qu'il soit, [le roi] n'est maître ni des noms ni des descendances ; il ne l'est ni des titres antérieurs à lui des terres, ni de la spoliation de sa couronne, ni de son domaine, moins s'il se peut, encore de son suprême domaine, ni des effets que le droit attache à ces choses ».

2. Voir *ibid.*, 1715, V, p. 316.

3. *Ibid.*, 1711, IV, p. 265.

4. *Ibid.*, 1707, II, p. 920-921.

5. *Ibid.*

6. *Ibid.*, 1703, II, p. 415.

Quand une « seconde place » indigne de son rang est imposée à la duchesse de Saint-Simon, la répugnance affichée jusqu'à envisager la disgrâce et l'abandon de la cour ne saurait entamer le devoir d'obéir : à l'inverse du cardinal de Bouillon qui prétend follement retrouver sa liberté naturelle (de prince étranger) contre les injustices d'un tyran, Saint-Simon n'abdique jamais « sa qualité innée de sujet »[1]. Même chose quand le Régent fait de Dubois un premier ministre[2]. Le déploiement sans frein du pouvoir absolu est un malheur à expliquer, il n'ouvre aucun droit de résistance :

> Que les rois soient les maîtres de donner, d'augmenter, de diminuer, d'intervertir les rangs, de prostituer à leur gré les plus grands honneurs, comme, à la fin, ils se sont approprié le droit d'envahir les biens de leurs sujets de toutes conditions et d'attenter à leur liberté d'un trait de plume à leur volonté, plus souvent à celle de leurs ministres et de leurs favoris, c'est le malheur auquel la licence effrénée des sujets a ouvert la carrière, que le règne de Louis XIV a su courir sans obstacle jusqu'au dernier bout, devant l'autorité duquel le seul nom de loi, de droit, de privilège était devenu un crime[3].

Aucun corps politique dans l'État ne peut s'opposer au roi : le Parlement n'est qu'une cour de justice établie pour administrer au nom du roi la justice entre ses sujets et ne se mêler des affaires d'État qu'au commandement exprès du roi[4], les États généraux, si auguste que soit cette représentation de la nation, ne sont « qu'un corps de plaignants, de remontrants, et quand il plaît au roi de le lui permettre, un corps de proposants »[5]. Si quelque modification indispensable à la succession traditionnelle (par exemple la renonciation de la branche d'Espagne pour la paix européenne) réclame un « pouvoir législatif et constitutif » qui dépasse la simple volonté royale, le roi est là encore maître et choisit ou refuse ces

1. *Ibid.*, 1710, III, p. 885 : « Une seconde place ne nous va et ne nous ira jamais. – Mais refuserez-vous ? dit-il. – Non, lui dis-je avec feu, parce que je ne suis pas comme le cardinal de Bouillon (dont la félonie, dont je parlerai, venait d'être consommée) : je suis sujet du roi et lui dois obéir; mais il faut qu'il commande, et alors j'obéirai, mais ce sera avec la plus vive douleur dont je sois capable ». Sur la déclaration du cardinal de Bouillon, voir *ibid.*, p. 956 *sq*.

2. *Ibid.*, 1722, VIII, p. 520 : « Monsieur, vous êtes bon et sage, et par-dessus le maître ».

3. *Ibid.*, 1714, IV, p. 816.

4. Voir *ibid.*, p. 19-40.

5. *Ibid.*, 1712, IV, p. 424. Cf. *ibid.*, 1715, V, p. 339 : « la multitude ignorante, qui croit les États généraux revêtus d'un grand pouvoir, nagera dans la joie ».

formes[1]. Cette plénitude éclate au lit de justice : selon l'ordre, le roi parle et tout obéit[2].

Cette puissance despotique conduit insensiblement et comme naturellement à la volonté de destruction de l'ordre, à la tyrannie. Ce retournement a tenté Louis XIV, « arrivé et vieilli dans ce comble extrême de puissance »[3]. S'il n'a pas lui-même opéré cette subversion et mérité le nom de tyran, il aide à comprendre la grande proximité de la monarchie absolue, du pouvoir despotique et du risque de tyrannie. Car le nom de tyran, s'il ne convient pas au roi Louis XIV qui pourtant les a autorisés, s'applique à ceux qui, sous lui et sous son nom, ont abusé de son autorité pour se tirer de leur néant originel et s'emparer de ce que, « par être », ils ne sauraient posséder. Double langage de Saint-Simon qui reconnaît le devoir d'obéir quand il parle du roi, ou au roi (et qui appelle alors son pouvoir *despotique* et non pas *tyrannique*), mais qui proclame la violence illégitime et le devoir de résister (au moins intérieurement en attendant des heures meilleures) quand il parle des bâtards ou des ministres (dont il appelle le pouvoir *tyrannique* et non pas seulement *despotique*) ? Double langage certes, mais qui correspond au paradoxe de la toute-puissance monarchique, à sa double nature : la loi générale de l'ordre, qui donne pleine autorité à un individu, et sous son autorité le retournement contre l'ordre. Reprenons les deux exemples les moins contestables. Les ministres sont des gens de rien, choisis comme tels au détriment des grands et de la noblesse dont l'être et les dignités sont par nature indépendants et ont une grandeur intrinsèque (quoique, double langage, les dignités soient despotiquement en sa main) : naturellement, sous le nom du roi, ils tranchent de façon despotique (comme le roi) et même tyrannique (car, à la différence du roi, ils n'ont pas plus d'être mais moins d'être que ceux à qui ils refusent scandaleusement le *Monseigneur*[4], et c'est leur volonté ou intérêt particulier qu'ils font passer

1. *Mémoires*, 1712, IV, p. 533 : « Je lui dis qu'en cela comme en tout le roi était le maître, mais que cela n'aurait nulle validité ».

2. *Ibid.*, 1718, VII, p. 262 : « La remontrance finie, le Garde des sceaux monta au roi puis, sans prendre aucuns avis, jeta les yeux sur le Premier président et prononça : *Le roi veut être obéi, et obéi sur le champ.* Ce grand mot fut un coup de foudre, qui atterra présidents et conseillers de la façon la plus marquée. Tous baissèrent la tête ».

3. *Ibid.*, 1714, IV, p. 816 : « Le long usage de n'être arrêté par rien, de pouvoir tout ce qu'on veut sans nul obstacle, et de ne recevoir que des adorations à l'envi du fond des gémissements les plus amers et les plus universels et de la douleur la plus sanglante de tous les ordres d'un État opprimé, accoutume bientôt à vouloir tout ce qu'on peut ».

4. Le duc de Bourgogne « s'échauffa sur le *Monseigneur* qu'ils nous refusent [...], [il] admira la hardiesse d'un changement si entier. Nous le discutâmes, et, comme il aimait à approfondir et à remonter tant qu'il pouvait aux sources, il se mit sur la naissance des charges de secrétaire d'État, dont la ténuité de l'origine le surprit de nouveau, quoique lui-même, par

pour la volonté du roi)[1]. Les bâtards, enfants naturels, n'ont aucun être social légitime, mais ils ont abusé des circonstances (superbe de Louis XIV qui préfère les fils de la personne aux enfants de France, disparition inattendue de la plupart des descendants légitimes) pour se faire déclarer aptes à la couronne. La violation de l'ordre est double, et par la forme de la subversion (puisque le consentement de la nation serait requis pour une remise en cause du pacte fondateur), et par son contenu (puisque le changement se fait au profit des « espèces » les plus scandaleusement indignes, fruits d'un double adultère). Ce crime est « plus noir, plus vaste, plus terrible » qu'un simple régicide, puisqu'il ne vise pas seulement un monarque particulier, mais, en instaurant « un état de succession purement, souverainement et despotiquement arbitraire », en introduisant « le plus tyrannique [...] de tous les droits », il atteint le principe même de la monarchie[2] : on reconnaît l'argumentation par laquelle Kant, dans la *Doctrine du droit*, jugera plus « diabolique » le procès d'un roi dans les formes, qui retourne par un véritable suicide le principe juridique de l'État contre lui-même, qu'un simple assassinat, voie de fait sans prétention juridique[3]. Mais le roi légitime est le maître, et sous son autorité despotique il faut se taire, gémir en silence quand s'opère le retournement tyrannique qu'il autorise. La réforme peut venir d'en haut, mais aussi la tyrannie. Si Louis XIV lui-même n'est pas appelé tyran, un autre monarque en reçoit bien le nom, le roi de Suède Charles XI[4].

Ainsi l'usurpateur n'est pas nécessairement un tyran (à preuve Guillaume III en Angleterre) et le tyran n'est pas nécessairement un usurpateur (à preuve Charles XI en Suède). En France, avec le pouvoir absolu

l'explication qu'il se prit à en faire, me montrât qu'il n'avait rien à apprendre là-dessus » (*ibid.*, 1711, IV, p. 270-271).

1. Le Régent « n'était pas moins blessé que moi de *la tyrannie* que ces cinq rois de France exerçaient à leur gré sous le nom du roi véritable, et presque en tout à son insu » (*ibid.*, 1715, V, p. 299 [souligné par J.-M. B.]). L'abbé de Saint-Pierre « peignit au naturel *le pouvoir despotique, et souvent tyrannique,* que les secrétaires d'État et le contrôleur général des finances exerçaient sous le dernier règne » (*ibid.*, 1718, VI, p. 651 [souligné par J.-M. B.]).

2. *Ibid.*, 1714, IV, p. 819-820 : « On ne peut s'empêcher de trouver dans celui dont il s'agit une plénitude qui n'est pas dans l'autre, quelque abominable qu'il soit, si on veut substituer le raisonnement sur celui-ci au trouble et au soulèvement des sens qui est un effet naturel de l'impression de l'autre ».

3. Voir E. Kant, *Doctrine du droit*, II, 1, § 49, Remarque A, note.

4. *Mémoires*, 1697, I, p. 385-386 [souligné par J.-M. B.] : « Il s'affranchit de tout ce qui bridait l'autorité royale, parvint au pouvoir arbitraire, et, incontinent après qu'il l'eut affermi, *le tourna en tyrannie*. Il abolit les États généraux et anéantit le sénat duquel il tenait toute son autorité nouvelle, et s'appliqua avec trop de succès à la destruction radicale de toute l'ancienne et grande noblesse, à laquelle il substitua des gens de rien [...]. Tout ce qu'il y avait en Suède de noble et de considérable demeura écrasé ».

du monarque pensé comme pouvoir despotique, le risque de la tyrannie est proche de l'exercice de la royauté. Une alternative s'ouvre à un roi qui peut tout ce qu'il veut. Ou bien se limiter lui-même, se « brider » comme le duc de Bourgogne à ne vouloir que ce qu'on doit vouloir (l'ordre), mais on voit mal comment cette autolimitation pourrait être juridique et non pas seulement éthique, comment ces brides pourraient avoir une réalité institutionnelle sans mettre fin au principe de l'absolutisme, au pouvoir despotique. Ou bien, par un retournement contre l'ordre aussi funeste que naturel, et peut-être irréversible, ce pouvoir devient tyrannique en se débridant, il veut tout ce qu'il peut : alors « le souverain pouvoir devenu totalement despotique » abroge par la violence ses propres conditions[1]. Telle est sans doute pour Saint-Simon la meilleure définition juridique ou politique de la tyrannie.

Cherchons pour conclure à fixer le concept de la tyrannie chez Saint-Simon en regroupant quelques occurrences caractéristiques du terme, sans oublier que les *Mémoires* ne dissocient pas le discours théorique de son application à la matière historique.

1. La tyrannie ne se réduit pas à sa dimension politique. Il ne s'agit pas d'abord d'une manière d'accéder au pouvoir (ce que vise le terme d'usurpateur) mais d'une manière de l'exercer ; et d'une manière d'exercer tout pouvoir, et non pas le seul pouvoir politique. Ainsi Louis XIV n'est pas appelé tyran pour le pouvoir despotique exercé sur ses sujets mais pour ses constructions de Versailles ou de Marly[2]. Et la tyrannie de tel secrétaire d'État concerne le rapport domestique à sa famille autant que l'usage de ses fonctions ministérielles[3]. Il y a une anthropologie de la tyrannie.

2. La tyrannie se définit par son rapport à l'ordre naturel. L'exercice du pouvoir y poursuit l'effacement des gradations. Dans le rapport du tyran à lui-même, son action, en sapant les degrés de son trône, pourra apparaître comme suicidaire. Dans son rapport au peuple qu'il dévore, il sera dit un

1. *Mémoires*, 1714, IV, p. 816-817 : « Je laisse à part les conditions abrogées par la violence et le souverain pouvoir devenu totalement despotique ».

2. *Ibid.*, 1715, V, p. 532 [souligné par J.-M. B.] : « Il se plut à *tyranniser la nature*, à la dompter à force d'art et de trésors ».

3. *Ibid.*, 1711, IV, p. 251-252 [souligné par J.-M. B.] : « Son commerce [NdÉ : de Jérôme de Pontchartrain] était insupportable par l'autorité brutale qu'il y usurpait et par ses infatigables questions. Il se croyait tout dû, et il exigeait tout avec toute l'insolence d'un maître dur [...], roi de ses moments et de ses heures, et *le tyran de sa famille* et de ses familiers. Sa première femme, si parfaite en tout, en mourut à la fin à force de vertu. La seconde l'a vengée ».

fléau. Mais il est plus essentiellement un « marteau », qui frappe, mutile et réduit en poussière les différences[1]. L'enchaînement continu de cette frappe entraîne un nivellement irréversible. Il y a une dynamique et, si l'on risque le mot, une entropie de la tyrannie.

3. La tyrannie se détermine à tous les niveaux en termes d'être et de néant, d'ordre et de degrés d'être. L'élévation des bâtards, « tirés par degrés du plus profond non-être jusqu'à la capacité de porter à la couronne », en constituant ce qu'il y a de plus tyrannique, éclaire l'essence de toute tyrannie : une subversion de l'être par le non-être, ou comment des gens de rien deviennent quelque chose[2]. La tyrannie est sans doute celle d'un être, tel le roi, qui entreprend ce qu'aucune créature ne peut, faire quelque chose de rien; mais c'est d'abord celle du non-être, par exemple le bâtard, pour se faire quelque chose, voire tout, par l'entremise de l'être qu'il se subjugue et dont il révèle ainsi une intime faiblesse. La remontée jusqu'à la ténuité des sources montre, à l'origine des Titans que sont les tyrans, le néant et sa violence sur l'être[3]. Il y a une ontologie de la tyrannie.

1. *Ibid.*, 1715, V, p. 373 [souligné par J.-M. B.] : « Je voulais [...] remettre ainsi l'épée en lustre et en autorité en bridant et humiliant les intendants des provinces, et cette foule [...] de gens de rien, enrichis et enorgueillis, qui sous les intendants sont les *tyrans* des provinces, le marteau continuel de la noblesse, et le fléau du peuple qu'ils dévorent ».

2. Voir *ibid.*, 1714, IV, p. 805-816; cf. *ibid.*, p. 832-833 : « Ce qu'ils [NdÉ : les enfants "bâtards" de Louis XIV, le duc du Maine et son frère le comte de Toulouse, tous deux fils d'un double adultère avec la marquise de Montespan] voulaient maintenant était tout autre chose. Devenir par être ce que par être on ne peut devenir; d'une créature quoique couronnée en faire un créateur; attaquer les princes du sang dans leur droit le plus sublime et le plus distinctif de toutes les races des hommes; introduire *le plus tyrannique*, le plus inouï, le plus pernicieux de tous les droits; anéantir les lois les plus antiques et les plus saintes; se jouer de la couronne; fouler aux pieds toute la nation; enfin persuader cet épouvantable ouvrage à faire à un homme qui ne peut commander à la nature et faire que ce qui n'est pas soit, au chef de cette race unique et tellement intéressé à en protéger le droit qu'il n'est roi qu'à ce titre, ni ses enfants après lui, et à ce roi de la nation la plus attachée et la plus soumise; de la déshonorer et de renverser tout ce qu'elle a de plus sacré, pour possiblement couronner un double adultère, qu'il a le premier tiré du néant depuis qu'il y a des Français, et qui y est demeuré sans cesse jusqu'à cette heure enseveli chez toutes les nations, et jusque chez les sauvages : la tentative était étrangement forte » [souligné par J.-M. B.].

3. *Ibid.*, 1714, IV, p. 838-839 [souligné par J.-M. B.] : « Vous l'avez voulu, mais sachez que quelque grands que je vous fasse, et que vous soyez de mon vivant, vous n'êtes rien après moi, et c'est à vous après à faire valoir ce que j'ai fait pour vous, si vous le pouvez. Tout ce qui était présent frémit d'un éclat de tonnerre si subit [...] qui montrait si naïvement l'ambition extrême de duc du Maine, et la violence qu'il avait faite à la faiblesse du roi, qui semblait si manifestement se la reprocher, et au bâtard son ambition et *sa tyrannie* ».

4. Mais il y a aussi une éthique de la tyrannie, ou plutôt de la résistance à la tyrannie. Car si Saint-Simon croit comme Rousseau à l'irréversibilité de la dégradation historique, il croit aussi comme lui que la nature subsiste inaltérable au cœur de l'individu. Les essences sont éternelles et l'amour de l'ordre, sous les replis du cœur d'un vrai courtisan, reste comme principe pour une éthique de la légitimité. On sait combien Saint-Simon chérit les déclarations de guerre, et celle qu'il osa porter jusque dans son cabinet au duc du Maine, véritable figure du tyran à travers les *Mémoires*[1]. Eut-il la chance de ne rencontrer que l'ombre d'un tyran ? Il crut en tout cas, sous la lâcheté proverbiale de ce bâtard, identifier un caractère universel de la tyrannie, l'effet éthique de sa fragilité ontologique :

> Semblable à ces tyrans qui ont usurpé par leurs crimes le souverain pouvoir, et qui craignent comme autant d'ennemis conjurés pour leur perte tous leurs concitoyens qu'ils ont asservis […], il craignait jusqu'aux ducs, tant la tyrannie et l'injustice sont timides[2].

1. *Mémoires*, 1714, IV, p. 136 : « Monsieur, vous pouvez tout ; vous nous le montrez bien et à toute la France ; jouissez de votre pouvoir et de tout ce que vous avez obtenu […]. Il vient quelquefois des temps où on se repent trop tard d'en avoir abusé, et d'avoir joué et trompé de sens froid [*sic*] tous les principaux seigneurs du Royaume en rang et en établissements, qui ne l'oublieront jamais ».

2. *Ibid.*, p. 919 ; cf. *ibid.*, 1714, V, p. 137.

CHAPITRE III

LE DUC DE SAINT-SIMON ET LES ÉTATS GÉNÉRAUX DE 1715 : ROMAN OU SONGE PROPHÉTIQUE* ?

Parler, à un colloque sur la Révolution française, de Saint-Simon et de ses *Mémoires* peut sembler doublement paradoxal. Paradoxal d'abord pour une évidente raison de chronologie : mort en 1755, le mémorialiste a écrit un demi-siècle avant l'événement, et ce qu'il raconte concerne la fin du règne de Louis XIV. À cet anachronisme de soixante-quinze ans ou encore de deux Louis, de Louis XIV à Louis XVI, entre 1715 et 1789, s'ajoute un second paradoxe que je dirai de doxologie, pour préciser le terme d'idéologie qui risque ici de faire équivoque. Le duc et pair, si attaché à défendre les privilèges traditionnels contre l'alliance funeste entre la monarchie absolue et une vile bourgeoisie, n'est-il pas le dernier à convoquer pour célébrer ou même pour penser le dernier acte de la monarchie française, l'irruption de la souveraineté nationale sinon populaire ?

Et pourtant ce double décalage chronologique et idéologique ne rend que plus marquant un passage consacré à l'année 1715, quand la disparition du vieux roi ouvrit les chemins du pouvoir au Régent Philippe d'Orléans, et derrière lui à son fidèle ami et serviteur le duc de Saint-Simon. « Je propose des États généraux », tel est le titre courant de ce passage. Je vous en lis la conclusion :

* Première publication dans B. Bourgeois et J. D'Hondt (dir.), *La philosophie et la Révolution française*, Paris, Vrin, 1993, p. 207-219. Toutes les notes sont de l'éditeur de ce recueil.

> une idée sans exécution est un songe et son développement dans tout ce détail [une vingtaine de pages dans l'édition de la Pléiade [1]] un roman. Je l'ai compris avant de l'écrire. Mais j'ai cru me devoir à moi-même de montrer que je n'enfante pas des chimères [2].

La modalité affichée de cette digression vaut avertissement. Le mémorialiste quitte ici l'histoire, le narré des *res gestae*, les événements qui se sont effectivement passés. Il se fait rêveur ou romancier, voyeur du possible. Ce qu'il développe est un projet ou une proposition :

> je propose à M. le duc d'Orléans de convoquer aussitôt après la mort du roi les États généraux, qui sont sans danger et utiles sur les finances, avantageux à M. le duc d'Orléans [3].

Ce projet n'a pas été retenu ; il est donc resté dans le domaine de l'irréel ou de l'imaginaire, c'est un songe. Mais il aurait pu être, il est non-contradictoire : dire qu'il n'est pas une chimère, c'est affirmer ce qu'il a de réalité logique. Reste à préciser où se loge cette réalité logique. Absolument en dehors du monde effectif, dans un ailleurs sans temps ni lieu ? Cette utopie ou uchronie serait alors un simple roman, comme les critiques en dénonçaient dans le monde physique de Descartes ou dans l'état de nature rousseauiste. Ce genre de roman est déjà plus qu'un songe qui, lui, peut être chimérique. Il est encore trop peu.

> Un roman serait un nom bien impropre à donner au rétablissement d'un gouvernement sage et mesuré, au relèvement de la noblesse anéantie, ruinée, méprisée, foulée aux pieds, à celui du calme dans l'Église. Si des projets de cette qualité, et dont l'exécution est rendue sensible, n'ont pas réussi, c'est qu'ils n'ont pas trouvé dans le temps le plus favorable un régent assez ferme, et qui eût en soi assez de suite [4].

Saint-Simon tient à ancrer son projet dans la réalité, comme vérité d'un rétablissement ou d'une restauration. Il pense que le possible qu'il énonce, non contradictoire ou non chimérique, est la possibilité même de l'histoire effective. Il croit dire la vérité de la monarchie française, telle qu'elle se confond avec son passé plus ou moins lointain, plus ou moins mythique. L'occasion se présentait, « le temps le plus favorable ». Seule la cause efficiente a manqué, c'est l'agent ou l'acteur qui a fait défaut : avec un Régent

1. Louis de Rouvroy, duc de Saint-Simon, *Mémoires*, éd. Y. Coirault, t. V (1714-1716), Paris, Gallimard, 1985, p. 336-354. Sur le choix de citer la pagination de cette édition, voir *supra*, chap. II, n. 1, p. 48.
2. *Ibid.*, 1715, p. 354.
3. *Ibid.*, p. 336.
4. *Ibid.*, p. 354.

plus ferme, la boucle se bouclait. Le possible était l'effectif même, la rationalité d'un réel déjà advenu qui se serait instaurée en se restaurant.

> Dois-je me repentir pour cela de les avoir pensés et proposés ? J'ai toujours cru que ce n'était pas le succès qui décidait de la valeur des choses qui se proposent, beaucoup moins quand il dépend d'un autre qui néglige de les suivre, ou qui ne veut pas même les entreprendre [1].

L'autre est ici le Régent. Philippe d'Orléans a finalement refusé de convoquer les États généraux en 1715 : s'en est-il plus mal porté ? Louis XVI les a convoqués en 1789, il lui en a coûté successivement la souveraineté absolue, la couronne, et la tête. Saint-Simon n'enfante pas des chimères : mais le roman non-chimérique qu'il a consciemment développé a peut-être avec la réalité historique un autre rapport qu'il n'a cru. Pour celui qui relit son roman à la lumière des années révolutionnaires, le duc et pair fut à sa façon un prophète. Ce qu'il a rêvé est arrivé, avec un succès rigoureusement opposé à l'objectif visé. Ce qui était peut-être un projet réaliste et avisé à l'ouverture de la Régence devient un songe prophétique, tel le rêve d'Athalie ou celui de Pauline à l'ouverture de *Polyeucte*, pour ceux qui liront la Régence comme l'acte premier d'une histoire qui aurait sa péripétie avec le serment du Jeu de Paume et son dénouement sur la guillotine, le 21 janvier 1793. Dois-je me repentir de ce que j'ai pensé et proposé ? Avant d'être la question répétitive des vaincus, et en particulier des monarchistes qui ont mis en marche la grande Révolution, cette question est celle du grand seigneur mémorialiste. Il ne faut jamais se repentir de penser, ou d'avoir pensé. Et peut-être que Saint-Simon a pensé le premier, par avance, le sens *et* le non-sens de la Révolution française pour ce qui sera une tradition non-révolutionnaire ou même, mieux, contre-révolutionnaire. À regarder le contenu longuement développé du « roman », non-chimérique, à le dissocier du « songe » que fut une idée privée de son exécution, à le comparer à l'histoire ultérieure et à son effectif « succès », on se rend compte que Saint-Simon prophétisait la vraie révolution, celle qui aura lieu de 1789 à 1793, quand il se croyait le théoricien de la chimérique restauration, celle qui n'a eu lieu ni en 1715 ni en 1815.

Il reste naturellement à le montrer, en analysant le contenu de la longue digression.

De quoi s'agit-il ? De convoquer, pour la première fois depuis un siècle, les États généraux, c'est-à-dire de rassembler autour du trône les représentants du royaume en ses divers ordres, ce que Saint-Simon appelle lui aussi « la nation ». Les États généraux, cette institution traditionnelle de

1. *Ibid.*

l'ancienne monarchie, n'avaient plus été réunis depuis 1614 et la minorité de Louis XIII. Ils ne le seront pas avant 1789 et la crise finale de l'absolutisme. L'idée pourtant n'a jamais quitté l'horizon politique de ces deux siècles, plus ou moins systématiquement discutée selon que les circonstances rendaient plus ou moins aiguës les difficultés à résoudre. L'originalité de Saint-Simon n'est donc pas de réfléchir avec beaucoup d'autres sur « une assemblée d'États généraux », ni même d'en proposer la tenue alors que la vieille machine louis-quatorzième semble agoniser avec le vieux monarque. Son originalité tient aux trois actes politiques différents et hétérogènes que le conseiller du Régent en escompte, et à leur enchaînement tel que le romancier visionnaire le décrit. Trois actes qui sont, en vérité, comme les trois étapes d'un transfert de souveraineté à moitié conscient de lui-même.

Le premier acte n'a rien pour dérouter, il est l'acte traditionnel de tous les États généraux : régler la question financière. En l'occurrence, le monarque disparu laisse derrière lui une dette écrasante, héritage des dernières guerres. À l'arrivée d'un pouvoir neuf, qui n'a aucune responsabilité dans la gestion passée, il s'agirait de tirer un trait, faire un bilan et prendre un nouveau départ. Inutile d'insister sur cette constante de l'institution, renflouer la caisse quand l'administration des finances est à bout de ressources. Le plus important pour nous est le jeu qui commence à se jouer, dès ce premier niveau qui reste le plus traditionnel, entre l'opinion et la réalité du pouvoir souverain. Car Saint-Simon entend faire assumer par les États généraux le choix d'une solution à la fois indispensable et impossible, la banqueroute proclamée dans « un édit bien libellé, bien serré, bien ferme et bien établi ».

Au futur Régent qui lui proposait la direction des finances, Saint-Simon n'a pas caché que, dans l'état désespéré où les dettes de Louis XIV les ont réduites, il ne voyait que trois partis. Deux sont clairs : ou bien rembourser ces dettes, c'est-à-dire achever d'accabler le royaume d'impôts qui détruiront toute activité économique, sans terme prévisible ; ou bien « faire banqueroute publique par voie d'autorité, en déclarant le roi futur quitte de toutes dettes et non obligé à celles du roi son aïeul et son prédécesseur », formule qui libère toute l'économie du pays mais en ruinant d'un coup une infinité de familles, celles des créanciers directement et, indirectement ou par contrecoup toutes celles qui en dépendent. La troisième solution a toute l'indétermination des compromis, « un milieu qui ne peut être qu'une liquidation des différentes sortes de dettes, pour assurer l'acquittement des véritables, et rayer les fausses », ce qui exige l'examen des preuves, et celui des parties déjà payées, et jusqu'à quel point, bref « une mer sans fond » pour l'administration qui rembourse, et un « vaste champ à pièges et à friponneries » pour les hommes d'argent qui se font rembourser.

Entre ces partis, Saint-Simon a fait son choix, mais il ne veut pas et il ne peut pas l'assumer.

> Me trouvant chargé des finances, j'aurais été trop fortement tenté de la banqueroute totale, et c'était un paquet dont je ne me voulais pas charger devant Dieu et devant les hommes [1].

Pourquoi ? On approche ici d'un point, non certes aveugle, mais à peine avouable.

> Oserais-je avouer une raison encore plus secrète ? [...] Ces raisons qui se peuvent alléguer m'entraînaient ; mais j'étais touché plus fortement d'une autre que je n'explique ici qu'en tremblant [2].

En vérité, Saint-Simon hésite à une limite qui est à la fois celle du droit et celle de la souveraineté monarchique. Refuser de rembourser les dettes du roi défunt, est-ce ou non une injustice ? Le duc ne tranche pas. « Entre deux effroyables injustices tant par elles-mêmes que par leurs suites, la banqueroute me paraissait la moins cruelle des deux » [3] : même si tout le reste du public est sauvé, à l'égard des créanciers la banqueroute reste donc une effroyable injustice. Mais un peu plus loin, Saint-Simon motive l'édit qui proclamerait le droit à la banqueroute : chaque monarque accède à la couronne en vertu de l'acte originaire qui a fondé la monarchie, il ne dépend pas du monarque qui l'a précédé, de ses engagements et des dettes qu'il a contractées, bref la souveraineté ne peut pas se limiter elle-même, ou, mieux, elle ne peut pas être limitée par les décisions d'un souverain particulier, qui n'engage que lui.

> À ce raisonnement, je ne vois aucune réponse vraie, solide, exacte, effective ; conséquemment je ne vois que justice étroite et irrépréhensible dans cet édit [4].

La banqueroute est donc, en un autre sens, juste de la justice la plus stricte. Et là se loge la pensée la plus secrète, celle que l'auteur ose à peine s'avouer : une banqueroute ainsi proclamée couperait définitivement les ailes à tout futur emprunt public, les rois successeurs seront condamnés par la mécanique de la défiance à se contenter de leurs revenus annuels

1. *Mémoires*, 1715, p. 316.
2. *Ibid.*
3. *Ibid.*
4. *Ibid.*, p. 320.

effectifs. L'atteinte au crédit public, qui est d'ordinaire pour les régimes nouveaux la principale raison d'honorer les dettes de leurs prédécesseurs, est au contraire pour Saint-Simon le motif de sa prédilection pour la banqueroute. Il rêve d'étrangler par avance toute possibilité d'emprunt. Mais de cette pensée secrète, et de la justice de ce choix, il n'est pas assez sûr pour se charger du paquet. D'où son refus irréductible d'accepter la direction des finances, malgré l'insistance du Régent.

D'où aussi la fonction qu'il attribue aux États généraux, et ses premières équivoques. Il entend rejeter sur les représentants de la nation la charge de cette cruelle décision. Est-ce un droit, pour la nation, de choisir elle-même ses remèdes ? En fait, la question de la souveraineté commence à se poser ici ; et deux logiques se dessinent entre lesquelles le mémorialiste ne tranche pas clairement. « Déclarer aux États que, le mal étant extrême et les remèdes extrêmes aussi, son Altesse Royale *croit devoir* à la nation de lui remettre le soin de le traiter elle-même » : ce devoir peut d'abord sembler un devoir strict ou de droit, et, dans ce cas, le roi – ou le Régent qui le remplace pendant sa minorité – se trouve réduit à une fonction subordonnée d'exécutant. « Après qu'elle (la nation) aura décidé seule et en pleine et franche liberté, se réserver *l'exécution fidèle et littérale* de ce qu'elle aura statué par forme d'avis sur cette grande affaire »[1] : à la totale irresponsabilité quant au bilan du règne précédent succèdera une totale responsabilité.

> J'ajouterai que ce serait perdre presque tout le fruit que M. le duc d'Orléans recueillerait de tout ce qui vient d'être dit, s'il ne *se faisait* pas *une loi*, qu'aucune considération ne pût entamer dans la suite, de se conformer inviolablement au choix du remède porté par l'avis formé par les États[2].

Mais une loi qu'on se fait à soi-même n'est pas une loi qui s'impose juridiquement, et une autre logique s'ouvre, qui est la logique juridique dominante dans la pensée du duc et pair.

> Les États généraux sont sans *aucun pouvoir* par leur nature, et [...] ce n'est que les députés de leurs commettants pour exposer leurs griefs, leurs plaintes, la justice et les grâces qu'ils demandent, en un mot de simples plaignants et suppliants[3].

Ainsi, leur avis n'est pas juridiquement une loi qui s'impose à la couronne. En fait, en « imitant à la lettre ce que les rois prédécesseurs jusqu'au pénultième ont tous fait, majeurs et mineurs, et pour des cas bien

1. *Mémoires,* 1715, p. 338 [souligné par J.-M. B.].
2. *Ibid.*, p. 343 [souligné par J.-M. B.].
3. *Ibid.*, p. 339 [souligné par J.-M. B.].

moins importants », le Régent n'aura porté aucune atteinte, si minime soit-elle, à l'autorité royale. Il n'aura pas « rend[u] un compte qui *n'est pas dû*, et dont il se faut bien garder de faire le premier exemple » [1]. Revenons alors au choix du remède cruel, et à la discrète préférence en faveur de la banqueroute.

> C'est le public qui en portera tout le poids et toute la souffrance, soit d'une manière ou de l'autre; n'est-il pas de *la sagesse* et de *l'équité* de lui en laisser le choix [2] ?

L'équité n'est pas le droit, et si la nation est à l'origine de tout droit, les États n'ont aucun pouvoir juridique propre. Ils sont « un grand nom ». Ils ont un pouvoir d'opinion et d'opinion seulement.

Or la sagesse consiste justement, pour le Régent, à s'assurer le soutien unanime de l'opinion publique. Inespérée au premier jour de la Régence, cette convocation librement décidée aura un « prodigieux effet ». La multitude ignorante croit les États généraux revêtus d'un grand pouvoir : elle nagera dans la joie et bénira le Régent « comme le restaurateur des droits anéantis de la nation ». La minorité éclairée sur l'impuissance juridique des États verra dans leur convocation un geste de bonne volonté : cette complaisance lui semblera « les arrhes du gouvernement le plus juste et le plus doux ». Les plus lucides enfin perceront le secret, politique, de cette feinte :

> vous ne faites que vous décharger sur eux [les États généraux] du choix de remèdes qui ne peuvent être que cruels et odieux, desquels, après leur décision, personne n'aura plus à se plaindre, tout au moins à se prendre à vous de sa ruine et des malheurs publics [3].

Dès le premier acte, financier, attendu des États généraux, le glissement de la souveraineté à l'opinion commence à s'opérer dans l'équivoque d'un leurre.

Le second acte l'accentue, et il n'a rien de traditionnel. Avant même que soit tranchée l'inextricable question financière, Saint-Simon veut profiter des « premiers élans d'amour et de reconnaissance » pour obtenir des États généraux « un acte solennel » tout à fait extraordinaire, et qu'il faut bien appeler au sens le plus strict un acte de souveraineté. Il s'agit en effet de savoir qui devrait accéder au trône si mourait le futur Louis XV, l'enfant-roi de cinq ans.

1. *Ibid.*, p. 338 [souligné par J.-M. B.].
2. *Ibid.*, p. 343 [souligné par J.-M. B.].
3. *Ibid.*, p. 339.

Question dynastique, question juridique, question politique. À nouveau, deux logiques s'opposaient. Selon la loi fondamentale progressivement dégagée par les siècles et rejetée désormais rétrospectivement à l'origine même de la dynastie, le trône de France devait être occupé de mâles en mâles, d'aîné en aîné, par mariage légitime à l'intérieur de la maison régnante. Si donc le fils aîné, le duc de Bourgogne, disparaissait avec tous ses enfants (y compris le seul survivant, le futur Louis XV), le trône revenait à son frère cadet, Philippe, l'ancien duc d'Anjou devenu entre-temps Philippe V roi d'Espagne. Mais précisément, au terme de la guerre épuisante soutenue pour lui assurer la succession d'Espagne, Philippe avait renoncé, pour lui et toute sa descendance, au trône de France, tandis que ses parents de France avaient symétriquement renoncé à toute prétention ultérieure au trône d'Espagne. Ces « renonciations », imposées par l'Europe lors du traité d'Utrecht, acceptées alors par Louis XIV, appelaient désormais au trône de France, en cas de disparition de l'enfant-roi, Philippe d'Orléans, le fils de Monsieur, frère de Louis XIV. L'intérêt politique du Régent était ici évident, et d'autant plus pressant que Louis XIV, soucieux de n'entamer en rien le caractère absolu de son autorité, s'était contenté de faire enregistrer au Parlement de Paris les renonciations. Elles étaient donc, aux yeux de Saint-Simon et de beaucoup d'autres,

> informes et radicalement destituées de tout ce qui pouvait opérer la force *et le droit* d'un tel acte, le premier qu'on eût vu sous les trois races de nos rois pour intervertir l'ordre jusque-là si sacré à l'aînesse masculine légitime, de mâle en mâle, à la succession nécessaire à la couronne[1].

On saisit aussitôt le « grand parti à tirer délicatement des États généraux sur les renonciations ».

Délicatement, en effet, ô combien ! Car il s'agit, à nouveau, d'une radicale contradiction quant à l'exercice de la souveraineté. Il s'agit de ce qui, dans une monarchie, est le plus fondamental des actes de souveraineté : l'ordre de succession au trône. Il s'agit de concilier deux idées radicalement contradictoires concernant les États généraux et leur rapport à la souveraineté. D'un côté, ils n'ont juridiquement aucun droit : il n'est déjà pas sûr que la nation effectivement rassemblée, avec ou sans le roi, serait habilitée à revenir sur un acte initial qui règle la succession pour toute la durée de la dynastie ; il est en tout cas assuré que les États généraux, simples plaignants et suppliants, n'ont aucun droit à modifier la succession. Mais, d'un autre côté, qui plus que les États généraux, leur grand nom, l'opinion

1. *Mémoires,* 1715, p. 339 [souligné par J.-M. B.].

où se trouve la multitude ignorante de leur grand pouvoir, peut donner force aux renonciations? La solution de Saint-Simon a le mérite de la franchise.

> Je lui fis sentir [à Philippe duc d'Orléans] la nécessité de suppléer au juridique par un populaire de ce poids, et de profiter de l'erreur si répandue du prétendu pouvoir des États généraux, qui après ce qu'ils auraient fait en sa faveur, la nation se croirait engagée à le soutenir à jamais par cette chimère même de ce droit qui lui était si précieuse, ce qui lui donnait toute la plus grande sûreté et la plus complète de succéder, le cas arrivant, en quelque temps que ce pût être, à l'exclusion de la branche d'Espagne, par l'intérêt essentiel que la nation commise se croirait dans tous les temps y avoir [1].

Phrase complexe, pour une pensée subtile. L'objectif est simple: il s'agit de tirer tout le bénéfice politique effectif d'un acte qui n'a juridiquement aucune valeur. Il n'y a pas de souveraineté populaire, ni même peut-être nationale: le droit de se donner un maître et de régler la succession à la couronne n'existe pas, au moins tant que la dynastie n'est pas éteinte. Ce droit est donc une chimère. Mais la nation, comme pouvoir d'opinion, est une réalité, et celui qui l'aura de son côté aura un atout décisif, si une querelle de succession vient à s'engager entre le Régent et Philippe V d'Espagne à l'éventuelle disparition de l'enfant-roi. C'est pourquoi il est essentiel que la nation croie s'engager, et qu'elle s'imagine avoir exercé son droit. Tout le fruit politique sera pour le Régent: il sera assuré d'avoir à jamais la nation pour soi et pour sa branche contre celle d'Espagne. Mais il n'acquiert «ce suprême avantage que par un simple leurre auquel la nation se prendrait, et qui ne donnait rien aux États généraux» [2]. Qui dit leurre ne dit pas mensonge: la nation se trompe, elle n'est pas positivement trompée. Car elle n'a pas et elle n'a jamais eu de droit en ce domaine, et encore moins les États. Ce droit est une chimère, et si elle s'y prend elle en est seule responsable. Encore faut-il ne rien lui donner ou concéder.

D'où le moyen utilisé. L'acte solennel qu'il s'agit de tirer «brusquement» sera seulement un vœu ou une acclamation, et le «certificat du vœu unanime». Le peuple, la nation, les États généraux croiront sans doute s'engager, prendre une décision essentielle. Il est indispensable qu'ils le croient, pour que l'acte ait son efficacité politique. Mais pour respecter le droit, et pour que la nation se trompe sans être trompée, il est essentiel que l'acte ne soit qu'une acclamation, ce qu'on appelle *verba*

1. *Ibid.*, p. 340.
2. *Ibid.*

et voces[1]. « Je lui fis sentir l'adresse et la délicatesse, à laquelle sur toutes choses il fallait bien prendre garde à s'attacher à coup sûr que les États ne prononceraient rien, ne statueraient rien, ne confirmeraient rien »[2] : une confirmation implique une autorité, seconde peut-être, mais qui s'ajoute à la première qu'elle confirme; une instance qui prononce ou qui statue répond à une question posée, même si sa réponse n'est qu'un avis, comme l'avis sur le remède cruel aux difficultés financières. Ici, ce serait trop. Il faut pourtant que l'acclamation reste fixée, jusqu'au jour où la mort de l'enfant-roi la rendrait déterminante. D'où l'acte par écrit en forme de simple certificat.

> Le certificat pur et simple qu'une chose a été faite n'est qu'une preuve qu'elle a été faite, n'en peut changer l'être et la nature, ni avoir plus de force et d'autorité que la chose qu'il ne fait que certifier; or cette chose n'étant ni loi, ni ordonnance, ni simple confirmation même, l'acte qui la certifie avoir été faite ne lui donne rien de plus qu'elle n'a. Ainsi le leurre est entier, tout y est vide; les États généraux n'en acquièrent aucun droit[3].

Au roi majeur, le duc d'Orléans n'aura pas de peine à montrer qu'il n'a porté aucune atteinte au droit souverain du monarque : il n'a rien demandé aux États généraux, il ne leur a rien accordé, c'est eux qui ont exprimé spontanément la disposition de leur cœur. Et pourtant, en cas de succession dynastique ouverte, Monsieur le duc d'Orléans aura acquis l'essentiel « par cette erreur spécieuse et si intéressante[4] toute la nation, qui pour son plus cher intérêt à elle-même, la lie à lui pour jamais »[5].

Ce qui émerge avec cet acte solennel, c'est l'irruption des États généraux dans l'exercice de la souveraineté. Ce qui permet de dissimuler cette irruption et de la réduire, sans mensonge caractérisé, à un simple leurre où tout est vide, c'est une rencontre unanime de volontés. Car il s'agit, au fond, de montrer

> des vœux et une disposition de leurs cœurs *conformes* à celle du feu roi et de toute l'Europe, et, pour ainsi dire, canoniser ses volontés, les fondements de la paix, et ceux du repos de la France en quelque cas que ce puisse être[6].

1. De la locution latine « *Sunt verba et voces, praetereaque nihil* (Ce ne sont que mots et paroles, et rien de plus) », voir *Mémoires,* 1715, V, p. 340.

2. *Ibid.*

3. *Ibid.,* p. 340-341.

4. *Sic*. Il ne s'agit pas d'un participe présent mais d'un adjectif verbal, qui s'accorde. Cette construction syntaxique est assez courante dans les *Mémoires*, comme le souligne Y. Coirault, p. 1281, n. 1 de la p. 341.

5. *Ibid.,* p. 341.

6. *Ibid.,* p. 344 [souligné par J.-M. B.].

Nul en définitive n'est lésé, puisque la branche d'Espagne elle-même, solennellement et volontairement, a fait en pleins *Cortes* assemblés à Madrid ses renonciations. Avec ce second acte, « solennel », le poids décisif du populaire est introduit dans une question de souveraineté, mais il ne fait que « canoniser » une décision antérieure du monarque.

Le troisième et dernier acte va plus loin, il conduit au seuil d'une subversion caractérisée, et c'est à sa « mécanique » qu'est précisément consacré le « roman » de notre passage. Il s'agit encore et toujours de la question de souveraineté par excellence, de la succession au trône. Mais maintenant Saint-Simon entend faire casser et non pas canoniser une décision prise par Louis XIV : à savoir le droit reconnu à ses bâtards légitimés, en premier lieu le duc du Maine, d'accéder à la couronne au défaut de descendants légitimes.

Le problème posé n'est pas, dans son principe, très différent du précédent : qui a le droit de modifier la loi fondamentale, celle qui détermine l'accès au pouvoir souverain? Tout à l'heure il s'agissait de restreindre, en excluant la maison d'Espagne. Maintenant il s'agit de revenir sur son extension, consentie par la faiblesse paternelle de Louis XIV à l'ambition effrénée de son bâtard. Or Saint-Simon fait une nouvelle fois appel aux États généraux, mais pour défendre une cause rigoureusement inverse. Tout à l'heure le changement inconnu dans toute l'histoire de la monarchie était canonisé ; maintenant il est inconditionnellement prohibé.

> Le roi, même à la tête de toute la nation, n'a pas droit de donner à qui que ce soit, ni en aucun cas, le droit de succéder à la couronne acquis aux mâles, de mâles en mâles, d'aîné en aîné, à la maison régnante, à laquelle personne, tant qu'il en peut exister un, ne peut être subrogé [1].

Il reste que, sans demander d'avis, Louis XIV s'est arrogé ce droit que personne n'a : il a accordé à ses bâtards cette « apothéose », ce « monstre incroyable » de les rendre « habiles à succéder à la couronne ». Et jusque dans la famille du Régent sa propre femme, la duchesse d'Orléans qui est elle-même une bâtarde et la sœur du duc du Maine, lutte de toutes ses forces pour défendre cette acquisition.

Pour la détruire, Saint-Simon s'appuie sans doute sur ce qu'il appelle une « disposition universelle » : malgré « les artifices de la cabale », l'opinion publique était restée aussi hostile qu'au premier jour à la

1. *Ibid.*, p. 348.

scandaleuse innovation. Une double universalité était donc, en principe, virtuellement opposée aux bâtards : universalité du peuple, « le gros du monde de tous États », « une multitude qui représente le corps de la nation » ; universalité d'un attentat sans aucune comparaison, pire encore qu'un simple régicide sur la personne d'un roi puisqu'il atteint le principe même et non la personne physique du prince, « l'anéantissement de toutes les lois », « un attentat contre Dieu même », « le danger le plus imminent de l'État et de tous les particuliers », bref « une matière qui pour ainsi dire comprend tout » [1]. Mais cette double universalité a besoin, pour passer de la virtualité à l'actualité, d'une intervention effective qui aboutisse à casser la décision du roi défunt. Ici, l'entrée en scène des États généraux va prendre la forme d'une pression aux limites de l'illégalité. Saint-Simon imagine en effet un scénario en trois actes, où le Régent se fait en quelque sorte forcer la main par les états pour perdre son beau-frère le duc du Maine.

Premier acte, où en sous-main, « sans que M. le duc d'Orléans y parût en aucune sorte », ses amis sèment la tempête, et excitent l'assemblée. Il s'agit de lui faire « prendre résolument le mors aux dents ». Pour y parvenir, il suffit de prendre appui sur le sentiment unanime des grandes choses qui se trouvent maintenant, « naturellement », entre les mains des États. Ce sentiment passe par une psychologie des députés : « les piquer d'honneur d'immortaliser leur tenue et leurs personnes, par se rendre les libérateurs de tout ce qui est le plus sacré et le plus cher aux hommes » [2]. Il se fixe à travers une sociologie des assemblées :

> Il y a toujours, dans ces nombreuses assemblées, des chefs effectifs à divers étages qui, sans en avoir le nom ni le caractère, en ont la confiance et l'autorité par l'estime, par l'adresse, par une mode que le hasard établit et que la conduite soutient jusqu'à les rendre presque maîtres de tourner les esprits et les délibérations où ils veulent. C'est ceux-là qu'il faut de bonne heure reconnaître et persuader, pour avoir par eux toute l'assemblée [3].

On aboutit ainsi à une requête solidement motivée, dont le canevas aura été préparé à l'avance, et qui ne sera discuté par les États que peu de temps, juste « assez pour compter qu'entre leurs mains il est devenu leur ouvrage, ce qu'il est très important qu'ils se persuadent bien » [4].

Second acte, le moment semi-révolutionnaire où les États généraux forcent la main au Régent. Les députés en corps, dans des carrosses préparés et rassemblés en sous-main, se transportent à Marly, où se

1. *Mémoires,* 1715, V, p. 346-347 et p. 350.
2. *Ibid.*, p. 348.
3. *Ibid.,* p. 350.
4. *Ibid.*

trouvent l'enfant-roi, le Régent et le Conseil, et ils demandent qu'on tranche sur le champ en faveur de leur requête. C'est ici que Saint-Simon se fait voyant, sinon prophète. Car il s'agit de forcer une décision que bien des intérêts et même quelques bonnes raisons peuvent conduire à différer. Les États, avec la secrète complicité du Régent, « ne se laisseront point persuader de quitter prise », « résolus de ne pas sortir du salon, aux portes duquel il sera bon qu'il y ait plus que les Suisses ordinaires, pour empêcher l'entrée aux gens suspects » [1]. « Attente opiniâtre des États généraux dans le salon », voilà le moment décisif : il produit stupeur et paralysie. Le Régent les feint, mais pour mieux « communiquer au Conseil le même embarras et le même étonnement » [2]. Et c'est bien cet « état violent » qui force la décision : le Conseil, le Régent, le roi cèdent, ils reprennent à leur compte la requête, ils acceptent de l'envoyer pour enregistrement au Parlement.

Et dès lors le troisième acte peut revenir à la légalité stricte : chacun se félicite et se réjouit, les États acceptent enfin de quitter le fameux salon pour se confondre en remerciements.

> Ce remerciement sera pathétique sur l'importance de l'affaire, énergique sur la fidélité et l'attachement [3].

La volonté royale sera, selon les formes, transmise et enregistrée au Parlement de Paris. Personne, et surtout pas les États généraux, n'aura accompli un acte de souveraineté : c'est au contraire la vieille loi immémoriale, celle que nul ne peut modifier, pas même le roi à la tête de toute la nation, qui sera restaurée dans son antique éclat, en effaçant la scandaleuse innovation du vieux roi trop complaisant. Tout sera donc comme si rien ne s'était passé. Mais qui pourra oublier que cette restauration a exigé « l'état violent et plus qu'embarrassant », qui pourra oublier le salon où la représentation populaire a refusé opiniâtrement de bouger ?

Dans ce dernier acte, où Saint-Simon croit maintenir l'intervention des États généraux entre la direction occulte du Régent qui l'excite et les formes de souveraineté traditionnelle qu'elle restaure, son roman a conduit jusqu'aux frontières entre souveraineté populaire et violence révolutionnaire.

1. *Ibid.*, p. 352.
2. *Ibid.*
3. *Ibid.*, p. 353.

Concluons brièvement sur cette idée sans exécution, ces États qui ne se sont pas tenus en 1715 et le récit qu'en a laissé le grand mémorialiste visionnaire. Il serait naïf assurément de croire qu'il a prophétisé de si loin les événements que nous commémorons : à l'évidence, rien dans le discours de Saint-Simon ne correspond aux situations effectives de 1789, ni l'état de la société, ni la personnalité des acteurs, ni le contenu des décisions politiques. Il reste que la superposition du roman et de l'histoire est possible et même légitime, qu'elle n'est pas chimérique, qu'elle éclaire à la fois un problème de fond et la constitution d'une tradition interprétative.

Elle éclaire les apories d'une certaine conception de la souveraineté, qui est au moins celle de la monarchie traditionnelle. Car il est à la fois impossible et nécessaire, dans cette conception, de faire appel à l'universalité effective du peuple rassemblé. Il est nécessaire de le faire s'il s'agit de trouver une instance qui puisse régler les cas extrêmes de la crise, quand la loi fondamentale immémoriale et implicite doit être remise en question. Et il est impossible de le faire sans que l'identification du monarque et de la souveraineté soit ébranlée, sans que l'intervention du « populaire » passe par un « état violent » où l'autorité royale se trouve inéluctablement suspendue. De ce point de vue, les précautions mêmes de Saint-Simon, et l'évidence de ses intentions monarchiques, ne rendent que plus saisissants les caractères du moment « violent » qu'il croit pouvoir réduire à un instrument dans les mains d'un Régent habile. Kant, éclairé par l'histoire, saura formuler dans la *Doctrine du droit* cette aporie :

> Ce fut une grande faute de jugement chez un puissant souverain de notre temps que d'avoir, afin de se tirer de l'embarras suscité par de grosses dettes publiques, remis au peuple ce fardeau, afin qu'il s'en chargeât et le partageât comme il l'entendrait. Car [...] ainsi [...] le pouvoir souverain du monarque disparut entièrement (il ne fut pas seulement suspendu) et passa au peuple[1].

Mais les *Mémoires* de Saint-Simon éclairent aussi une tradition interprétative ; ils permettent de comprendre une des manières traditionnelles dont la Révolution française a été appréciée. N'oublions pas en effet qu'ils n'ont été publiés qu'à la veille de la Révolution, ou même, pour être plus exact, qu'on hésite à appeler édition *princeps* l'édition (incomplète) de 1788 ou l'édition (complète) de 1829-1830. L'histoire d'un livre est aussi l'histoire de sa réception, et, ici, la réception commence avec la Révolution et avec la Restauration. En ce sens, on peut soutenir qu'au moment où l'on

1. E. Kant, *Doctrine du droit*, II, 1, § 52, Remarque, p. 224-225.

commence à les lire, les *Mémoires* apparaîtront à plus d'un prophétiques, et partant, que la tradition contre-révolutionnaire, celle d'une mécanique sans dynamique révolutionnaire interne, commence avant la Révolution, avec la publication de 1788. Elle fournit son cadre à une pensée de la Restauration, avant même les événements qui viendront remplir ce cadre. Mais s'il y a une universalité de Saint-Simon, elle est plutôt dans ce qui fait aussi de son œuvre un roman, avant d'en faire cette très discutable prophétie : car, par la magie littéraire du roman, elle a échappé aux limites de la tradition contre-révolutionnaire. Stendhal, lecteur de Saint-Simon, ne réserve pas la lecture des *Mémoires* à une seule des deux Frances post-révolutionnaires. Si Madame de Fervaques a pour « livre favori les *Mémoires du duc de Saint-Simon*, surtout pour la partie généalogique »[1], c'est la prédilection pour la partie généalogique qui l'enferme dans une des deux Frances, tandis que le roman a su s'adresser aussi à l'autre.

1. Stendhal, *Le Rouge et le Noir*, chap. LVI.

CHAPITRE IV

DU CONTRAT SOCIAL EN GÉNÉRAL *

I

Nous cherchons ici quels types de problèmes résout, dans la doctrine de Rousseau, ce qu'il nomme indifféremment pacte, contrat, et parfois traité social. Pour éclairer les difficultés que suscite sa réflexion sur les États ou corps politiques existants, nous nous proposons de faire un détour par deux communautés qui restent à instituer, par des traités qui ne sont pas encore signés et des contrats qui, même tacitement, ne sont pas encore admis et reconnus.

Concernant les États existants, formulons d'abord trois ou quatre difficultés que soulève la comparaison entre le pacte que le riche propose dans le *Second Discours*[1] et le *Contrat social*[2].

1. Faut-il opposer un mauvais contrat, mystificateur ou usurpé, qui aggrave l'inégalité sous le masque de la loi, et un bon contrat, seul légitime, qui instaure une égalité conventionnelle ou de droit? L'étrange ressemblance entre les deux pactes, dont la structure et les effets sont à peu près indiscernables, oblige à remettre en question l'opposition jadis traditionnelle, avant les travaux de L. Althusser et V. Goldschmidt.

* Première publication : *Revue philosophique de la France et de l'Étranger*, 1978/3, p. 273-285.

1. Voir *DI*, II, p. 177-179.
2. Voir *CS*, I, 3 et I, 6, p. 289-290 et p. 360-361.

2. Peut-on dissocier totalement l'histoire, réelle ou hypothétique, et l'essence des corps politiques, leur principe justificatif ou fondement? Dans le *Second Discours*, l'histoire hypothétique des gouvernements reste une histoire, même si elle ne coïncide pas avec les événements effectifs inconnus ou regardés comme tels : elle situe l'origine de la société et des lois, c'est-à-dire l'établissement politique, après une première socialisation et à la sortie du plus horrible état de guerre[1]. Le *Contrat social* veut au contraire ignorer comment s'est fait le changement du premier état de nature à l'état civil, pour chercher seulement ce qui le rend légitime[2] : il s'agit moins d'histoire et de faits que « de droit et de justice »[3], de raison[4] au sens où Kant opposera, dans *Théorie et pratique*, l'idée rationnelle du contrat originaire à toute espèce de fait[5].

En se développant dans l'œuvre de Rousseau, cette dissociation soulève deux difficultés parallèles.

a) Quelle est l'action historique du modèle rationnel ou, si l'on préfère, comment peut-il remplir à la fois, au regard des États existants dont on laisse de côté le mode de formation (réel ou hypothétique), la triple fonction conservatrice, réformatrice et révolutionnaire? Fonction conservatrice puisque chaque corps politique, en admettant et reconnaissant tacitement les clauses du contrat, renferme en lui ce principe de légitimité[6] : « Ainsi, loin de détruire tous les gouvernements, je les ai tous établis »[7]. Fonction révolutionnaire cependant, puisque, dans toute la rigueur du droit, la moindre modification apportée par l'État réel au modèle rationnel le prive « à l'instant » de sa légitimité[8] : chacun rentre alors dans ses premiers droits et la loi du plus fort règne seule dans ce nouvel état de nature, fruit d'un excès de corruption[9]. Fonction réformatrice enfin, dont témoigne l'exemple de la Pologne où « la loi de l'État » contredit à « la loi de la nature, cette loi sainte, imprescriptible, qui parle au cœur de l'homme et à sa raison », par exemple si l'autorité législative est restreinte à un corps

1. Voir *DI*, II, p. 127, 162-163 et 176-178.
2. Voir *MsG*, I, 2, p. 289 et *CS*, I, 1, p. 351.
3. Voir *État de guerre*, p. 603
4. *MsG*, I, 5, p. 297.
5. Voir E. Kant, *Théorie et pratique*, IIe partie, Corollaire, p. 39.
6. Voir *CS*, I, 6, p. 360.
7. *LEM*, VI, p. 811.
8. *CS*, III, 10, p. 422-423.
9. Voir *DI*, II, p. 191.

de noblesse, seule une « marche graduelle » peut opérer « sans révolution sensible » le changement requis[1].

b) L'origine historique est-elle parfaitement indifférente à la rationalité du modèle idéal ? À la différence de Kant, Rousseau refuse que la légitimité d'un corps politique existant s'accommode de n'importe quel mode historique de formation : il tient en particulier que, le droit de conquête n'étant point un droit, les conquêtes du plus puissant n'ont jamais pu fonder aucun État véritable[2].

3. La communauté politique épuise-t-elle l'idée rousseauiste du contrat social, et constitue-t-elle pour l'homme la plus haute réalisation de son humanité ou simplement une étape à dépasser ? La volonté, générale au regard d'un corps politique particulier, reste particulière et individuelle par rapport aux autres[3], et les grandes âmes cosmopolites, en franchissant les barrières qui séparent les peuples ou nations, décèlent le caractère factice ou imaginaire de ces barrières[4] et des contrats qui les instituent.

Même imparfaits, les États existent : des souverains y légifèrent et des princes y gouvernent. L'histoire hypothétique de l'origine risque donc toujours d'interférer avec la réflexion rationnelle sur le droit. D'où l'intérêt d'étudier l'idée rousseauiste du contrat social par un biais, le biais de la « République européenne »[5] et de la société générale du genre humain[6], et de chercher si elles existent ailleurs que dans les systèmes des philosophes. Il devient plus aisé de dissocier la valeur rationnelle de la supposition et les conditions historiques de sa réalisation : car un projet peut être dit chimérique ou bien parce qu'il est rationnellement contradictoire ou bien parce qu'il est à présent absurde d'en espérer l'exécution.

II

Entre les peuples de l'Europe, la situation présente est la même que le *Second Discours* supposait entre les individus à la veille de l'établissement politique. Une première liaison sociale existe déjà, qui rend l'union civile

1. *Pologne*, VI et XIII, p. 973 et p. 1024.
2. Voir *DI*, II, p. 179.
3. Voir *DEP*, p. 245, *MsG*, I, 4, p. 327 et *CS*, I, 6, p. 378.
4. Voir *DI*, II, p. 178 et *LEM*, I, p. 704.
5. *Jugement PPP*, p. 591.
6. Voir *MsG*, I, 2, p. 281.

possible; et elle la rend en même temps nécessaire parce que cette liaison, encore imparfaite, engendre la guerre.

L'Europe n'est pas « une idéale collection de peuples qui n'ont de commun qu'un nom » comme l'Afrique ou l'Asie, c'est « une société réelle »[1] :

> Il n'y a plus aujourd'hui de Français, d'Allemands, d'Espagnols, d'Anglais même, quoi qu'on en dise ; il n'y a que des Européens[2].

Cette uniformité d'aujourd'hui est le résultat d'une histoire dont Rousseau recense les composantes : histoire religieuse du christianisme, histoire juridique du droit romain, histoire culturelle des arts et des sciences, de la république des esprits, histoire économique aussi du commerce international et de la colonisation. On pourrait parler d'un « esprit social »[3] dont la réalité anthropologique met par exemple le Turc, malgré son appartenance géographique au continent, à l'extérieur de la société réelle qu'est l'Europe[4]. Cette « espèce de société » est le résultat comme mécanique d'un équilibre non intentionnel, tel celui que l'astronomie de Descartes, de Newton ou de Kant (voir *La théorie du Ciel*, 1755) établit entre les corps célestes. Cette « sorte de système » est l'ouvrage de la nature, ou de la fortune, ou du hasard, non pas de la raison ou de l'art humain; cette « sorte d'équilibre », qui n'a pas eu besoin des desseins humains pour naître, est capable de résister à toutes les tentatives faites pour le modifier. « On trouve qu'il existe » : qu'une puissance couvre ou non ses vues particulières du prétexte de le soutenir, il n'en est pas affecté[5].

Cette liaison, même si elle est plus étroite que les nœuds généraux et lâches de l'humanité, reste encore imparfaite. Société réelle, l'Europe n'est pas une « confédération réelle », un « vrai corps politique » avec ses lois et ses chefs. C'est pourquoi « l'état relatif des puissances de l'Europe est proprement un état de guerre », un état d'impolice et de guerre. Car l'état de guerre n'est jamais pour Rousseau ce qu'il est pour Hobbes, un état initial : il implique à la fois l'indépendance absolue et mutuelle de l'état de nature *et* le développement des besoins propres à l'état social. « La société libre et volontaire, qui unit tous les États européens »[6], ignore lois, chefs, obligation, tout comme cette « association libre » qui, selon le *Second Discours*, « n'obligeait personne et ne durait qu'autant que le besoin

1. *MsG*, I, 2, p. 567.
2. *Pologne*, III, p. 960.
3. *CS*, II, 7, p. 383.
4. Voir *Extrait PPP*, p. 566 et p. 573.
5. *Ibid.*, p. 565 et p. 570.
6. *Ibid.*, p. 568, p. 574 et p. 587.

passager qui l'avait formée»[1]. Mais la liaison entre les peuples de l'Europe, parce que réelle et non idéale, a développé en chacun, par-delà les besoins passagers, des passions parallèles et constantes, et elle a multiplié avec les points de contact les occasions de heurts. Plus encore que les individus, les États sont forcés de se comparer sans cesse pour se connaître[2] : la prétendue fraternité des peuples de l'Europe semble un nom dérisoire pour exprimer « leur mutuelle animosité » et l'ardeur des amours-propres concurrents. Tant que n'existe aucune confédération réelle, aucune totalité souveraine dont l'intérêt puisse être l'objet d'une volonté générale, chaque puissance ne connaît que son intérêt particulier, et il faut les considérer toutes telles qu'elles sont, « injustes, avides et préférant leur intérêt à tout »[3]. Tant qu'il n'existe aucune force capable de garantir la réciprocité des engagements, les maximes du bien public sont «pernicieuses à celui qui s'obstine à les pratiquer avec tout le monde, quand personne ne les pratique avec lui»[4]. Tant qu'il n'existe pas de tribunal judiciaire pour déterminer ce qui est de droit dans chaque cas, quand même chaque État voudrait être juste, il manquerait de «règle» assurée, commune et constante pour s'orienter parmi les équivoques du droit public européen[5]. L'état de guerre résulte donc nécessairement de l'état d'impolice quand à l'indépendance maintenue s'ajoute le développement des besoins sociaux.

Pour sortir de l'état de misère qu'est devenu l'état de nature au terme de sa corruption, un acte de confédération est nécessaire. Il relève de l'art. Il y faut un projet, et qu'il s'exécute. Ici se séparent la cohérence de la supposition, confiée par Rousseau à « un livre solide et pensé », le projet tiré de l'abbé de Saint-Pierre (« et il est très important qu'il existe »[6]), et la possibilité de la réaliser, c'est-à-dire les moyens propres à l'établir et l'espoir, raisonnable ou absurde, de la mettre en exécution[7].

Le projet, en sa structure et ses effets, est analogue à celui que développe un autre ouvrage solide et pensé, *Du Contrat social*, et que résumait déjà le discours spécieux du riche à ses voisins. La grande alliance surajoute à la pluralité des États européens un vrai corps politique dont chacun est membre, et dont chacun est chef à son tour[8]. Les apories de l'état de guerre sont ainsi levées, avec « un tribunal judiciaire, qui puisse établir

1. *DI*, II, p. 166.
2. Voir *Jugement PPP*, p. 606.
3. *Extrait PPP*, p. 568 et 589.
4. *Ibid.*, p. 583.
5. *Ibid.*, p. 568-569 et p. 581.
6. *Jugement PPP*, p. 591.
7. Voir *Extrait PPP*, p. 574 et *Jugement PPP*, p. 601.
8. Voir *Jugement PPP*, p. 584.

les lois et les règlements qui doivent obliger tous les membres», et «une force coactive et coercitive, pour contraindre chaque État de se soumettre aux délibérations communes»[1] : on retrouve jusque dans les termes les caractères propres à l'institution politique, «règlements de justice et de paix» auxquels tous sont obligés de se conformer, et rassemblement des forces «en un pouvoir suprême qui nous gouverne selon de sages lois»[2]. Comme le surgissement de la nouvelle individualité est à peine esquissé avec la défense commune contre les ennemis de l'extérieur[3], l'Europe ici supposée garantit avant tout les souverainetés existantes, et assure à chacun la possession de ce qui lui appartient: même l'amour-propre intéressé des États doit convenir que chacun en particulier ne perd rien et acquiert plus de force pour conserver ce qu'il possède. Mais la société libre et volontaire, en ce projet, devient une confédération réelle, à la fois contraignante et irrévocable : la liberté y devient dépendance à l'égard du tout dont chaque État particulier est membre («on le forcera d'être libre»[4]) et la volonté n'y est plus faculté de se retirer à tout moment sans scrupule («ce ne serait plus retraite, mais désertion»[5]). La sagesse du projet se mesure ainsi au calcul correct de ses effets, la paix perpétuelle à l'avantage réel de chacun.

La possibilité de l'exécution est une tout autre question. Il ne faut en effet compter ni sur la force des choses, ni sur la force d'un livre, ou des idées. Autant il est naïf, enfantin, de s'imaginer bonnement avec l'abbé de Saint-Pierre «qu'il ne fallait qu'assembler un congrès, y proposer ses articles, qu'on allait les signer et que tout serait fait»[6], autant il faut désespérer de la seule force des choses, ou des armes. L'illusion de la monarchie universelle, d'une Europe à la Charles Quint, est doublement illusoire[7] : non seulement la conquête ne crée aucun droit et la force ne peut légitimement suppléer à un accord contractuel, mais aucun potentat n'est assez puissant en Europe pour en rester le maître contre tous les autres[8]. La mise en œuvre de l'art, de la raison venant au secours de la nature, implique le même jeu de liberté et de nécessité qui, dans le *Second Discours*, se jouait entre le riche et ses voisins sous le regard des sages[9] : pour établir que le projet n'est pas chimérique, Rousseau analyse longuement une occasion

1. *Extrait PPP*, p. 574.
2. *DI*, II, p. 177.
3. Voir *Extrait PPP*, p. 585-586.
4. *CS*, I, 7, p. 364.
5. *Ibid.*, III, 18, p. 436 n.
6. *Jugement PPP*, p. 595.
7. Voir *ibid.*, p. 596.
8. Voir *Extrait PPP*, p. 570-571.
9. Voir *DI*, II, p. 177-178.

manquée[1] et Henri IV y tient à l'égard de ses voisins un rôle analogue à celui du riche. Dans l'un et l'autre cas, trois intérêts se rencontrent pour rendre le projet raisonnable. D'abord l'intérêt apparent des voisins appelés à signer la confédération : grossiers, faciles à séduire, les pauvres ont *cru* assurer leur liberté, ils ont *senti* les avantages de l'établissement proposé sans en *prévoir* les dangers; et de même Henri IV avait eu le secret de montrer à tous les souverains de son temps, faciles à séduire (« il n'y avait pas parmi tant de souverains un seul homme de tête ») et peu perspicaces (« tous concouraient au grand but sans pouvoir dire quel il était »), sous une face très attrayante, leur intérêt particulier, très vif et très sensible (« mais réellement chacun ne travaillait que dans la vue de son intérêt particulier »)[2]. Ainsi, contre la puissance dominante dont la prétention à la monarchie universelle échoue, s'obtient un accord unanime ou quasi unanime[3] sans lequel il n'est pas d'établissement politique légitime. Mais un second intérêt, réel et effectif mais toujours particulier, explique seul l'activité du protagoniste : de même que le projet du riche est le plus réfléchi qui soit jamais entré dans l'esprit humain, et qu'il prévoit très justement le profit qu'il tirera de la commune institution, de même Henri IV avait une « raison secrète » qui excitait son activité,

> ce sage prince n'ignorait pas qu'en ne réservant rien par ce traité il y gagnait pourtant plus qu'aucun autre, car sans rien ajouter à son patrimoine il lui suffisait de diviser celui du seul plus puissant que lui pour devenir le plus puissant lui-même, et l'on voit très clairement qu'en prenant toutes les précautions qui pouvaient assurer le succès de l'entreprise, il ne négligeait pas celles qui devaient lui donner la primauté dans le corps qu'il voulait instituer[4].

Enfin un troisième intérêt, qui est l'intérêt commun, ou de la paix perpétuelle, définit un troisième point de vue : le point de vue théorique ou du sage, qui, incapable de faire, est capable de juger et, ici, d'approuver. Certes, les cosignataires sont aveugles à l'avantage exclusif que le protagoniste se ménage délibérément : mais pour le sage, qui voit à la fois la nécessité de l'institution et de son abus, de ses conséquences inégales, les vues intéressées ne ternissent pas l'honneur du projet, bien grand et bien admirable[5].

1. Voir *Jugement PPP*, p. 595-600.
2. *Ibid.*, p. 596-598.
3. Voir *ibid.*, p. 595, variante (*a*) indiquée en note par Sv. Stelling-Michaud, *OC* III, p. 1552.
4. *Ibid.*, p. 597-598.
5. Voir *ibid.*, p. 597.

Le pessimisme historique conduit Rousseau à penser que l'occasion manquée a replongé l'Europe « dans d'éternelles guerres qu'elle ne doit plus espérer de voir finir »[1]. Mais il reste deux choses : la beauté intrinsèque du plan, objet d'enthousiasme pour les lecteurs sensibles et vertueux ; et une leçon sur la ruse de l'histoire, qui exige l'intervention d'une force intéressée pour exécuter ce que la raison prescrit.

III

Entre les individus qui constituent le genre humain, existe-t-il aujourd'hui le même état de guerre qu'entre les peuples de l'Europe ? Telle est la question que soulève le *Manuscrit de Genève* en son énigmatique chapitre « De la société générale du genre humain »[2]), chapitre absent de la version publiée qui, avec ses trois alinéas raturés (les cinquième, huitième et neuvième[3]), nous semble moins une réfutation systématique de l'article DROIT NATUREL (publié dans le tome V de l'*Encyclopédie* avec l'astérisque de Diderot) que son approfondissement méthodique, évidemment parallèle aux textes sur l'*Économie politique*[4] et sur la religion de l'homme[5]. Il faut ici distinguer soigneusement trois thèses.

Première thèse : entre les hommes indépendants et devenus sociables, il n'y a point de société *naturelle* et générale, et il est légitime de parler avec Hobbes d'un état de guerre[6]. L'indépendance, dans le premier état de nature et jointe à l'antique innocence[7], assurait la paix entre des hommes réduits à leur animalité, en qui les plus excellentes facultés, les lumières et les sentiments qui font proprement l'humanité de l'homme, n'étaient pas encore devenues actives, pour lesquels le genre humain n'était rien qu'une idée purement collective désignant une espèce parmi d'autres. Cette même indépendance devient principe de guerre à mesure que les hommes en devenant sociables deviennent malheureux et méchants. « Nos besoins nous rapprochent à mesure que nos passions nous divisent »[8] : nous éprouvons le besoin de biens sociaux de plus en plus élaborés pour lesquels le concours de tout le genre humain finit par devenir nécessaire, tandis que

1. *Jugement PPP*, p. 599.
2. *MsG*, I, 2, p. 281-289.
3. Voir *ibid.*, p. 283-284.
4. Voir *DEP*, p. 245-247.
5. Voir *CS*, IV, 8, p. 464-465.
6. Voir *MsG*, I, 2, p. 288.
7. Voir *ibid.*, p. 283.
8. *Ibid.*, p. 282.

la passion de l'amour-propre porte chacun à se comparer sans cesse à tous et à ne voir et à ne vouloir son intérêt propre que par sa différence et son opposition à l'intérêt d'autrui. D'où la parole laissée à l'interlocuteur violent, à ce féroce brigand qui est, pour Rousseau comme pour Diderot, l'adversaire à réduire ou à étouffer, à raisonner d'abord pour le convaincre ou le convertir, à n'étrangler qu'à la dernière extrémité. Calliclès, dans le *Gorgias*, dit jusqu'au bout ce que Gorgias et Polos n'osaient pas expliciter : il contraint ainsi Socrate à aller plus loin, mais dans le même sens, pour réfuter ce bon interlocuteur. Un peu de la même façon, le *Manuscrit de Genève* permet au raisonneur violent de Diderot d'« ajouter » à ses raisons, et il contraint Rousseau à aller plus loin que Diderot, mais dans le même sens[1]. L'interlocuteur violent est, « avec une âme forte et un sens droit »[2], le meilleur des interlocuteurs : cet ennemi du genre humain comprend l'alliance de la raison avec l'amour-propre. « Il est faux que, dans l'état d'indépendance, la raison nous porte à concourir au bien commun par la vue de notre propre intérêt »[3] : voilà sa part de vérité. Tant que n'existe aucune association réelle, politique ou cosmopolitique, dont l'intérêt échauffe le cœur de nouveaux sentiments, « chacun ne verrait que son intérêt, ne suivrait que ses penchants et n'écouterait que ses passions »[4]. Tant qu'il n'existe aucune force pour garantir la réciprocité des engagements, « la loi sociale » (c'est-à-dire ici la loi qui fait de tous les hommes des associés[5], les lois morales de la justice et de l'égalité, les lois éternelles de la nature et de l'ordre, bref la loi naturelle ou loi de raison) est pernicieuse à celui qui l'observerait scrupuleusement envers les autres sans être sûr qu'ils l'observeront envers lui[6]. Tant qu'il n'existe pas de tribunal pour déterminer en chaque acte particulier ce qui est de droit, quand même « un homme bien intentionné »[7] se serait élevé à l'amour de l'ordre et aux notions sublimes de la vertu, « il lui serait impossible de faire jamais une application sûre de ses principes dans un état de choses qui ne lui laisserait

1. Texte corrigé selon les modifications manuscrites de J.-M. B. portées sur son exemplaire de la *Revue philosophique*. Texte publié dans la version originale de l'article : « Un peu comme Calliclès, dans le *Gorgias*, dit jusqu'au bout ce que Gorgias et Polos n'osaient pas expliciter, et contraint Socrate à aller plus loin, mais dans le même sens, pour réfuter ce bon interlocuteur, le *Manuscrit de Genève* permet au raisonneur violent de Diderot d'"ajouter ses raisons" et contraint Rousseau à aller plus loin que Diderot, mais dans le même sens » [NdÉ].

2. *MsG*, I, 2, p. 288.

3. *Ibid.*, p. 284.

4. *Ibid.*, p. 283. L'alinéa qui développe cette hypothèse a été biffé par Rousseau, voir annotation de R. Derathé, *OC* III, p. 1412.

5. « ...la loi qui fait de tous les hommes des associés » : ajout manuscrit de J.-M. B. [NdÉ].

6. Voir *MsG*, I, 2, p. 285.

7. *Ibid.*, p. 287.

discerner ni le bien ni le mal, ni l'honnête homme ni le méchant»[1]. La conscience morale, ce casuiste infaillible, en est en un sens le substitut[2]. L'état de guerre résulte donc naturellement de l'état d'indépendance quand, à la liberté maintenue de l'état de nature, s'ajoute la soumission aux besoins de l'état social.

Seconde thèse : état de guerre implique déjà liaison des parties qui constitue le tout, union réelle et non idée purement collective, si bien qu'on hésitera à écarter comme chimérique, à confiner dans les livres des philosophes, la *supposition* que le genre humain est une personne ou un être moral[3]. Naturellement, à défaut d'un « traité social » que la seule nature est impuissante à dicter, « la grande ville du monde »[4] ne peut pas être un vrai corps politique. Mais déjà apparaissent « les premiers liens de la société générale »[5] : même étouffés par l'amour-propre, de l'individu ou de l'État particulier, par l'égoïsme du patriote (« le progrès de la société étouffe l'humanité dans les cœurs »[6], « tout patriote est dur aux étrangers ; ils ne sont qu'hommes, ils ne sont rien à ses yeux »[7]) ou par l'égoïsme du méchant (« celui dont les viles passions ont étouffé dans son âme étroite ces sentiments délicieux », « ces âmes cadavéreuses devenues insensibles hors leur intérêt, à tout ce qui est juste et bon »[8]), « les fondements de cette bienveillance universelle »[9] existent. Un *moi* commun, pour Rousseau, implique essentiellement « un sentiment d'existence commune », « une sorte de *sensorium* commun qui servirait à la correspondance de toutes les parties »[10], bref « une sensibilité commune à ses membres »[11] ; et « une volonté générale qui tend toujours à la conservation [...] du tout et de chaque partie »[12], bref « un mobile universel », un « principe actif de toute la machine »[13]. Or ces sentiments, constitutifs de notre humanité, existent ailleurs que dans les systèmes des philosophes. Peu importe si,

1. Voir *MsG*, I, 2, p. 282.
2. « La conscience morale, ce casuiste infaillible, en est en un sens le substitut » : ajout manuscrit de J.-M. B. [NdÉ].
3. *Ibid.*, p. 283-284. Les deux alinéas, huitième et neuvième, consacrés à cette supposition ont été raturés par Rousseau, voir note de R. Derathé, *OC* III, p. 1413.
4. *DEP*, p. 245.
5. *MsG*, I, 2, p. 282.
6. *Ibid.*, p. 284.
7. *Émile*, I, p. 248.
8. *Ibid.*, IV, p. 596.
9. *MsG*, I, 2, p. 282.
10. *Ibid.*, p. 284.
11. *CS*, III, 1, p. 399.
12. *DEP*, p. 245.
13. *MsG*, I, 2, p. 284.

historiquement, nous ne commençons proprement à devenir hommes qu'après avoir été citoyens[1] : aujourd'hui « les lois éternelles de la nature et de l'ordre existent. Elles tiennent lieu de loi positive au sage; elles sont inscrites au fond de son cœur par la conscience et par la raison »[2]. Et la voix intérieure qui parle « au cœur des particuliers »[3] ne dicte pas seulement la loi sous sa forme universelle, elle en fait l'application aux cas singuliers : les actes de la conscience, « le meilleur de tous les casuistes », « ne sont pas des jugements mais des sentiments », elle est « juge infaillible du bien et du mal »[4]. Le défaut de l'association générale n'empêche donc pas que se constitue naturellement, au sein de l'état de guerre, sinon vraiment une société générale, du moins un esprit social universel.

Troisième thèse : la confédération réelle, le traité social qui instaure véritablement la société générale du genre humain, n'est pas l'œuvre de la nature, et cet événement, œuvre d'art et de raison, met en jeu la religion et, plus précisément, le *christianisme* comme « institution sociale universelle »[5].

> Les saines idées du droit naturel et de la fraternité commune de tous les hommes se sont répandues assez tard et ont fait des progrès si lents dans le monde qu'il n'y a que le christianisme qui les ait suffisamment généralisées[6].

Dans sa structure rationnelle, le pacte lie les hommes qui, enfants du même Dieu, se reconnaissent tous pour frères, et la société qui les unit ne se dissout pas même à la mort[7]. En se nouant autour de l'être souverain, la société générale ne se ferme pas sur le genre humain, elle est au sens fort cosmopolitique, et elle trouve en Dieu non seulement un législateur (dont la voix parle aussi en chaque cœur comme conscience) mais surtout son prince (dont la force assure seule la réciprocité des engagements, par la récompense des bons et la punition des méchants). L'originalité de ce pacte tient au mode d'existence de son souverain : l'État politique existe, et la sanction par laquelle il ramène la justice à son objet est réelle, alors que Dieu est comme un postulat de la raison pratique et la sanction surnaturelle, le Poul-Serrho des Persans, est nécessairement supposée et non donnée[8].

1. *Ibid.*, p. 287.
2. *Émile*, V, p. 857.
3. *État de guerre*, p. 610.
4. *Émile*, IV, p. 594, p. 599 et p. 600-601.
5. *LEM*, I, p. 704.
6. *MsG*, I, 2, p. 287.
7. Voir *CS*, IV, 8, p. 465.
8. Voir *Émile*, IV, p. 589-590 et 634-635 n.

D'où l'originalité que présente, comme événement, l'institution du christianisme. L'élargissement des États particuliers et le passage à l'universalité se sont faits par Jésus *et* par le prêtre chrétien, car si le christianisme est d'abord le Christ, il est aussi la religion du prêtre[1], ce christianisme romain « à la mode de saint Paul qui était naturellement persécuteur »[2]. « Jésus vint » établir sur la terre un royaume spirituel, et ce royaume de l'autre monde fut une « idée nouvelle »[3], tout comme « la morale élevée et pure dont lui seul a donné les leçons et l'exemple »[4]. Mais à la mort de Jésus le christianisme n'est pas mort, au contraire il a commencé. Il restait un livre, et des prêtres. Un livre, le Livre, la Bible ou plus exactement l'Évangile, « parle à mon cœur »[5] : si on osait le comparer avec « les livres des philosophes », on dirait que, tel le *Projet de paix perpétuelle*, il est très important qu'il existe, comme livre. Et, comme livre, il existe aujourd'hui, tel le *Contrat social*, il fait preuve, indépendamment de toute interrogation historique, pour la cohérence intrinsèque du lien religieux :

> On ne me rapporte point que l'Évangile existe ; je le vois de mes propres yeux [...]. L'Évangile est la pièce qui décide, et cette pièce est entre mes mains. De quelque manière qu'elle y soit venue, et quelque auteur qui l'ait écrite, j'y reconnais l'esprit divin : cela est immédiat autant qu'il peut l'être ; il n'y a point d'hommes entre cette preuve et moi[6].

Mais un livre n'est pas encore une force : pour instituer la société générale du genre humain contre l'exclusivisme des États et des religions nationales, il a fallu la force intéressée du prêtre. « Ce que les païens avaient craint est arrivé ; alors tout a changé de face, les humbles chrétiens ont changé de langage, et bientôt on a vu ce prétendu royaume de l'autre monde devenir sous un chef visible le plus violent despotisme dans celui-ci »[7] : l'abus comme toujours est inséparable et contemporain de l'origine, de l'institution légitime. L'esprit dominateur du christianisme, qui a tout gagné, rend irréversible le déclin du patriotisme, au sens fort où il était religion du citoyen. « Il n'y a plus et il ne peut plus y avoir de religion nationale exclusive »[8]. Mais le christianisme qui a gagné cette victoire définitive

1. Voir *CS*, IV, 8, p. 464.
2. *LEM*, I, p. 702.
3. *CS*, IV, 8, p. 462.
4. *Émile*, IV, p. 626.
5. *Ibid.*, p. 625.
6. J.-J. Rousseau, *Lettre à Christophe de Beaumont*, *OC* IV, p. 994.
7. *CS*, IV, 8, p. 462.
8. *Ibid.*, p. 469.

est indissociablement la religion du prêtre *et* la religion de l'homme, le christianisme d'aujourd'hui et celui de l'Évangile, qui en est tout à fait différent. C'est la vérité de cette religion sainte, sublime, véritable qui a triomphé d'une religion fondée sur l'erreur et sur le mensonge, mauvaise pour « serrer le nœud d'une société particulière aux dépens du reste du genre humain »[1]; mais le moteur de cette victoire a été « l'intérêt du prêtre », toujours plus fort que celui de l'État[2], d'un corps naturellement intolérant et fanatique.

Si la société générale, comme institution sociale universelle, existe en tant qu'Église, on attribuera aux fidèles la liberté formelle du choix ; au clergé l'intérêt du prêtre, l'ardeur à se faire de l'Universel une arme (« au fond la cause de Dieu ne vous touche guère, pourvu que celle du clergé soit en sûreté »[3]); au sage la compréhension de l'institution et de son abus, l'audition de la voix intérieure et la lecture du Livre, avec la conscience que les vues intéressées du prêtre n'en ternissent pas la pureté.

IV

Il est habituel et légitime, quand on traite du contrat social selon Rousseau, de penser d'abord à l'acte par lequel est institué un corps politique, une Cité ou État. Mais le mot de Société présente un sens un peu vague : il y a dans le monde des sociétés de bien des sortes[4]. Pour écarter l'équivoque, on distinguera la société en générale ou particulière[5]. À l'État particulier s'oppose alors la société générale du genre humain :

> La grande société, la société humaine en général, est fondée sur l'humanité [...]. Mais les sociétés particulières, les sociétés politiques et civiles ont un tout autre principe[6].

Entre les deux se situeraient la République européenne et, plus généralement, les ligues et confédérations. Si maintenant nous considérons la Cité comme la grande société, nous la trouverons composée d'autres sociétés plus petites qui, par rapport à elle, s'appelleront des sociétés particulières[7]

1. *MsG* [« De la religion civile »], p. 337.
2. *CS*, IV, 8, p. 463.
3. *Lettre à Christophe de Beaumont*, *OC* IV, p. 996.
4. Voir *LEM*, I, p. 703.
5. Voir *CS*, IV, 8, p. 464.
6. J.-J. Rousseau, Lettre à Léonard Usteri du 18 juillet 1763, citée par R. Derathé, *OC* III, p. 1503, n. 1 de la p. 465.
7. Voir *DEP*, p. 246.

ou sociétés partielles[1] : ainsi on parlera d'un « corps de clergé »[2], ou d'un « corps du gouvernement »[3], auxquels appartiennent respectivement le prêtre ou le sénateur. Or il n'est pas de société naturelle, sauf peut-être la famille[4]. On cherchera donc, au fondement de chacune de ces sociétés, un acte d'association, irréductible à une simple agrégation[5], une convention. Association, confédération, contrat, pacte, traité sont en ce sens termes synonymes : autant il y a de véritables sociétés, dont chacune est un être moral avec sa volonté (générale pour les membres de l'association), autant il y a de pactes ou contrats sociaux. Ainsi « la communion et l'excommunication sont le pacte social du clergé »[6]. On peut donc parler du contrat social en général – et c'est cette théorie générale que nous avons cherché à éclairer ici quelque peu.

Certains traits communs nous semblent se dégager à travers l'hétérogénéité des domaines analysés (corps politique, confédération européenne, religion de l'homme).

1. La communauté politique n'épuise pas l'idée rousseauiste du contrat social, et la pluralité des communautés emboîtées auxquelles elle s'applique peut se lire de deux façons. Dans les termes intemporels du droit, chacune doit être mise à sa place selon une hiérarchie semblable à l'Ordre malebranchiste (« les devoirs du citoyen vont avant ceux du sénateur, et ceux de l'homme avant ceux du citoyen [...] ; la volonté la plus générale est aussi toujours la plus juste »[7]) et rigoureusement inverse à l'ordre naturel des affections (« selon l'ordre naturel, au contraire, ces différentes volontés deviennent plus actives à mesure qu'elles se concentrent »[8]). En termes d'évolution historique, l'humanité ne rétrograde jamais et le passage est irréversible des sociétés plus étroites aux sociétés plus générales. L'état de nature n'existe plus et, à moins de miracle, n'existera jamais ; l'ère du patriotisme et des nations est derrière nous, dans l'Antiquité, sauf résistances résiduelles et condamnées ; le moment de l'Europe est sans doute à jamais passé, et l'on ne nous rendra pas un Henri IV et un Sully. Toujours inéluctablement poussé, ou appelé,

1. Voir *CS*, II, 3, p. 372.
2. *Ibid.*, IV, 8, p. 463 n.
3. *Ibid.*, III, 1, p. 399.
4. Voir *ibid.*, I, 2, p. 352.
5. Voir *ibid.*, 5, p. 359.
6. *Ibid.*, IV, 8, p. 463 n.
7. *DEP*, p. 246.
8. *CS*, III, 2, p. 401.

vers plus d'universalité, l'homme moderne de Rousseau semble ne pas avoir d'autre avenir que la société générale.

2. Toute association a pour envers un état de guerre, réel ou virtuel, auquel elle met fin. Car la même liaison qui rapproche les membres à associer développe en eux, conjointement, deux forces : l'amour de soi, en s'étendant à la communauté entière, devient amour du tout ou volonté générale; et il se modifie en amour-propre par la comparaison avec les autres dans la communauté, et l'opposition de l'intérêt particulier à l'intérêt commun et à l'intérêt d'autrui. L'état de paix implique la subordination de la volonté particulière à la générale, sinon en soi par la vertu, au moins par la position hors de soi d'un pouvoir politique qui, en sanctionnant les actes de la souveraineté générale, ramène la justice à son objet par des conventions et des lois[1].

3. Dans le moment historique et logique de l'institution, trois positions se retrouvent toujours, conjointes mais distinctes. L'initiateur du pacte prévoit, outre l'intérêt commun, l'avantage réel et exclusif qu'il en tirera : la primauté inévitable qu'il se ménage dans le corps à instituer le rend apte à inventer et ardent à exécuter le plus réfléchi des projets. Les voisins cosignataires sentent les avantages du pacte sans prévoir l'abus qui en sera fait : ils se laissent facilement entraîner et séduire par les raisons spécieuses de l'intérêt commun. Le sage enfin, qui n'a pas la force de faire, a le pouvoir d'apprécier, et d'approuver : un livre donne l'échelle à laquelle mesurer les faits, c'est-à-dire le droit et l'abus, que l'abus est inévitable et qu'il est pourtant un abus, qu'il faut le combattre et le limiter et que pourtant il ne discrédite pas l'institution.

4. Il n'y a, en chaque domaine, qu'un seul pacte, présenté tel qu'il est historiquement mis en œuvre ou tel qu'il est rationnellement apprécié. Il ne faut donc pas opposer un contrat mystificateur et un autre contrat, seul légitime : cette dissociation et ce dédoublement reposent sur une confusion des positions, sur l'espoir absurde que les yeux des rois, ou les yeux des peuples, puissent voir les objets à travers les lunettes des sages.

1. Texte corrigé selon les modifications manuscrites de J.-M. B. Texte publié dans la version originale de l'article : « L'état de paix implique la subordination de la volonté particulière à la générale, non pas en soi par la vertu, mais bien par la position hors de soi d'un souverain dont la sanction ramène la justice à son objet par des conventions et des lois » ; en marge : « à revoir, cette formule est mauvaise » [NdÉ].

CHAPITRE V

ÉTAT DE GUERRE ET PACTE SOCIAL SELON JEAN-JACQUES ROUSSEAU*

Le pacte social rend à la fois impossible et possible l'état de guerre. Il rend impossible l'état de guerre entre les individus et possible l'état de guerre entre les nations. Nous chercherons ici à éclairer conjointement deux difficultés, dont l'une concerne le rapport du pacte social à l'état de guerre entre individus, et l'autre le rapport du pacte social à la guerre entre États et à l'amour de l'humanité.

a) La première difficulté vient de l'énigmatique cohérence entre deux textes illustres, le *Second Discours*, sur l'origine de l'inégalité (1755) et le *Contrat social* (1762). On y a lu longtemps deux pactes opposés, le mauvais pacte qu'on disait volontiers mystificateur ou usurpé, et le bon pacte seul légitime. Le premier aurait moins résolu que déplacé le conflit entre riches et pauvres, exacerbé dans l'horrible état de guerre : en consacrant l'inégalité, il aurait substitué à un état de guerre ouverte une fausse paix, comparable à la tranquillité qui règne dans l'antre du cyclope. Le second devrait assurer par principe l'union entre tous les associés : en substituant à l'inégalité physique une égalité de droit garantie par la force commune, il instaurerait la véritable paix civile. Des travaux plus récents ont ébranlé cette commode dichotomie. La troublante ressemblance entre les deux pactes a suscité notamment deux lectures symétriques. Louis Althusser, dans une étude sur le *Contrat social* (*Cahiers pour l'analyse* 8) a étendu au bon contrat le soupçon d'imposture que l'autre contrat suscitait traditionnellement; Victor Goldschmidt, dans son commentaire

* Première publication : *Kant Studien*, 1979/2, p. 162-178.

du *Second Discours* (*Anthropologie et politique. Les principes du système de Rousseau*), a magistralement démontré la parfaite légitimité que Rousseau reconnaissait au pacte passé à l'initiative du riche. Or, à travers l'opposition de leurs deux appréciations, le philosophe marxiste et l'historien de la philosophie s'accordent pour situer les deux pactes au même moment d'un itinéraire historique, au terme d'une première socialisation, face à la même situation de détresse, avec la même ambition de mettre fin par art et réflexion au même état de guerre, phase ultime de l'état de nature. Malgré l'autorité des deux interprètes, c'est cette thèse commune qui nous paraît suspecte.

b) Le même mouvement qui unit les compatriotes dans un État particulier les oppose aux autres hommes, exclus du pacte avec le titre d'étrangers sinon d'ennemis : la volonté générale au regard d'un corps politique ou société particulière est particulière et individuelle au regard de la société générale du genre humain. La difficulté du cosmopolitisme tient au développement que Rousseau donne, notamment dans l'article « Économie politique » (1755) et au début du *Manuscrit de Genève*, première version du *Contrat social*, au grand et lumineux principe que son ami Diderot avait présenté, en accord sinon en collaboration avec lui, nous semble-t-il, dans l'article DROIT NATUREL, au même volume V de l'*Encyclopédie*. L'article DROIT NATUREL ne distinguait pas encore entre la règle de la conduite dans une même société et la règle de la conduite de société à société : la volonté générale y était toujours identifiée avec le désir commun de l'espèce entière, en face d'elle ne se rencontraient que des volontés particulières toujours suspectes. Le travail de Rousseau à partir de ce principe établi a consisté à dégager la multiplicité des corps collectifs qui s'emboîtent les uns dans les autres, et par suite la hiérarchie des volontés, la plus générale étant toujours aussi la plus juste, mais la moins générale étant la plus active selon l'ordre naturel. D'où le conflit entre patriotisme et humanité, puisqu'il est impossible de porter à sa plénitude l'amour de la petite cité ou patrie, principe positif de la paix entre concitoyens, sans rendre d'autant moins actif l'amour de l'humanité, ou mieux de la grande cité du monde, par lequel seul les hommes, enfants du même Dieu, se reconnaissent tous pour frères. V. Goldschmidt a approfondi la réflexion rousseauiste sur le patriotisme jusqu'à se demander s'il n'impliquait pas une véritable rupture avec le principe établi par Diderot : si toute volonté générale est particulière par rapport à une société plus vaste, une volonté générale propre à la société générale devient une contradiction dans les termes, et Rousseau devrait n'admettre ni société générale ni volonté générale proprement cosmopolitique. Il nous semble au contraire que l'amour de l'ordre, s'exprimant par la voix de la conscience, cet instinct divin, et posant la loi naturelle sous la forme du sentiment de pitié ou de la loi de raison, est précisément cette volonté générale propre à la société générale du genre humain ou mieux à la grande cité du monde.

I

Peut-on situer le pacte social, tel que le présente le chapitre VI du livre I du *Contrat social*, au même moment de l'histoire humaine où le *Second Discours* plaçait « l'origine de la société et des lois »[1] ?

Pour justifier cette interprétation, L. Althusser analyse les « obstacles », qui rendent impossible le maintien en l'état de nature, et les « forces » que chaque individu soumet par le pacte à la suprême direction de la volonté générale. Les obstacles, d'abord, ne viendraient plus de l'extérieur, des autres groupes humains, des cataclysmes naturels souvent invoqués par Rousseau pour expliquer la sortie du premier état de nature. « Nous savons que la nature s'est apaisée », écrit L. Althusser[2] en faisant allusion au chapitre IX du *Discours sur l'origine des langues* (« depuis que les sociétés sont établies, ces grands accidents ont cessé et sont devenus plus rares [...] ; les mêmes malheurs qui rassemblèrent les hommes épars disperseraient ceux qui sont réunis »[3]). Les obstacles ne peuvent donc venir que de l'intérieur, de cet état de guerre perpétuelle et universelle que, par une libre convention, L. Althusser nomme, d'une expression que Rousseau n'employait pas en ce sens, « l'état de l'*aliénation* humaine »[4]. Sur l'analyse de ces « obstacles », contre M. Halbwachs, V. Goldschmidt[5] est en complet accord avec L. Althusser. Quant aux « forces » dont chaque individu dispose au moment du pacte, leur recensement confirmerait que les contractants ne sont plus les animaux humains, stupides et bornés, que décrivait la première partie du *Discours sur l'inégalité* : chacun, en plus de son corps et de sa liberté, engage des « biens », des « possessions » ou des « terres »[6] dont l'ensemble constituera le « domaine réel » de l'État,

1. *DI*, II, p. 178.

2. L. Althusser, « Sur le *Contrat social* (Les décalages) », *Cahiers pour l'Analyse, Cercle d'épistémologie de l'École Normale Supérieure* 8, « L'impensé de Jean-Jacques Rousseau », 1967, p. 5-42, ici p. 9.

3. J.-J. Rousseau, *Essai sur l'origine des langues*, IX, *OC V*, p. 402.

4. L. Althusser, « Sur le *Contrat social*... », art. cit., p. 10.

5. V. Goldschmidt, *Anthropologie et politique. Les principes du système de Rousseau*, § 127, Paris, Vrin, 1974, p. 579, notamment n. 65.

6. *CS*, I, 6 et 9, p. 360 et p. 366.

possessions avant le pacte et propriétés après lui. Cette intervention des « biens » n'est nullement « anodine »[1] : elle atteste un développement des forces intellectuelles et morales, et une transformation de l'amour de soi en amour-propre. Le pacte social résoudrait ainsi le même conflit mortel que dénoua le contrat proposé aux pauvres par les riches.

L'interprétation est séduisante, mais une raison de principe nous empêche de l'admettre aisément. Le *Contrat social* dit le droit, il ne dit pas le fait. « Dans la multitude d'agrégations qui existent actuellement sous ce nom » de sociétés politiques, « il n'y en a peut-être pas deux qui aient été formées de la même manière, et pas une qui l'ait été selon celle que j'établis »[2]. Il ne dit pas le fait et ne veut pas le dire. « L'homme est né libre, et partout il est dans les fers [...]. Comment ce changement s'est-il fait ? Je l'ignore », « On n'en sait rien »[3]. Puisque le *Second Discours* était consacré à exposer comment ce changement a pu ou a dû se faire, l'ignorance est feinte et l'histoire hypothétique volontairement écartée parce qu'elle ne touche pas au problème propre du *Contrat social.* « Qu'est-ce qui peut le rendre légitime ? Je crois pouvoir résoudre cette question », « il n'est pas impossible de le dire »[4] : la question de droit, seule traitée maintenant, s'affranchit de l'histoire hypothétique avec laquelle elle se nouait dans le *Second Discours.* C'est pourquoi nous croyons difficile en général de situer le pacte social en un point de l'histoire, et inexact en particulier d'identifier ce point avec ce que le *Second Discours* déterminait comme le « plus horrible état de guerre »[5].

Certes il y a de l'équivoque au mot de fait, et même le *Second Discours* commençait par « écarter tous les faits, car ils ne touchent point à la question »[6]. Mais il n'écartait pas le temps, la « lente succession des choses »[7], la vertu des changements progressifs, des altérations insensibles. Formulons « la question », ou plutôt les questions posées en ce *Discours.* Il s'agit d'abord de déterminer un point de départ, le pur état de nature, qui n'est pas un fait historique ni même de l'ordre du fait historique, mais qui est connu avec certitude par réflexion et raison en « méditant sur les premières et les plus simples opérations de l'âme humaine »[8]. Il s'agit

1. L. Althusser, « Sur le *Contrat social...* », art. cit., p. 11.
2. *MsG*, I, 5, p. 297.
3. *CS*, I, 1 et *MsG*, I, 3, p. 351 et 289.
4. *Ibid.*
5. *DI*, II, p. 176.
6. *Ibid.*, I, p. 132.
7. *Ibid.*, II, p. 192.
8. *Ibid.*, Préface, p. 125.

ensuite de déterminer « les routes oubliées et perdues »[1] entre cet état initial, méthodiquement mais idéalement (re-)constitué, et l'actuel état civil connu par l'observation des faits et les livres scientifiques qui apprennent à « voir les hommes tels qu'ils se sont faits »[2]. Entre ces deux extrémités clairement connues, l'obscurité est peuplée d'innombrables possibles : les routes ont pu être diverses, les hommes ont pu les parcourir plus ou moins vite, il se peut même que le premier homme ait reçu immédiatement de Dieu des lumières et des préceptes qui le situaient hors du pur état de nature, quelque part sur le chemin qui conduit à l'actuel état civil[3]. D'où le travail de la connaissance :

> deux faits étant donnés comme réels à lier par une suite de faits intermédiaires, inconnus ou regardés comme tels, c'est à l'histoire, quand on l'a, de donner les faits qui les lient; c'est à la philosophie, à son défaut, de déterminer les faits semblables qui peuvent les lier[4].

La philosophie du *Second Discours* relie le pur état de nature à l'état civil actuel par une chaîne plausible, « la plus naturelle » ou « raisonnable »[5], de révolutions et de progrès : révolutions naturelles qui accompagnent les progrès insensibles de la société naissante, et l'âge des cabanes; « grande révolution »[6] technique de la métallurgie et de l'agriculture, qui introduisit le partage des terres et la propriété, ou du moins la possession continue, pour aboutir à l'horrible état de guerre; établissement politique enfin, qui fixe la propriété, inaugure l'ère des gouvernements, de la société et des lois, et débouche par d'insensibles progrès sur le despotisme, dernier terme de l'inégalité. À défaut des faits historiques effectifs, « cette lente succession d'événements »[7] définit la chronologie idéale d'une histoire hypothétique.

Peut-on assigner rigoureusement, à l'acte d'association du *Contrat social*, une place déterminée dans cette chronologie ? À notre avis, les textes interdisent aussi bien de le situer après une première socialisation, par exemple après l'horrible état de guerre d'où surgissait dans le *Second Discours* l'institution politique, que de le situer avant toute socialisation, c'est-à-dire à la sortie du premier état de nature.

1. *Ibid.*, II, p. 191.
2. *Ibid.*, Préface, p. 125.
3. Voir *ibid.*, Exorde, p. 132.
4. *Ibid.*, II, p. 162-163.
5. *Ibid.*, p. 179 et p. 180.
6. *Ibid.*, p. 171.
7. *Ibid.*, p. 164.

Le chapitre VIII[1] nous paraît interdire absolument d'introduire avant le contrat social un premier développement social qui aurait déjà conduit à la guerre de tous contre tous et à l'actualisation des facultés intellectuelles et morales. Car il met au compte de l'état civil, tel qu'il résulte du contrat, toute forme de « moralité », et ne laisse en-deçà de lui que l'animalité. La vertu de la durée est, en ce chapitre, entièrement sacrifiée à « l'instant heureux » qui sépare l'animal, stupide et borné, de l'homme historique, à qui ce brusque « passage » ouvre deux possibilités : les abus de cette nouvelle condition qui le dégradent souvent au-dessous de celle dont il est sorti, et le développement de ses facultés et de ses idées, l'ennoblissement de ses sentiments, tout ce qui en fait un être intelligent et un homme. L'instant heureux, qui coïncide avec « l'instant » où naît dans le pacte « un corps moral et collectif »[2], ne laisse en-deçà de lui que l'instinct ou impulsion physique, avec la liberté naturelle et un droit de l'individu à tout ce qui le tente et qu'il peut atteindre. Juridiquement illimité, ce droit de chacun est en fait borné comme ses désirs et comme ses forces. L'humanité n'est pas encore née, les facultés intellectuelles et morales sont encore nulles ou virtuelles en cet animal stupide et borné : « il est nul, il est bête » comme l'homme du premier état de nature[3], il n'est certes pas encore l'homme de l'état de guerre, à l'amour-propre déjà développé[4], qui a découvert avec la vie familiale les premières altérations du cœur, avec le langage le premier élargissement des idées.

Mais les textes interdisent aussi d'identifier rigoureusement l'instant du pacte social avec la sortie du premier état de nature. Car Rousseau n'hésite pas à présupposer, comme repris ou remaniés par le pacte, des éléments de socialisation absents dans ce premier état. Ainsi, dès le chapitre II, avec la description de la famille, « la plus ancienne de toutes les sociétés et la seule naturelle », on apprend que le père avant toute convention prend soin de ses enfants pendant leurs premières années[5] : or dans le pur état de nature seule la mère s'occupait de sa descendance[6] et la société du mâle avec la femelle ne survivait pas à la rencontre fortuite[7]. Ainsi, surtout, les possessions, ces « biens » sur lesquels L. Althusser a

1. Voir *CS*, I, 8, p. 364-365.
2. *Ibid.*, I, 6, p. 361.
3. J.-J. Rousseau, *Lettre à Christophe de Beaumont*, *OC* IV, p. 936.
4. Voir *DI*, II, p. 174.
5. *CS*, I, 2, p. 352.
6. *DI*, I, p. 147.
7. Voir *ibid.*, Note XII, p. 192.

judicieusement attiré l'attention[1]. Dès le chapitre III consacré au droit du plus fort[2], on peut se souvenir que

> les mots de *fort* et de *faible* sont équivoques, [...] que dans l'intervalle qui se trouve entre l'établissement du droit de propriété ou de premier occupant, et celui des gouvernements politiques, le sens de ces termes est mieux rendu par ceux de *pauvre* et de *riche*[3].

Et, explicitement, le pacte social transforme en propriété une « possession qui n'est que l'effet de la force ou le droit du premier occupant », une « jouissance » qui sans lui est simple « usurpation »[4]. Or rien de tel ne saurait exister dans le pur état de nature puisque cette possession des terres implique déjà la grande révolution technique. Dans la chronologie idéale de l'histoire hypothétique, la famille conjugale nous situerait donc au moins à l'âge des cabanes, et la possession des terres ou le droit du premier occupant, l'usurpation par la force, au moins après la « grande révolution ».

Le contrat social ne peut être situé ni *après* la sortie du pur état de nature (puisque tout ce qui dépasse la simple animalité est tenu pour postérieur à l'instant heureux) ni *avant* une première socialisation (puisque la couche naturelle antérieure au pacte contient des éléments déjà sociaux). Dans l'histoire, réelle ou hypothétique, de l'humanité, il arrive toujours ou trop tôt ou trop tard, et même, à la fois, trop tôt et trop tard. Puisqu'il est décidément impossible de lui trouver une place fixe et déterminée dans ce développement, la conclusion s'impose : il se situe ailleurs, à l'extérieur du temps.

II

Le pacte social définit avant tout une essence, l'essence du politique, et, puisque tout ce qui est proprement humain tient radicalement à la politique[5], l'essence de l'homme moral. Acte qui, « d'un animal stupide et borné, *fit* un être intelligent et un homme »[6], on le rapporte au passé simple comme un événement. Acte « par lequel un peuple *est* un peuple »[7], et non

1. Voir L. Althusser, « Sur le *Contrat social...* », art. cit., p. 10-11.
2. Voir *CS*, I, 3.
3. *DI*, II, p. 179 [souligné par Rousseau].
4. *CS*, I, 9, p. 365 et 367.
5. Voir J.-J. Rousseau, *Les Confessions*, IX, *OC* I, p. 404.
6. *CS*, I, 8, p. 364.
7. *Ibid.*, I, 5, p. 359 [souligné par J-M. B.].

pas seulement, comme L. Althusser l'écrit, *devient* un peuple[1], il est autre chose qu'un événement et il faut l'énoncer au présent. Il fait pendant à l'état de nature, « qui n'existe plus, qui n'a peut-être point existé, qui probablement n'existera jamais »[2]. Le pacte social est toujours, même s'il n'a jamais eu lieu et s'il ne doit jamais avoir lieu. Au regard du présent historique, « il ne se forme plus de peuples » ; au regard du passé, « nous n'avons guère que des conjectures pour expliquer comment ils se sont formés »[3] ; au regard de l'avenir, le jour du grand serment appartient plus au rêve qu'à l'histoire de Corses[4]. Mais les clauses du contrat,

> bien qu'elles n'aient peut-être jamais été formellement énoncées, sont partout les mêmes, partout tacitement admises et reconnues, jusqu'à ce que, le pacte social étant violé, chacun rentre alors dans ses premiers droits, et reprenne sa liberté naturelle, en perdant la liberté conventionnelle pour laquelle il y renonça[5].

Approfondissons cet étrange présent de l'essence.

Plutôt qu'éternellement présent, le pacte social est perpétuellement ou continuellement répété tant que dure une société politique : il donne et il conserve au corps politique « son unité, son *moi* commun, sa vie et sa volonté »[6]. Cette permanence n'est pas le maintien de lois, toujours révocables, mais la continuation de l'acte par lequel il y a une volonté générale, la puissance législative qui est le cœur de l'État. « Ce n'est point par les lois que l'État subsiste, c'est par le pouvoir législatif »[7]. Un fragment accentue le contraste : d'un côté, « chaque acte de souveraineté, ainsi que chaque instant de sa durée, est absolu, indépendant de celui qui le précède, et jamais le Souverain n'agit parce qu'il a voulu mais parce qu'il veut » ; de l'autre, l'existence même du Souverain, qui se confond avec la subsistance du corps politique, « résulte d'un seul acte de volonté et toute sa durée n'est que la suite et l'effet d'un engagement antérieur dont la force ne cesse d'agir que quand ce corps est dissous »[8]. Cet engagement, qu'on dit *antérieur* selon la perspective chronologique d'une histoire, est aussi bien un consentement *continué*, et l'unanimité initiale est identiquement et indéfiniment maintenue par les citoyens qui se soumettent à la

1. Voir L. Althusser, « Sur le *Contrat social*... », art. cit., p. 19.
2. *DI*, Préface, p. 123.
3. *CS*, IV, 4, p. 444.
4. Voir J.-J. Rousseau, Fragments séparés du *Projet de constitution pour la Corse*, *OC* III, p. 942-943.
5. *CS*, I, 6, p. 360
6. *Ibid.*, p. 361.
7. *Ibid.*, III, 11, p. 424.
8. J.-J. Rousseau, *Fragments politiques* [Du pacte social], *Fragment* 11, *OC* III, p. 485.

souveraineté de l'État en continuant à y résider[1]. Quelle que soit la corruption de l'institution politique, le pacte social subsiste, implicite, comme la volonté générale, muette: «elle est toujours constante, inaltérable et pure; mais elle est subordonnée à d'autres qui l'emportent sur elle»[2].

Ce pacte social présuppose-t-il, comme un antécédent nécessaire, que le conflit entre les volontés particulières ordonnées à des intérêts particuliers se soit exacerbé dans le plus horrible état de guerre? «Si l'opposition des intérêts particuliers a rendu nécessaire l'établissement des sociétés, c'est l'accord de ces mêmes intérêts qui l'a rendu possible»[3]. L'affirmation d'essence porte ici sur la corrélation, *dans* l'acte constitutif de l'état civil, entre l'opposition (des intérêts particuliers) et l'accord (qui définit un intérêt commun): les *variations* de ce rapport à travers la durée sont à déterminer par une analyse historique. Or le *Contrat social* resserre, dans le chapitre VI du livre I, aux dimensions d'une supposition[4], d'une hypothèse théorique dont nous aurons à examiner le statut, la longue histoire hypothétique des conflits qui précédaient dans le *Second Discours* le pacte pour le rendre nécessaire, indispensable et inéluctable. Il déploie au contraire, avec les trois étapes que dénombre le chapitre XI du livre IV par exemple, l'histoire exemplaire des institutions politiques comme histoire de leur dégénérescence. Chacune «commence à mourir dès sa naissance»[5]: comme si le conflit des intérêts particuliers et notamment des intérêts de classe, de ces sociétés partielles qui préoccupent si fort et Rousseau et L. Althusser, loin d'être à son apogée *avant* le pacte social, croissait *à partir* de lui.

> Tant que plusieurs hommes réunis se considèrent comme un seul corps, ils n'ont qu'une seule volonté qui se rapporte à la commune conservation, et au bien-être général [...]. Point d'intérêts embrouillés, contradictoires, le bien commun se montre partout avec évidence, et ne demande que du bon sens pour être aperçu[6].

La meilleure de toutes les sociétés est celle qui dénature le mieux l'homme. L'amour de soi, que se porte à lui-même chaque individu comme tout parfait et solitaire, est ici comme entièrement détruit ou mieux dénaturé: chacun n'a plus qu'une seule volonté, la volonté générale comme

1. Voir *CS*, IV, 2, p. 440.
2. *Ibid.*, IV, 1, p. 438.
3. *Ibid.*, II, 1, p. 368.
4. Voir *ibid.*, I, 6, p. 360.
5. *Ibid.*, III, 11, p. 424.
6. *CS*, IV, 1, p. 437.

amour du tout et de l'égalité, amour de soi si l'on veut mais de soi comme partie du corps politique à égalité avec chacun de ses concitoyens. Dans cette jeunesse de l'État, les petites différences (insignifiantes) entre les volontés d'hommes « droits et simples » n'empêchent pas l'unanimité facile dans les votes. Car la volonté générale, « somme des différences » (je retranche de chaque volonté particulière ce qui tient à la particularité de son intérêt et j'additionne ces restes ou différences), n'est guère différente de la volonté de tous, « somme de[s] volontés particulières » dont je ne retranche rien, tant que les intérêts particuliers restent insignifiants au regard de l'intérêt commun. Elle n'en diffère que par un « grand nombre de petites différences » dont la somme (algébrique) s'annule tant que les plus et les moins « s'entre-détruisent »[1].

Quand l'État commence à s'affaiblir, alors seulement les intérêts particuliers commencent à se faire sentir et l'intérêt commun s'altère[2]. La volonté générale n'est plus la volonté de tous, parce qu'en certains, individus ou groupes, la « différence » de l'intérêt particulier à l'intérêt commun cesse d'être une « petite différence ». Pour eux, la volonté générale parle moins fort que la volonté particulière, qui se définit désormais comme volonté d'être préféré, amour-propre et même amour-propre intéressé. « La volonté particulière tend par sa nature aux préférences, et la volonté générale à l'égalité »[3]. Ainsi l'unité d'un groupe s'affirme autour d'« une différence unique »[4], qui rassemble par exemple dans un parti *ultra* les petites différences qui se seraient autrement annulées, selon la loi des grands nombres, si une addition algébrique avait associé dans une distribution fortuite le plus des *ultras* et le moins des *citras*.

Enfin, quand l'État est près de sa ruine, le conflit des groupes s'exacerbe, et on approche de la guerre de tous contre tous, de « l'état de l'*aliénation* humaine ». Intérêt commun et volonté générale ne disparaissent pas pour autant, mais ils ne sont plus consultés.

> Le lien social est rompu dans tous les cœurs, le plus vil intérêt se pare effrontément du nom sacré de bien public [...]. Tous, guidés par des motifs secrets, n'opinent pas plus comme citoyens que si l'État n'eût jamais existé[5].

Le heurt des partis ne fait plus triompher qu'une différence contre une autre différence, « il n'y a plus de volonté générale, et l'avis qui l'emporte

1. *CS*, II, 3, p. 371-372.
2. Voir *ibid.*, IV, 1, p. 438.
3. *Ibid.*, II, 1, p. 368.
4. *Ibid.*, 3, p. 372.
5. *Ibid.*, IV, 1, p. 438.

n'est qu'un avis particulier »[1]. Ou, pour mieux dire, la volonté générale est désormais muette et « l'on fait passer faussement sous le nom de lois des décrets iniques qui n'ont pour but que l'intérêt particulier »[2].

Le conflit entre les intérêts particuliers ne peut donc pas être rejeté avant le pacte social, comme son préalable nécessaire : il se développe à partir de lui, comme si l'instant heureux du « contrat primitif »[3], loin d'ouvrir une alternative entre la dégradation (par le *mauvais* contrat des riches et des pauvres) et l'ennoblissement (par le *bon* contrat entre citoyens égaux), instaurait la nécessaire solidarité des contraires, dégradation et humanisation progressant d'un même mouvement.

III

Au terme de la dégradation politique, on retrouve bien « un nouvel état de nature [...] fruit d'un excès de corruption »[4], semblable à « l'état de l'*aliénation* humaine » que L. Althusser voyait à l'origine du pacte social. Mais, loin que le *bon* contrat puisse succéder à cet état, Rousseau tient la décadence politique pour aussi irréversible que la sortie du premier état de nature. L'humanité ne rétrograde jamais et, après la corruption du despotisme, l'avenir que garde l'humanité n'est plus proprement politique.

À parler en termes d'essence et de droit, chacun retrouve bien, dans un État despotique, ses premiers droits et sa liberté naturelle, en perdant la liberté conventionnelle pour laquelle il y renonça. Ainsi, dans le *Second Discours*, le même droit du plus fort qui régnait *avant* l'institution politique dans l'horrible état de guerre reparaît *à son terme*, quand le despotisme a fini de dévorer « tout ce qu'il aurait aperçu de bon et de sain dans toutes les parties de l'État ». Toute obligation politique disparaît alors, « le contrat de gouvernement est tellement dissous par le despotisme que le despote n'est le maître qu'aussi longtemps qu'il est le plus fort »[5]. Dans l'intemporalité des essences, cette dissolution par le despotisme, parfaitement conforme aux principes développés par le *Contrat social*, est analogue à la décision volontaire par laquelle un peuple peut toujours mettre fin au contrat, puisque nulle espèce de loi fondamentale n'est obligatoire pour le corps du

1. *Ibid.*, II, 3, p. 372.
2. *Ibid.*, IV, 1, p. 438.
3. *Ibid.*, 2, p. 440.
4. *DI*, II, p. 191.
5. *Ibid.*

peuple, pas même le pacte social[1]. Deux voies reconduisent donc, en principe, à l'état de nature, postérieur au développement complet des forces sociales, que décrit L. Althusser : l'usurpation du despotisme (« à l'instant que le gouvernement usurpe la souveraineté, le pacte social est rompu, et tous les simples citoyens, rentrés de droit dans leur liberté naturelle, sont forcés mais non pas obligés d'obéir »[2]) et la décision légitime du peuple entier (« Si tous les citoyens s'assemblaient pour rompre de pacte d'un commun accord, on ne peut douter qu'il ne fût très légitimement rompu »[3]). Rien ne fait alors obstacle, juridiquement, à ce que soit passé un nouveau contrat social, le bon.

Mais tout change dès que l'on considère, historiquement, les altérations du cœur humain.

> Quand le ressort civil est usé [...] les troubles peuvent détruire un peuple sans que les révolutions puissent le rétablir, et sitôt que ses fers sont brisés, il tombe épars et n'existe plus[4].

Le législateur, pour renouveler l'acte par lequel un peuple est un peuple, ne doit pas attendre que la vieillesse de l'État ait conduit à « l'état de l'*aliénation* humaine » : il doit saisir le moment de jeunesse où un peuple est encore « barbare »[5] et son succès exigerait « la simplicité de la nature jointe aux besoins de la société »[6]). À mesure que l'État vieillit, il devient aussi difficile de progresser ou, pour parler plus exactement, de régresser vers la liberté politique que vers le premier état de nature, « miracle si grand à la fois et si nuisible qu'il n'appartiendrait qu'à Dieu de le faire, et qu'au diable de le vouloir »[7]. Le miracle d'une société « embrasée par les guerres civiles » et qui « renaît pour ainsi dire de sa cendre et reprend la vigueur de la jeunesse en sortant des bras de la mort »[8] n'est possible qu'une fois, et encore à la faveur d'une crise qui *efface* les luttes passées. « L'horreur du passé tient lieu d'oubli » : elle restaure une sorte d'innocence analogue à l'antique barbarie, véritable préalable – bien plus que « l'état de l'*aliénation* humaine » – au pacte social.

1. Voir *CS*, I, 7 et III, 18, p. 362 et 436.
2. *Ibid.*, III, 10, p. 422-423.
3. *Ibid.*, 13, p. 436.
4. *Ibid.*, II, 8, p. 385.
5. *Ibid.*
6. *Ibid.*, 10, p. 391.
7. Lettre de Rousseau à Voltaire du 10 septembre 1755 (réponse à la lettre de Voltaire du 30 août 1755, accusant réception du *Discours sur l'inégalité*), *OC* III, p. 226.
8. *CS*, II, 8, p. 385.

Mais quand l'état civil est pleinement développé, que la croissance des intérêts particuliers a usé du dedans le ressort civil et que les lois ne sont plus en vérité que les décrets iniques d'une volonté partisane, s'il est décidément impossible d'espérer qu'une révolution puisse rétablir une meilleure institution, il n'est pas non plus souhaitable de rompre ce qui subsiste du lien social. Seul le diable pourrait le vouloir. Car jamais « l'état de l'*aliénation* humaine » n'en a fini de ronger la volonté générale, même si toujours, à partir du contrat primitif, il a commencé à le faire. Ou plutôt c'est alors que la volonté générale, d'amour de la patrie, est devenue amour de l'ordre. Quand les conflits entre intérêts particuliers ou partisans se sont exaspérés, le précepteur peut dire à Émile : « des lois ? Où est-ce qu'il y en a, et où est-ce qu'elles sont respectées ? Partout tu n'as vu régner sous ce nom que l'intérêt particulier et les passions des hommes »[1]. En vérité, dans nos sociétés actuelles, « en examinant bien les choses, on trouverait que très peu de nations ont des lois »[2] : « Si je te parlais des devoirs du citoyen, tu me demanderais peut-être où est la patrie, et tu croirais m'avoir confondu ». Mais « qui n'a pas une patrie a du moins un pays. Il y a toujours un gouvernement et des simulacres de lois sous lesquels il a vécu tranquille »[3]. On ne saurait trop insister, ici, sur le déplacement opéré, de la légitimité politique (perdue) à une valeur (nouvelle) qui la dépasse. La tranquillité assurée (aux victimes du cyclope[4], de l'État despotique) par les simulacres de lois, d'un point de vue strictement politique, ne fonde aucune légitimité : s'il n'y a plus de patrie, c'est bien que le contrat social a cessé d'être observé. Comment donc le précepteur ose-t-il ajouter : « Que le contrat social n'ait point été observé, qu'importe » ? C'est que l'on est passé du politique au moral, et du citoyen au sage ou à l'homme, ce qui revient ici au même.

> La seule apparence de l'ordre le porte à le connaître, à l'aimer. Le bien public, qui ne sert que de prétexte aux autres, est pour lui seul un motif réel. Il apprend à se combattre, à se vaincre, à sacrifier son intérêt à l'intérêt commun[5].

Ainsi la seule apparence de l'ordre, même quand le despotisme a tellement dévoré la liberté politique que le pacte social est de droit dissous, aura fait surgir dans le cœur de l'homme la possibilité de la liberté morale. Intolérable aux citoyens comme Caton, parce qu'il ne peut jamais être pour

1. *Émile*, V, p. 857.
2. *CS*, III, 15, p. 430.
3. *Émile*, V, p. 858.
4. Voir *CS*, I, 4, p. 355-356.
5. *Émile*, V, p. 858.

personne une patrie, l'antre du cyclope est un pays d'élection pour les hommes comme Socrate, comme Jésus, comme Émile, comme Rousseau. La voix de la conscience, instinct moral, instinct divin, a pris la relève, dans les grandes âmes cosmopolites, de la volonté générale devenue muette, de la volonté générale propre à un corps politique particulier. Le chapitre sur « La religion civile », à la fin du *Contrat social*, éclaire une remarque qui restait un peu allusive et énigmatique au moment du pacte : « on pourrait, sur ce qui précède, ajouter à l'acquis de l'état civil la liberté morale, qui seule rend l'homme vraiment maître de lui » [1]. Le passage de la liberté politique à la liberté morale est, en un sens, aussi « remarquable » que le passage de la liberté naturelle à la liberté conventionnelle, et, en ce sens, la victoire du christianisme est aussi irréversible que la sortie du premier état de nature. « L'esprit du christianisme a tout gagné » [2], « il n'y a plus et il ne peut plus y avoir de religion nationale exclusive » [3]. Un déplacement de la volonté générale s'est opéré, par quoi l'antique patrie recule au rang de pays, non pas parce que le (vrai) chrétien n'aurait pas de patrie, mais parce que « la patrie du chrétien n'est pas de ce monde » [4]. Le devoir du citoyen est d'obéir aux lois *et non* aux simulacres de lois; le propre du chrétien est d'obéir *indifféremment* aux deux. « Les vrais chrétiens sont faits pour être esclaves; ils le savent et ne s'en émeuvent guère » [5].

Ainsi le développement des forces morales et intellectuelles *et* le conflit exaspéré des intérêts particuliers, bref « l'état de l'*aliénation* humaine », succède au pacte social plus qu'il ne le précède. Il ne reconduit jamais directement à la liberté naturelle, d'avant le pacte, il conduit à la liberté morale, par-delà l'obéissance à des lois qui n'en sont plus que le simulacre. On pourrait dire, à la rigueur, qu'il sert de condition antécédente au quasi-pacte éthico-religieux par lequel l'homme fait de la volonté divine sa volonté constante.

1. *CS*, I, 8, p. 365.
2. *Ibid.*, IV, 8, p. 462.
3. *Ibid.*, p. 469.
4. *Ibid.*, p. 466.
5. *Ibid.*, p. 467.

IV

Revenons au pacte social, et à l'hypothèse théorique qui l'introduit aux premiers alinéas du chapitre VI (« je *suppose* les hommes parvenus à ce point où… »[1]).

La supposition dessine bien, nous en convenons, une histoire hypothétique : un avant, « l'état primitif », et un après, « nouvel être » ou nouvelle « manière d'être », s'articulent autour d'un « point »-événement, le contrat primitif par lequel un peuple devient un peuple, et une somme de forces naît du concours de plusieurs. Mais il faut aussi convenir que rien ne détermine les deux termes entre lesquels est supposé le mortel déséquilibre (« le genre humain périrait »). Au moins en principe, les « obstacles » mortels pourraient être cherchés à l'extérieur : dans les autres sociétés pour la généralisation de l'institution politique (« l'établissement d'une seule société rendit indispensable celui de toutes les autres »[2]), voire dans un défi naturel lancé par quelque cataclysme ou tout simplement par l'inclination de l'écliptique pour l'établissement de la première société politique. Le texte de Rousseau est muet sur la nature de ces obstacles. Quant aux « forces » des futurs contractants, la mention des « biens » n'est certes pas anodine. Ils comprendront plus loin des « possessions », un « domaine réel », des « terres » : le pacte, à un moment déjà avancé de la socialisation, *est* donc ce qui transforme une couche pré-juridique (la possession, effet de la force ou droit du premier occupant) en une couche juridique (la propriété fondée sur un titre positif). Mais cet acquis n'est nullement nécessaire pour qu'un ensemble d'individus *devienne*, par le contrat primitif, un peuple :

> il peut aussi arriver que les hommes commencent à s'unir avant que de rien posséder, et que, s'emparant ensuite d'un terrain suffisant pour tous, ils en jouissent en commun, ou qu'ils le partagent entre eux, soit également, soit selon des proportions établies par le souverain[3].

Nécessaires au regard du contrat réfléchi proposé par les riches dans le *Second Discours*, le partage des terres, l'inégalité des richesses, l'existence des « surnuméraires »[4] sont incontestablement contingents au regard du pacte social énoncé dans le chapitre VI du livre I du *Contrat social*. Les hommes à unir sont souvent présentés comme incapables de vues générales et lointaines, encore à demi enfoncés dans la nullité animale. Et même la

1. *Ibid.*, I, 6, p. 360, modifiant *MsG*, I, 3, p. 289-290 [souligné par J.-M. B.].
2. *DI*, II, p. 378 ; cf. *État de guerre*, p. 603.
3. *CS*, I, 9, p. 367.
4. *DI*, II, p. 175.

supposition qui, dans les premiers alinéas, permet d'affirmer la nécessité de ce pacte, ne fait pas explicitement mention de cette socialisation préalable.

Il y a de l'équivoque au mot de nécessité. Chercher quels caractères appartiennent nécessairement à l'essence du contrat social n'est pas chercher à quel moment ce changement d'état est devenu nécessaire. La *supposition* du conflit mortel contraint le philosophe politique à penser dans toute leur rigueur les clauses du contrat, en *imaginant* une situation où, pour survivre, il est devenu indispensable d'accepter une « aliénation totale »[1]. Mais il est possible, après coup, de retrouver ce contrat tacitement présent, admis et reconnu en de moins tragiques situations. En effet, malgré les interdits de L. Althusser[2], il est permis dès le premier état de nature de parler d'intérêts particuliers, de biens, de démêlés. L'amour de soi détermine déjà des biens qui ne sont pas encore des possessions : « ses désirs ne passent point ses besoins physiques; les seuls *biens* qu'il connaisse dans l'univers sont la nourriture, une femelle et le repos »[3]. Certes les *démêlés* possibles ne sont pas « fort dangereux »[4], ils se réduisent à « quelques coups de poing »[5], mais à la condition que les biens naturels soient abondants. « Si l'on me chasse d'un arbre, j'en suis quitte pour aller à un autre »[6] : il faut présupposer l'abondance des arbres fruitiers, comme il faut établir l'abondance des femelles disponibles eu égard aux bornes étroites du tempérament masculin pour éviter la guerre de tous les mâles contre tous les mâles[7]. Dans l'état de simplicité, l'opposition des intérêts particuliers est au moins *possible*, puisque les rapports entre individus, sans être encore nécessaires, ne sont pas impossibles : la *possibilité* du pacte social est donc déjà en principe pensable, même s'il n'existe chez l'animal stupide et borné ni motif suffisant ni véritable capacité pour que la chose politique soit effectivement « inventée »[8]. L'hypothèse des premiers alinéas du *Manuscrit de Genève*, qui pose comme nécessaire et nécessairement mortelle l'opposition des intérêts particuliers, permet d'établir « la *nécessité* de institutions politiques »[9] en faisant apparaître le pacte comme

1. *CS*, I, 6, p. 360.
2. L. Althusser, « Sur le *Contrat social...* », art. cit., p. 11.
3. *DI*, II, p. 143 [souligné par J.-M. B.].
4. *Ibid.*, p. 157.
5. *Ibid.*, p. 203.
6. *Ibid.*, p. 161.
7. Voir *ibid.*, p. 157-159.
8. *Ibid.*, p. 180.
9. *MsG*, I, 2, p. 281 [souligné par J.-M. B.].

nécessaire (c'est-à-dire indispensable et inéluctable). Mais elle n'en constitue pas un *antécédent nécessaire*.

Une première différence existe entre le contrat du *Second Discours* et le pacte social du livre I du *Contrat social*, même si on le prend au chapitre VI avec le conflit mortel supposé dans les premiers alinéas, dont il constitue la « solution »[1]. Quand les forces sociales, intellectuelles et morales de l'humanité ont été *effectivement* développées, le pacte social est le moyen consciemment inventé par certains et accepté par les autres pour mettre fin à l'horrible état de guerre : le projet du riche est « le plus réfléchi qui soit jamais entré dans l'esprit humain »[2]. Mais le contrat social n'apparaît nullement, dans le chapitre I, VI, comme le résultat d'une ratiocination des contractants eux-mêmes : « l'art [qui vient] au secours de la nature »[3] n'implique pas que le « moyen » unique de survivre soit réfléchi en un projet conscient (même si, bien sûr, la légitimité de l'institution politique exige que le contrat *puisse* être rationnellement justifié tout comme il faut, pour que la loi naturelle soit loi, que la volonté de celui qu'elle oblige *puisse* s'y soumettre avec connaissance[4]). L'auteur fait ce que doit éviter le législateur : il pose seul, dans son langage propre (« je suppose », « cette difficulté ramenée à mon sujet peut s'énoncer en ces termes ») et non dans le langage des individus qui contractent, « le problème fondamental » dont l'institution de l'État par le contrat social « donne la solution »[5]. Ces individus sont davantage les éléments du problème, les données de son énoncé, que les agents ou les sujets conscients de sa résolution. Il suffit à la démonstration de Rousseau qu'ils *puissent* le devenir et se soumettre au pacte « avec connaissance ». La solution du philosophe n'a pas à être d'emblée le projet réfléchi des contractants.

D'où une seconde différence entre le pacte qui met fin, dans le *Second Discours*, à une guerre effective et le *Contrat social* qui ne cesse de conjurer, même en dehors du conflit ponctuel supposé aux premiers alinéas du chapitre I, VI, un état de guerre virtuelle. À mesure que se développent dans l'état civil les besoins sociaux, on voit mieux que la liberté naturelle impliquait dès l'origine la possibilité du déséquilibre mortel, par la croissance indéfinie des forces et surtout des désirs antagonistes, et, avec la possibilité de ce point critique, la nécessité de conjurer cette menace par le contrat social. Continuellement répété à travers la durée, ce contrat est

1. *Ibid.*, I, 3 et *CS*, I, 6, p. 290 et p. 360.
2. *DI*, II, p. 177.
3. *MsG*, I, 3, p. 289 ; la formule disparaît de la version définitive publiée.
4. Voir *DI*, Préface, p. 125.
5. *CS*, I, 6, p. 360.

continuellement accompagné, comme par son ombre, d'une menace, de l'opinion toujours mieux fondée que l'état civil neutralise continuellement le danger d'une guerre universelle de tous contre tous qui est son *conditionnel*, à la fois irréel présent et potentiel terrifiant. Quand les particuliers exposent leur vie pour la défense de l'État,

> que font-ils alors que lui rendre ce qu'ils ont reçu de lui ? Que font-ils qu'ils ne fissent plus fréquemment et avec plus de danger dans l'état de nature, lorsque livrant des combats inévitables, ils défendraient au péril de leur vie ce qui leur sert à la conserver[1] ?

Défendraient et non *défendaient*, *fissent* et non *firent* : non pas indicatif passé, état de nature effectif et guerre réelle, mais conditionnel, état de nature qui serait un état de guerre si l'institution politique, même dévoyée, ne transformait cette menace en un irréel présent. Cette sauvegarde survit même au déplacement de la volonté générale, à la disparition du véritable patriotisme et de la légitimité proprement politique, quand la grande cité du monde est devenue la nouvelle patrie :

> que le contrat social n'ait point été observé, qu'importe, si l'intérêt particulier l'a protégé comme l'aurait fait la volonté générale, si la violence publique l'a garanti des violences particulières[2].

Le problème fondamental aux yeux du philosophe ne disparaît pas avec le fait de l'association civile. Au contraire. La crise s'aggrave et s'approfondit en se transposant, sur le mode conditionnel, en menace de crise.

En projetant à l'origine de l'institution, sous forme de supposition, une vérité d'essence qui, historiquement, se manifeste au terme de l'évolution politique, Rousseau dépasse les bornes qu'impose toute histoire, même hypothétique. Parce qu'elle est muette sur les forces et les obstacles qui mettent l'humanité dans un mortel déséquilibre, la supposition du chapitre VI du livre I a pu nous paraître moins tragique et comme en retrait sur l'horrible état de guerre : en vérité, son indétermination la met aussi bien en avance. « L'aliénation totale » de chacun avec tous ses droits à toute la communauté est ici le corrélat du caractère mortel présupposé dans le déséquilibre auquel l'état de nature aurait fait parvenir. Plus que « la bourse » ou la vie[3], c'est tout ou rien. Par contraste, le pacte du *Second Discours* ne comportait encore qu'une aliénation partielle :

1. *MsG*, I, 6 et *CS*, II, 4, p. 308 et p. 375.
2. *Émile*, V, p. 858.
3. *CS*, I, 4, p. 355.

> les sages même virent qu'il fallait se résoudre à sacrifier une partie de leur liberté à la conservation de l'autre, comme un blessé se fait couper le bras pour sauver le reste du corps[1].

On en déduirait volontiers que l'horrible état de guerre, malgré les apparences, n'était pas encore tout à fait aussi tragique que l'état de l'aliénation humaine selon L. Althusser. Car toute histoire, réelle comme celle qui a conduit l'Europe au projet de son unification[2] ou hypothétique comme celle qui aurait conduit au projet réfléchi du riche, est prise dans une espèce de contradiction : plus elle donne à l'affrontement des amours-propres, moins il lui reste pour la volonté générale et l'amour de la totalité. Pour motiver le renoncement des individualités à leur liberté naturelle, il faut accentuer le conflit des amours-propres, et par là les obstacles internes à la reconnaissance d'un supérieur commun. Pour rendre possible le surgissement d'une volonté générale, il faut atténuer l'opposition des intérêts particuliers, afin que leur somme ne l'emporte pas sur l'intérêt commun[3]. Là où l'histoire réelle est incontournable, parce que la confédération réelle des États européens reste à faire, on dira que le projet est, non certes « chimérique »[4], mais « à présent [...] bien absurde »[5]. Une première socialisation a fait avec les puissances de l'Europe « une sorte de système », « une société réelle » qui est plus qu'une « idéale collection » simplement nominale. Mais, pour sortir de l'état de guerre, tel qu'est proprement « l'état relatif des puissances de l'Europe », il faut que « la raison » achève ce que « la fortune » a commencé[6]. Et Rousseau semble désespérer que « l'accord » puisse ici dispenser de « la force »[7]. Là où la réalité présente, avec l'État politique particulier, l'association comme déjà faite, l'histoire hypothétique rencontre la même difficulté : déterminer un point où la réflexion intéressée des riches a croisé la grossièreté facile à séduire des pauvres sous l'œil lucide des sages. L'étude d'essence ignore cette difficulté à déterminer un point moyen entre deux bornes : elle peut reporter solidairement, à l'origine, comme ses deux limites, le conflit (absolument) mortel et l'aliénation (totale) au profit de la volonté générale. Telle est la troisième différence entre *Second Discours* et *Contrat social*. La supposition initiale du chapitre VI du livre I est plus radicale que l'horrible état de

1. *DI*, II, p. 178.
2. Voir *Extrait PPP* et *Jugement PPP*, p. 563-600.
3. Voir *Jugement PPP*, p. 595.
4. *Ibid.*, p. 596.
5. *Ibid.*, p. 600.
6. *Extrait PPP*, p. 565, p. 567, p. 568 et p. 574.
7. *Jugement PPP*, p. 595 et p. 599.

guerre dans l'exacte mesure où la clause unique du *Contrat social* est plus déterminée que le sacrifice partiel consenti dans le *Second Discours*. La partie conservée des droits naturels, peu à peu dévorée selon l'histoire hypothétique des gouvernements par les progrès de l'institution politique et du despotisme, est, au point de vue de l'essence, une partie originairement aliénée en droit, restituée en fait : le Souverain seul est juge du partage à opérer entre les droits dont l'usage lui importe, et qu'il retient, et ceux qu'il laisse ou plutôt restitue à l'individu naturel[1]. Réciproquement, le projet réfléchi du riche est bien calculé et même bien fondé en ce que, au point de vue de l'essence même, « les lois sont dans le fait toujours utiles à ceux qui possèdent et nuisibles à ceux qui n'ont rien »[2]. La démonstration de V. Goldschmidt est ainsi incontestable : le pacte passé à l'initiative du riche est légitime, comme les institutions qui reposent sur lui. Il faut « en respecter les fondements »[3], qui sont les fondements mêmes que déploie le *Contrat social*. L'hypothèse du conflit mortel et le pacte social, au chapitre I, VI, ne sont pas des variantes, faussement innocentes parce qu'elles dissimuleraient leurs implications socio-économiques, pour une imposture historique. Au contraire l'horrible état de guerre et le contrat suggéré par les riches doivent être compris, rétrospectivement, comme version historiquement la plus plausible pour la formation d'un corps politique conforme à la légitimité, pour la formation du corps politique. Car il n'en existe qu'un seul type, et non pas deux opposés, le bon et le mauvais.

V

Récapitulons, pour conclure, les quatre thèses que nous avons tenté d'établir. Elles constituent un système, au sens où V. Goldschmidt nous a appris comment les principes du système de Rousseau nouent anthropologie et politique ; et, comme système, elles peuvent être confrontées aux systèmes, homologues au moins dans leur structure, sinon quant à leur contenu, de Kant, voire de Hegel.

1. L'essence du politique, telle que le contrat social la fonde, ne se confond avec aucun fait empirique, elle est extérieure à toute histoire effective :

1. Voir *CS*, II, 4, p. 373.
2. *Ibid.*, I, 9, note ; cf. *Émile*, IV, p. 534 n.
3. *DI*, Préface, p. 127.

> ce contrat (appelé *contractus originarius* ou *pactum sociale*) [...], il n'est en aucune façon nécessaire de le supposer comme un *fait* (et il n'est même pas possible de le supposer tel). [...] C'est au contraire une *simple Idée de la raison*[1];

> l'acte, par lequel un peuple se constitue lui-même en État, à proprement parler l'Idée de celui-là, qui seule permet d'en penser la légalité, est le *contrat originaire*[2].

> On peut sans doute se poser plusieurs questions au sujet de l'État: par exemple celle des origines historiques de l'État en général ou de tel ou tel État en particulier [...]. Mais ce sont là des questions qui ne concernent pas l'idée de l'État elle-même. Au point de vue de la connaissance scientifique dont il est seulement question ici, il ne s'agit là que d'une question historique portant sur l'aspect purement phénoménal [...]. La recherche philosophique n'a affaire qu'à ce qui est intérieur à toutes ces manifestations phénoménales, au concept pensé. En ce qui concerne ce concept et son élaboration, Rousseau a eu le mérite[3]...

On distinguera donc, avec Kant, l'origine et le commencement, *originaria* et *primaeva*[4]. Le commencement du pouvoir politique peut être, pour Kant sinon pour Rousseau[5], une première prise de possession par la force : en tout cas, pour l'un et l'autre, l'origine historique de l'État ne se confond pas avec son origine rationnelle, avec son fondement justificatif. Le contrat a la réalité ou l'objectivité d'une norme, de la raison et du droit, ce que Kant appellera la réalité pratique indubitable d'un impératif catégorique, mais non la réalité ou l'existence effective d'un fait empirique. Ce n'est pas un événement dans une histoire, même hypothétique, et il n'est pas même possible de le supposer tel.

2. Le conflit entre les intérêts particuliers, loin de précéder l'institution politique qui y mettrait fin, croît avec elle et, à travers l'histoire, il accompagne l'état civil comme une ombre toujours plus menaçante :

> Le principe des États modernes a cette force et cette profondeur prodigieuses de permettre au principe de la subjectivité de s'accomplir au point de devenir l'extrême autonome de la particularité personnelle et de le ramener en même temps dans l'unité substantielle et ainsi de conserver en lui-même cette unité substantielle[6].

1. E. Kant, *Théorie et pratique*, p. 39.
2. E. Kant, *Doctrine du droit*, II, 1, § 47, p. 198.
3. G. W. F. Hegel, *Princ. ph. du droit*, IIIe section, § 260, p. 259.
4. *Doctrine du droit*, I, 1, § 6, Remarque, p. 125.
5. Voir *DI*, II, p. 179.
6. *Princ. ph. du droit*, IIIe section, § 260, p. 264.

Ni pour Rousseau ni pour Kant l'état de nature comme état de guerre n'est un fait primitif. Il n'est ni primitif ni factuel, c'est un conditionnel présent, que Kant appelle aussi une Idée *a priori* de la raison[1]. À mesure que se développent les passions sociales de l'homme, toute rupture ou palingénésie (rébellion et révolution étant ici indiscernables par contraste avec la réforme ou métamorphose) tend à devenir une ruineuse régression : régression parce que retour à l'état de nature, ruineuse parce que l'état de nature est devenu ce qu'il n'avait jamais été jusqu'alors. Comme les abus du despote altèrent le contrat sur lequel se fonde l'obéissance des sujets, ils ne commettent assurément aucune injustice envers celui contre qui ils se révoltent. Mais ce nouvel état de nature, « fruit d'un excès de corruption »[2], est en lui-même la suprême injustice : ce qu'on voudrait appeler la responsabilité du despote ne change rien à l'injustice, en ce « cas odieux »[3], du moyen révolutionnaire, de même que le crime de l'assassin, s'il lui interdit de se plaindre quand on le lynche, ne rend pas moins injuste cette manière de poursuivre son droit. « C'est à ce moment que se situe l'état d'anarchie avec toutes ses horreurs, qu'à tout le moins il rend possible »[4]). Le péril de l'anarchie croît avec le temps, comme le despotisme qu'il consolide et qu'il semble presque, à la fin, justifier.

3. Avec le développement historique une autre forme d'association se constitue, plus élevée que l'institution politique. Droit international, société générale du genre humain, religion de l'homme, ici, s'équivalent : ces formes supérieures de l'universalité achèvent ce qui était commencé avec l'État. Dans les termes d'une intemporelle hiérarchie, comparable à l'Ordre malebranchiste, où la volonté la plus générale est toujours aussi la plus juste et où les devoirs du citoyen vont avant ceux du sénateur, et ceux de l'homme avant ceux du citoyen[5], chaque degré est à la fois mis à sa place et consolidé par les autres (« si, de ces trois formes de l'état juridique, il manque à une seule le principe limitant par des lois la liberté extérieure, l'édifice des deux autres serait inévitablement ruiné et devrait finir par s'effondrer »[6]; « Mais si la religion – la religion sous sa forme authentique – n'adopte pas cette attitude négative et polémique à l'égard de l'État, si, au contraire, elle le reconnaît et le confirme, elle a alors une

1. Voir *Doctrine du droit*, II, 1, § 44, p. 194.
2. *DI*, II, p. 191.
3. *CS*, III, 18, p. 435.
4. *Théorie et pratique*, p. 45, note.
5. Voir *DEP*, p. 246.
6. *Doctrine du droit*, II, 1, § 43, p. 193-194.

situation qui lui est propre et une organisation extérieure »[1]). En termes d'évolution historique, l'humanité ne rétrograde jamais et le passage est irréversible des sociétés plus étroites aux sociétés plus générales. Si, malgré quelques résistances résiduelles et condamnées, l'ère des nations et du patriotisme est, selon Rousseau, derrière nous, dans l'Antiquité, ce déclin est aussi bien l'aurore d'un universalisme véritable. « L'esprit du christianisme a tout gagné »[2] : ce fait historique a la double signification d'une fin, pour toute « religion nationale exclusive »[3] sinon pour l'État, et d'une irruption, dans la forme du fanatisme peut-être[4], de l'universel éthique et religieux.

4. La philosophie a une méthode pour apprécier les événements, réels ou mythiques, qui servent à l'histoire de tournants et comme de points d'inflexion : elle élabore par réflexion ou méditation des suppositions, l'Idée d'états dont il faut avoir des « notions justes »[5] même s'ils n'ont jamais existé dans l'histoire sous cette forme pure.

Le *Second Discours*, en deux scènes mythiques où naissent successivement la propriété (« le premier qui ayant enclos un terrain… »[6]) et l'institution politique (« le riche pressé par la nécessité… »[7]), fait assister à l'advenir de nouveaux degrés d'être : la balance entre les valeurs qui s'y perdent et les valeurs qui s'y constituent permet de lier deux discours, un discours de dénonciation (« gardez-vous d'écouter cet imposteur », « raisons spécieuses pour les amener à son but ») et le discours des sages, qui est un discours de justification *quand même* (« mais il y a grande apparence, qu'alors les choses en étaient déjà venues au point de ne pouvoir plus durer comme elles étaient », « et les sages même virent… »[8]). Telle ensuite la venue de Jésus : le christianisme naissant lie la fin des citoyens avec l'équivoque naissance d'une religion qui est à la fois religion de l'homme et religion du prêtre[9], le suicide de Caton et le surgissement simultané des chrétiens, saint Paul, naturellement persécuteur, et saint Jacques, cet homme bon et pieux[10]. Partout Rousseau apprécie les pertes sans désirer un impossible retour, et approuve les mutations sans en sous-estimer les

1. *Princ. ph. du droit*, IIIe section, § 270, Remarque, p. 274.
2. *CS*, IV, 8, p. 462.
3. *Ibid.*, p. 469.
4. Voir *Émile*, IV, p. 632-634, n.
5. *DI*, Préface, p. 123.
6. *Ibid.*, II, p. 164.
7. *Ibid.*, p. 177.
8. *Ibid.*, p. 164 et p. 178.
9. *CS*, IV, 8, p. 462.
10. Voir *LEM*, I, p. 702-703.

coûts[1]. La nostalgie est ici souffrance de l'exil mais non aspiration à rétrograder, regret (pour le peu de « bêtise » que nous avons perdu[2]) mais non envie (de nous rétablir en cette animalité perdue, et de « marcher à quatre pattes »[3]. La Révolution française recevra plus tard ce même statut philosophique d'irréversible mutation rationnelle, tant pour Kant (« peu importe si la révolution [...] accumule misère et atrocités au point qu'un homme sensé qui la referait avec l'espoir de la mener à bien ne se résoudrait jamais néanmoins à tenter l'expérience à ce prix, cette révolution trouve quand même dans les esprits de tous les spectateurs, qui ne sont pas eux-mêmes engagés dans ce jeu, une sympathie d'aspiration qui frise l'enthousiasme »[4]) que pour Hegel (« Une fois parvenues au pouvoir, ces abstractions nous ont offert le spectacle le plus prodigieux qu'il nous ait jamais été donné de contempler depuis que l'humanité existe [...]. Mais, en même temps, parce qu'il ne s'agissait que d'abstractions sans Idée, cette tentative a entraîné la situation la plus effroyable et la plus cruelle »[5]). Non révolutionnaire, cette pensée de la Révolution n'est jamais contre-révolutionnaire.

Toute « grande révolution »[6] s'apprécie par contraste avec un état, un ancien régime dont elle marque la fin. Rousseau élabore autant de suppositions, autant d'états primitifs qu'il aperçoit de principes dans l'âme humaine. On en recensera trois. Amour de soi, seul et antérieur à toute raison ou comparaison, égale « état de nature dans sa pureté »[7] : la supposition est développée dans le *Second Discours* dont elle occupe la première partie, « un bien mauvais roman » selon l'annotation de Voltaire[8], moins reconstitution conjecturale d'un original effectif (cet état « n'a peut-être point existé ») que rigoureux éclaircissement de l'originaire (« démêler ce qu'il y a d'originaire et d'artificiel dans la nature actuelle de l'homme »)[9]. La socialisation, que l'institution politique consacre, entraîne une double mutation : l'amour de soi devient en se concentrant amour-propre intéressé, où chacun ne se saisit plus que par comparaison et opposition à tous

1. Voir *DI*, Note IX, p. 207-208.
2. Lettre de Rousseau à Voltaire du 10 septembre 1755, *OC* III, p. 226.
3. Voltaire, Lettre à Rousseau du 30 août 1755, citée par J. Starobinski, *OC* III, p. 1379, note 1 de la p. 226.
4. E. Kant, *C. Facultés*, p. 222-223 [rééd. p. 211].
5. *Princ. ph. du droit*, IIIe section, § 258, Remarque, p. 260. Voir aussi, dans la *Phénoménologie de l'Esprit*, « La liberté absolue et la Terreur » ; trad. fr. J. Hyppolite, Paris, Aubier-Montaigne, 1941, t. II, BB (« L'Esprit »), § B-III, p. 130-141.
6. *DI*, II, p. 171.
7. *Ibid.*, p. 191.
8. Voir J. Starobinski, n. 3 de la p. 159 du *DI*, *OC* III, p. 1336.
9. *DI*, Préface, p. 123.

et à chacun des autres; et il devient en se dilatant volonté générale, qui tend toujours à la conservation et au bien-être du tout et de chaque partie. Amour-propre, considéré seul en l'absence de toute volonté générale, égale « état de guerre » : ce qui, dans le fil d'une histoire, se constitue peu à peu avec les progrès de l'inégalité économique (« horrible état de guerre ») et du despotisme politique (« fruit d'un excès de corruption »)[1], devient, par rapport à l'essence politique et à la grande révolution du pacte social, la supposition initiale (« je suppose les hommes… »[2]). À la suite du « mauvais roman » condamné par Voltaire, « l'odieux tableau » de Hobbes[3] vient se ranger à côté de l'aimable « tableau »[4] où Rousseau pense peindre, « trait pour trait », l'image de la Genève républicaine, de la petite cité parfaitement unie[5]. Car volonté générale, considérée seule en l'absence de tout conflit avec l'intérêt particulier, égale « état civil » en sa perfection : le patriotisme qu'ont manifesté dans l'histoire les citoyennes de Sparte[6] ou les vieux Romains donne, quand on le renvoie à l'origine des États, la supposition d'une facile unanimité qui est en même temps simplicité dans les cœurs, « ils n'ont qu'une seule volonté »[7], la volonté générale elle-même.

L'institution d'un État particulier dans le *Contrat social* n'épuise pas la vertu de cette double Idée, état de guerre et état civil; tout comme l'Idée de paix perpétuelle conduit Kant au-delà du droit politique interne[8], et même au-delà de tout droit jusqu'à ce qui est proprement éthique, état de nature éthique et institution d'une communauté éthique comme peuple de Dieu et Église[9]. Le *Manuscrit de Genève* est ici un brouillon irremplaçable. Plus qu'une critique de l'article « Droit naturel », le célèbre chapitre sur la société générale du genre humain est son approfondissement méthodique. Il se laisse déchiffrer comme le renvoi, à l'origine de toute socialisation, des deux originaires proprement humains. Les alinéas raturés par Rousseau ébauchent deux suppositions où, par fiction méthodique, la philosophie les constitue en états primitifs : l'état de crimes et de misères

1. *Ibid.*, II, p. 176 et 191.
2. *CS*, I, 6, p. 360.
3. *État de guerre*, p. 601.
4. *DI*, Dédicace, p. 111.
5. Voir *LEM*, VI, p. 809.
6. Voir *Émile*, I, p. 249.
7. *CS*, IV, 1, p. 437.
8. Voir *Doctrine du droit*, II, 2, § 61 et Conclusion, p. 233-234 et 237-238.
9. Voir E. Kant, *La religion dans les limites de la simple raison*, IIIe partie, 1re section, § I-IV ; trad. fr. J. Gibelin, Paris, Vrin, 1952, p. 131-139 ; rééd. Paris, Vrin, 1983, p. 127-133.

où il est douteux que, livré à son seul amour-propre, l'homme indépendant et devenu sociable puisse même subsister[1] ; et, développée dans toutes ses implications mais comme une « supposition », la position de l'humanité comme une vraie et réelle « personne morale », que vont peu à peu étouffer les progrès des égoïsmes, nationaux ou individuels[2]. Au commencement était le verbe, mais au conditionnel, le verbe de la supposition impossible.

1. Voir *MsG*, I, 2, p. 283.
2. Voir *ibid.*, p. 283-284.

CHAPITRE VI

LE SOLDAT ET LE CITOYEN CHEZ JEAN-JACQUES ROUSSEAU *

Il est plus usuel de chercher chez Rousseau une philosophie du citoyen qu'une philosophie du soldat. Chacun sait comment le citoyen de Genève avait compris que « tout tenait radicalement à la politique »[1], et que « nous ne commençons proprement à devenir hommes qu'après avoir été citoyens »[2]. Mais on peut se demander si cette affirmation d'un rôle fondateur pour la politique ne s'est pas accompagnée d'une restriction des principes du droit politique au droit politique interne. Par rapport aux *Institutions politiques*, dont le projet plus vaste embrassait, selon les résumés qui nous ont été conservés, à la fois les relations internes et externes d'un État, seule la première moitié a été menée à son achèvement théorique. La version du *Contrat social* publiée en 1762 en avertit expressément le lecteur, à sa première page[3] et à son dernier chapitre. Ainsi a été écartée, sinon occultée, l'étude des « relations externes »[4] (où une phrase semble laisser la guerre perdue, si l'on ose dire, entre le commerce et la diplomatie). Et, partant, a été écarté, sinon occulté, ce qui est à l'intérieur de la cité le corrélat du rapport de guerre entre les cités : le système militaire et la fonction du soldat. Un chapitre est partiellement consacré à l'état de

* Première publication : *Cahiers de philosophie politique et juridique de Caen* 10, 1986, p. 165-187.

1. J.-J. Rousseau, *Les Confessions*, IX, *OC* I, p. 404.
2. *MsG*, I, 2, p. 287.
3. Voir *CS*, Avertissement, p. 349.
4. *CS*, IV, 9, p. 470.

guerre[1], quand sont dénoncées les fausses conceptions du lien social : c'est l'état de guerre qui naît de l'état social et non l'inverse, aucun pacte d'esclavage ne saurait faire dériver l'état social du droit de la guerre. Mais on chercherait en vain dans le *Contrat social* un livre ou même un chapitre consacré à l'armée. Une centaine d'occurrences du mot *citoyen* y assaille le lecteur : mais il faut le *Vocabulaire politique* de Michel Launay pour retrouver les neuf occurrences du mot *soldat*[2].

Et pourtant, l'intérêt de Rousseau pour la chose militaire en général, pour la relation entre les deux fonctions du *citoyen* et du *soldat* en particulier, est incontestable. Puisque la guerre est une menace constante et que « selon moi l'état de guerre est naturel entre les puissances »[3], l'intériorisation du rapport externe dans la constitution de l'État prend nécessairement la forme d'un « système militaire ». Un excellent connaisseur, Jean Fabre, n'hésitait pas à écrire ce qui d'abord étonnera beaucoup de moins bons connaisseurs : « Rousseau a toujours beaucoup aimé ce qui touche à la vie et à l'art militaires »[4]. Étrange Rousseau, à qui est attribuée, dans la même édition et par un aussi bon connaisseur, Bernard Guyon, une forme d'« antimilitarisme »[5]. Étrange Rousseau, certes, mais d'abord étrange(s) Suisse(s). Car, au milieu du XVIIIe siècle, le mot de *soldat* recouvre pour un Suisse deux réalités bien différentes, presque contradictoires. En Suisse, un soldat est d'abord un citoyen qui remplit, comme défenseur de sa patrie, une fonction civique, membre non soldé ou payé d'une milice : c'est ainsi qu'à Clarens Monsieur et Madame de Wolmar forment « à la fois dans les mêmes hommes de bons domestiques pour le service de leurs personnes, de bons paysans pour cultiver leurs terres » (ce sont ici les personnes et les terres des maîtres que servent les valets, valets de chambre et valets de ferme, si l'on ose dire), « de bons soldats pour la défense de la patrie » (et c'est maintenant la patrie commune aux valets et aux maîtres, dont tous sont pour ainsi dire les valets d'arme)[6]. Mais un Suisse est aussi, hors de Suisse, un soldat engagé au service étranger, mercenaire dans un régiment que solde par exemple le roi de France.

1. *CS*, I, 4, p. 455 *sq*.
2. Voir M. Launay, *Le vocabulaire politique de Jean-Jacques Rousseau*, Genève-Paris, Slatkine-Champion, 1977.
3. *État de guerre*, p. 607.
4. J. Fabre, annotation des *Considérations sur le gouvernement de Pologne*, *OC* III, p. 1791, n. 2 de la p. 1014.
5. B. Guyon, annotation de la *Nouvelle Héloïse*, *OC* II, p. 1480, n. 1 de la p. 235.
6. *NH*, IV, 10, p. 455.

Cette opposition entre les deux visages du soldat est ce qu'il y a de plus manifeste quand on cherche une doctrine rousseauiste du soldat. On sait l'importance de l'autobiographie chez Rousseau. Il a expérimenté lui-même cette dualité. Enfant, son cœur a tressailli à la fête patriotique et martiale de Saint-Gervais, quand le souper succédait à l'exercice du régiment et la danse nocturne au souper[1]. Mais aussi, jeune homme qu'enchantait « un voyage à faire et Paris au bout », il est parti pour le « service de France », sans avoir choisi encore entre deux rêves opposés, un rêve militaire (qui ne se réalisera pas) et un rêve pastoral (qui trouvera à se réaliser à travers l'œuvre littéraire et musicale)[2]. Assurément l'autobiographie recoupe ici la philosophie politique, et Rousseau théoricien a été fort attentif à la diversité des systèmes militaires. Dans l'étude des Cités antiques, ce sont les peuples guerriers qu'il a constamment pris pour modèles, « ces peuples généreux que dévorait l'ardent amour de la gloire et de la patrie »[3], et il n'a jamais hésité à prendre la « guerre étrangère » pour test de la vertu civique : à Sparte, le principal objet était la guerre, et la vertu à Rome ne se séparait pas de la valeur guerrière, « le seul talent digne de Rome est celui de conquérir le monde et d'y faire régner la vertu »[4]. En réfléchissant sur la différence entre les peuples anciens et les modernes, il a médité les transformations de l'institution militaire et approfondi la fonction du soldat. D'où l'intérêt exceptionnel, me semble-t-il, d'un ouvrage moins connu et publié seulement après la mort de Rousseau, en 1782, les *Considérations sur le gouvernement de Pologne*, ce grand État moderne à la veille de son premier partage. Je m'appuierai souvent sur la douzième section de ces *Considérations*, consacrée au système militaire, parce que c'est à cette occasion que Rousseau développe le plus complètement ses idées sur la relation entre soldat et citoyen[5]. Il applique à une réalité concrète, la malheureuse et valeureuse Pologne, selon la prudence politique du législateur et en tenant compte des leçons de l'histoire, les principes du droit. C'est là qu'on le voit conclure, pour un État moderne qui est à la fois une puissance moyenne et une puissance menacée, sur les rapports entre armée de métier et milice. Et il conclut qu'« une bonne

1. J.-J. Rousseau, *Lettre à d'Alembert sur les* spectacles, *OC* V, p. 123-124 n. Dans cet article comme dans les autres textes de ce recueil, J.-M. B. cite toujours Rousseau dans les *Œuvres complètes* de la Pléiade, sauf la *Lettre à d'Alembert*, parue ultérieurement, dans le t. V, en 1995 ; nous donnons néanmoins la référence à ce texte dans la même édition [NdÉ].

2. *Les Confessions*, IV, *OC* I, p. 158-159.

3. *CS*, IV, 8, p. 466.

4. J.-J. Rousseau, *Discours sur les sciences et les arts*, *OC* III, p. 15.

5. *Pologne*, XII, p. 1012-1020.

milice, une véritable milice bien exercée »[1] n'est pas seulement un vénérable monument de l'Antiquité. Elle peut être aussi, avec des réserves, des modalités, des conditions qu'il nous faudra préciser, la réponse moderne adéquate à une situation de faiblesse relative. Ainsi la dualité des figures du soldat, soldat-citoyen et soldat de métier, traverse toute l'œuvre politique, et elle conduit à une question plus décisive, sur la nature même du citoyen.

Posons notre question sous sa forme la plus radicale. Elle naît d'une étrange dissymétrie dans la terminologie politique, telle que la fixe avec rigueur dans le *Contrat social* le chapitre V du livre I. « L'acte par lequel le peuple est un peuple »[2] détermine, simultanément, un nouvel être (le corps moral et collectif qu'on appelle une République), et une nouvelle manière d'être pour ses membres, les associés qui, collectivement, prennent le nom de peuple (peuple français, romain, spartiate) et, individuellement, s'appelleront un Romain ou un Genevois ou un Polonais. Au corps moral et collectif, *trois* noms sont attribués : « il est appelé par ses membres *État* quand il est passif, *Souverain* quand il est actif, *Puissance* en le comparant à ses semblables ». Mais la terminologie appliquée à l'individu ne comprend plus que *deux* noms : ils « s'appellent en particulier *citoyens* comme participants à l'autorité souveraine, et *sujets* comme soumis aux lois de l'État »[3]. Ces deux termes correspondent explicitement aux deux premiers des trois noms qui qualifient le corps collectif : le citoyen est le Souverain dans l'individu et comme individu (ou, c'est la même chose, le Souverain n'est que l'ensemble unifié des citoyens, la volonté générale que chacun a comme citoyen posée comme règle générale et personnifiée[4]), l'État est l'ensemble collectivement considéré des sujets (ou, c'est la même chose, le sujet est l'État dans l'individu et comme individu). Mais le troisième terme employé pour la République, *puissance*, n'a pas de corrélat pour l'individu.

On attendrait ce terme dans le texte canonique du *Contrat social*. À l'évidence, ce serait le terme de *soldat*. Il y est absent. Pourquoi ?

Pour éclairer cette dissymétrie, nous avons à reconstituer, le plus souvent à partir de bribes et de brouillons, la théorie rousseauiste du soldat. Je me propose d'en présenter brièvement trois aspects :

1. *Pologne*, XII, p. 1014.
2. *CS*, I, 5, p. 359.
3. *Ibid.*, I, 6, p. 362 (souligné par Rousseau).
4. Voir *LEM*, VI, p. 807.

1) d'abord, au regard du *droit politique interne*, la fonction du soldat dans sa liaison avec la fonction du citoyen (autrement dit, comment un État libre fait-il de ses membres des soldats ?)

2) ensuite, au regard du *droit de la guerre*, la dissociation qui s'opère entre l'homme, le citoyen et le soldat (autrement dit, qu'est-ce qu'un État a le droit de faire d'un soldat ennemi ?)

3) enfin, au regard de la *philosophie de l'histoire*, de « l'histoire hypothétique des gouvernements »[1], les altérations de la fonction militaire (autrement dit, comment apprécier le passage de la nation en armes à l'armée de métier ?).

Je voudrais par là contribuer à élucider la dualité des *Institutions politiques* et du *Contrat social*, et l'écart terminologique qui définit l'État comme puissance sans définir l'individu comme soldat.

La fonction de soldat doit d'abord se penser dans le cadre du *droit politique interne*. Rousseau la rattache à la fonction de citoyen. Mais va-t-il jusqu'à les identifier ? Une formule tirée du fragment sur l'*État de guerre* nous servira de fil directeur : un homme « ne devient soldat qu'après avoir été citoyen ». La variante (*a*) ajoutait : « voilà le vrai progrès de la nature »[2]. Il s'agit d'élucider ce progrès.

Apparemment, la relation semble d'abord d'identité et l'on prête souvent à Rousseau la doctrine du soldat-citoyen, où le trait d'union marquerait moins un progrès qu'une équivalence.

> L'État ne doit pas rester sans défenseurs, je le sais; mais ses vrais défenseurs sont ses membres. Tout citoyen doit être soldat par devoir, nul ne doit l'être par métier. Tel fut le système militaire des Romains; tel est aujourd'hui celui des Suisses; tel doit être celui de tout État libre[3].

Cette identité se tire du contrat social de façon directe ou immédiate. En effet, la clause unique de cet acte fondateur est l'aliénation totale de chaque associé avec tous ses droits à toute la communauté, et, en contrepartie, « nous recevons en corps chaque membre comme partie indivisible du tout »[4]. C'est donc en devenant citoyen que chaque homme, du même coup et sans progrès, acquiert vocation à être soldat. Dans cet acte unique, il acquiert à la fois le devoir de servir, et un mobile pour remplir ce devoir. « Sa vie n'est plus seulement un bienfait de la nature, mais un don

1. J.-J. Rousseau, *DI*, Préface, p. 127.
2. *État de guerre*, p. 601-602 et note de Sv. Stelling-Michaud, *OC* III, p. 1553.
3. *Pologne*, XII, p. 1014; cf. *NH*, II, 14, p. 233 n.
4. *CS*, I, 6, p. 361.

conditionnel de l'État » : il est donc désormais débiteur, tenu de la sacrifier dans des circonstances dont il n'est plus juge. « Quand le Prince lui a dit, il est expédient à l'État que tu meures, il doit mourir »[1]. Mais à ce devoir correspond un nouveau mobile : pour un citoyen qui ne se croit plus un mais partie de l'unité, qui n'est plus sensible que dans le tout[2], l'amour de soi change d'objet. Son être véritable n'est plus biologique, mais social ou civique. Les citoyens, dans une véritable patrie, « ne connaîtront de véritable vie que celle qu'ils tiendront d'elle, ni de vrai bonheur que de l'employer à son service ; et ils compteront au nombre de ses bienfaits l'honneur de verser au besoin tout leur sang pour sa défense »[3]. Rome a fourni un modèle pour cette identification entre citoyens et soldats, *quirites* et *milites* : « après la fondation de Rome, la République naissante, c'est-à-dire l'armée du fondateur » (on relèvera l'équivalence marquée par le *c'est-à-dire*) « composée d'Albains, de Sabins et d'étrangers, fut divisée en trois classes »[4] et le droit positif romain a gardé dans les comices centuriates le parallélisme des divisions politiques et militaires. Même là où la loi positive de l'État, comme en Pologne, restreint à un seul corps de noblesse la fonction législative qui constitue le citoyen, elle lui ouvre donc comme automatiquement, pour Rousseau, vocation à servir dans la cavalerie.

> Pourquoi l'ordre équestre, *en qui réside véritablement la République*, ne suivrait-il pas lui-même un plan pareil à celui que je propose pour l'infanterie ? Établissez dans tous les Palatinats des corps de cavalerie où *toute la noblesse soit inscrite*, et qui ait ses officiers, son état-major, ses étendards, ses quartiers assignés en cas d'alarme, ses temps marqués pour s'y rassembler tous les ans ; que cette brave noblesse s'exerce[5].

Pour la fonction de défense qui définit le soldat, comme pour la fonction législative qui définit le citoyen, l'universalité est de droit et semble exclure toute délégation ou représentation. Si le service militaire est un devoir, cette obligation est personnelle : « il n'est permis à personne d'envoyer un autre homme à sa place afin que chacun soit exercé lui-même et que tous fassent le service »[6]. On pourrait donc croire que le même acte par lequel un homme devient citoyen le fait en même temps, sans progrès, devenir soldat.

1. *CS*, II, 5, p. 376.
2. Voir J.-J. Rousseau, *Émile, ou De l'éducation* [Manuscrit Favre], I, *OC* IV, p. 229.
3. J.-J. Rousseau, *Fragments politiques* [De la patrie], 2, *OC* III, p. 536.
4. *CS*, IV, 4, p. 444.
5. *Pologne*, XII, p. 1017 [souligné par J.-M. B.].
6. *Ibid.*, p. 1015.

On se tromperait pourtant. Un fragment relatif au *Projet de constitution pour la Corse* nous propose une tout autre dérivation.

> Nul ne doit être magistrat par état, ni soldat par état. Tous doivent être prêts à remplir indistinctement les fonctions que la patrie leur impose. Il ne doit point y avoir d'autre état permanent dans l'Île que celui de citoyen et celui-là seul doit comprendre tous les autres [1].

Le soldat n'est pas intégré ici dans une série (citoyen-sujet-soldat) dont les trois termes seraient simultanés et contemporains de l'acte originaire, du contrat social. Il entre dans la série citoyen, magistrat, soldat; et, dans cette série, il est assimilé au magistrat. Il nous est suggéré par là que le même type de progrès conduit de la fonction législative du citoyen à l'institution de la magistrature d'une part, et, d'autre part, à la dérivation d'une fonction militaire, la fonction différenciée du soldat. Il faut approfondir cette analogie.

La puissance exécutive, l'usage de la force publique à l'intérieur du corps politique pour y assurer l'exécution des lois, est ce qui définit la magistrature, dans la terminologie de Rousseau. Naturellement, comme tout pouvoir politique sans aucune exception, l'usage de la force est subordonné à la volonté générale : le gouvernement, l'ensemble des fonctions de magistrature, n'est qu'une émanation du pouvoir souverain, dont l'essence se définit par la législation. Mais, pour être constitutive de la souveraineté, la puissance exécutive n'en est pas moins spécifique, distincte de la fonction législative et même, dans la rigueur des principes, naturellement séparée :

> le pouvoir législatif une fois bien établi, il s'agit d'établir de même le pouvoir exécutif; car ce dernier, qui n'opère que par des actes particuliers, n'étant pas de l'essence de l'autre, en est naturellement séparé [2].

Si donc, dans les commencements d'un corps politique, dans la démocratie des origines, le peuple assure conjointement et indistinctement les deux fonctions, elles n'en sont pas moins hétérogènes et c'est pourquoi elles vont se différencier progressivement, jusqu'à ce que la seconde soit exercée par un corps spécialisé de magistrats, corps collectif autonome mais subordonné en droit à la volonté générale du peuple en corps, à la puissance législative. « D'abord la puissance législative et la puissance exécutive qui constituent la souveraineté n'en sont pas distinctes. Le peuple souverain veut par lui-même, et par lui-même il fait ce qu'il veut.

1. *Corse*, p. 946.
2. *CS*, III, 16, p. 432.

Bientôt l'incommodité de ce concours de tous à toute chose force le peuple souverain de charger quelques-uns de ses membres d'exécuter ses volontés [...]. Insensiblement il se forme un corps qui agit toujours »[1]. Ainsi le magistrat s'est-il détaché du citoyen, par un progrès naturel.

Faut-il assimiler la fonction du soldat, non point à la fonction législative du citoyen, qui ne peut pas être aliénée ni représentée, mais plutôt à la fonction exécutive du magistrat, dans laquelle le peuple « peut et doit » être représenté[2]? Deux ordres de considérations conduisent Rousseau vers cette position, l'une de fait, l'autre de droit.

En fait, la fonction militaire exige des talents ou des qualifications spécifiques qui en font, sinon nécessairement un état à part (c'est-à-dire une condition séparée réservée à ceux qui s'y spécialisent, comme dans un métier), du moins un office ou un emploi spécifique. Pour commencer, il faut être homme, et l'on sait combien Rousseau entend toujours l'étymologie de *vir*, la virilité, dans la *virtus*, la vertu civique ou valeur guerrière. Mais, jusque-là, rien ne sépare encore le cas du soldat du cas du citoyen, puisque, même si la femme de Sparte est appelée citoyenne[3], les femmes, pas plus que les sujets, les étrangers, les enfants, les esclaves, ne participent à l'activité législatrice[4]. On fait un pas de plus avec la différence d'âge, telle qu'elle apparaît à Rome dans la division opérée par Servius en six classes et en 193 centuries, division politique à laquelle Servius affecta de donner un air militaire. Car « dans chaque classe excepté la dernière » (justement parce qu'on n'accordait point à la populace dont elle était composée l'honneur de porter les armes pour la patrie), « il distingua les jeunes et les vieux, c'est-à-dire ceux qui étaient obligés de porter les armes, et ceux que leur âge en exemptait par les lois »[5]. Par contraste avec les fonctions du citoyen, qui n'exigent aucune compétence spéciale liée à la jeunesse, le modèle initial de la guerre antique, qui était fondamentalement corps-à-corps physique, impliquait déjà une première forme de sélection. Et, avec le développement des techniques militaires comme avec la diversification de la hiérarchie et des grades, la spécificité des compétences compte de plus en plus.

> Quand le choix et le sort se trouvent mêlés, le premier doit remplir les places qui demandent des talents propres, tels que les emplois militaires; l'autre convient à celles où suffisent le bon sens, la justice, l'intégrité, telles

1. *LEM*, VII, p. 815.
2. *CS*, III, 15, p. 430.
3. *Émile*, I, p. 249 : « Voilà la citoyenne ».
4. Voir *CS*, III, 12, p. 425.
5. *CS*, IV, 4, p. 448.

> que les charges de judicature; parce que dans un État bien constitué ces qualités sont communes à tous les citoyens[1].

Plus encore que certaines magistratures civiles, les charges militaires exigent donc en fait des compétences que la qualité de citoyen n'enferme pas nécessairement.

Le droit rejoint et redouble le fait. Tout comme la fonction du magistrat, originellement rassemblée avec celle de citoyen dans l'unité de la souveraineté, finit par s'en détacher pour être exercée, comme un office, par celui que l'État investit officiellement et formellement de cette commission, de même, il faut un acte juridique spécifique pour faire du citoyen un soldat. La distinction est classique entre les militaires qui, avec les marques de leur charge, en ont les droits et les devoirs, et les autres citoyens qui ne sauraient comme francs-tireurs bénéficier du même statut : avant de la rapporter aux rapports externes entre ennemis, il faut la penser dans la relation interne du corps politique souverain à ses propres soldats. Deux textes (un peu marginaux sans doute, mais je n'en connais pas d'aussi nets dans les textes publiés) élucident le progrès juridique, du citoyen au soldat. Le premier est de portée générale.

> Maintenant que l'état de nature est aboli parmi nous, la guerre n'existe plus entre particuliers et les hommes qui de leur chef en attaquent d'autres même après avoir reçu d'eux quelque injure ne sont point regardés comme leurs ennemis mais comme de véritables brigands. Cela est si vrai qu'un sujet qui prenant à la lettre les termes d'une déclaration de guerre voudrait sans brevet ni lettre de marque [*ces actes et témoignages authentiques qui donnent par exemple, à un corsaire de Saint-Malo, rang de soldat*] courre sus aux ennemis de son Prince en serait puni ou devrait l'être[2].

Un particulier (sujet ou citoyen, peu importe ici) ne peut de sa propre autorité pas plus se proclamer soldat que juge ou magistrat et, si dans la République naissante, le peuple en corps peut le cas échéant se transformer en une nation en armes, c'est par une nouvelle relation de tous à tous tout à fait comparable à cette « conversion subite de la souveraineté en démocratie »[3] qu'implique l'institution du gouvernement. Le second texte concerne le modèle romain, et il s'agit d'une annotation (publiée dans l'édition posthume de 1782) à une phrase bien connue du *Contrat social*, « les particuliers ne sont ennemis qu'accidentellement, non point comme

1. *Ibid.*, 3, p. 443.
2. J.-J. Rousseau, *Fragments sur la guerre*, 2, *OC* III, p. 614 [commenté dans le texte par J.-M. B].
3. *CS*, III, 17, p. 433.

hommes ni même comme citoyens mais comme soldats»[1]. La note ou variante (*a*) porte sur cet écart entre citoyen et soldat.

> Les Romains qui ont mieux entendu et plus respecté le droit de la guerre qu'aucune nation du monde portaient si loin le scrupule à cet égard qu'il n'était pas permis à un citoyen de servir comme volontaire sans s'être engagé expressément contre l'ennemi et nommément contre tel ennemi.

Une anecdote :

> Une légion où Caton le fils faisait ses premières armes sous Popilius ayant été réformée, Caton le père écrivit à Popilius que, s'il voulait bien que son fils continuât de servir sous lui, il fallait lui faire prêter un nouveau serment militaire, parce que le premier étant annulé il ne pouvait plus porter les armes contre l'ennemi. Et le même Caton écrivit à son fils de se bien garder de se présenter au combat qu'il n'eût prêté ce nouveau serment. Je sais qu'on pourra m'opposer le siège de Clusium et d'autres faits particuliers mais moi je cite des lois, des usages. Les Romains sont ceux qui ont le moins souvent transgressé leurs lois, et ils sont les seuls qui en aient eu d'aussi belles[2].

La loi de Rome dégage ainsi mieux que toute autre l'acte exprès et nominatif, le serment à refaire si la légion où l'on servait a été dissoute, pour qu'un citoyen ne soit pas seulement appelé naturellement à servir, mais qu'il soit légitimement investi de cette charge.

Ainsi l'identité de droit entre l'ensemble des citoyens et l'ensemble des soldats, l'identité de fait, dans «la grossière constitution des premiers gouvernements sortant immédiatement de l'état de nature»[3], entre la République naissante et l'armée du fondateur, masque la réalité d'un progrès. La fonction militaire est spécifique : elle exige des talents propres, et seul un acte exprès rend légitime la transformation d'un citoyen en soldat. Le droit politique interne nous laisse entrevoir, sous le soldat-citoyen, un soldat-magistrat qui, n'étant pas de l'essence de l'autre, en est naturellement séparé.

De ces principes du *droit politique interne*, on déduit aisément ce qui concerne l'analyse rousseauiste des relations externes, et «les vrais principes du *droit de la guerre*»[4]. Il se trouve que ce second aspect est le seul qui ait été expressément présenté dans l'œuvre publiée. La thèse centrale, développée contre Grotius au chapitre IV du livre I du *Contrat*

1. *CS*, I, 4, p. 357.
2. *Ibid.*, variante (*a*) indiquée par R. Derathé, *OC* III, p. 1441.
3. *DI*, Dédicace, p. 114.
4. *Émile*, V, p. 849 [souligné par J.-M. B.].

social, est que la guerre n'est jamais un rapport d'individu à individu (ni dans l'état de nature, qui ne nous occupe pas ici, ni dans l'état civil, qui seul nous importe), mais un rapport d'État à État. Nous allons en suivre les conséquences en considérant désormais le soldat comme un soldat ennemi, c'est-à-dire tel que l'envisage un État en guerre contre le sien.

Une situation caractéristique a retenu l'attention de Rousseau : celle du prisonnier de guerre (auquel il a consacré, vingt ans avant le *Contrat social* et avant même le projet des *Institutions politiques*[1], une pièce de théâtre, *Les prisonniers de guerre*[2], médiocre au point de vue littéraire, mais assez intéressante pour éclairer la formation de ses idées politiques). L'axiome décisif est que, ne visant dans l'ennemi que le défenseur de l'État (en guerre avec le mien), la guerre ne donne aucun droit sur ce qui, en lui, outrepasse ce rôle strictement défini.

> Il est clair que le prétendu droit de tuer les vaincus ne résulte en aucune manière de l'état de guerre[3].
>
> On aurait horreur d'un Prince qui ferait massacrer ses prisonniers. On s'indigne même contre ceux qui les traitent mal[4].

La pointe de l'analyse concerne la liaison qui unit, dans la personne physique du soldat ennemi, l'homme (dont l'existence indépendante ou absolue lui vient de la nature, et en fait un congénère), le citoyen (dont le pacte social a fait une partie indivisible de son corps politique) et le soldat *stricto sensu* (à qui un acte spécifique a mis, nous l'avons vu, les armes à la main, en en faisant un défenseur de l'État). Le droit de guerre donne tout pouvoir pour vaincre, c'est-à-dire pour détruire ou tuer (métaphoriquement)[5] l'État ennemi, et, partant, pour vaincre (en les tuant, le cas échéant) les soldats comme tels, c'est-à-dire comme défenseurs de l'État ennemi. Précisément parce que les trois positions (d'homme, de citoyen, de soldat) sont occupées par une seule et même personne physique, un seul et même individu, il n'est pas possible de tuer le soldat (ce qui peut être requis pour le vaincre) sans tuer du même coup l'homme et le citoyen. Mais parce que les trois positions sont distinctes et naturellement séparées, si la victoire a désarmé l'ennemi sans le tuer, s'il est devenu prisonnier, le vainqueur n'a plus aucun droit puisque, dans le prisonnier, le soldat est mort et que seul il était au sens propre l'ennemi.

1. Voir *Les Confessions*, VII et IX, p. 343 n. et p. 404.
2. Voir J.-J. Rousseau, *Les prisonniers de guerre*, *OC* II, p. 843-874.
3. *CS*, I, 4, p. 356; cf. *MsG*, I, 5, p. 303.
4. *Fragments sur la guerre*, 4, *OC* III, p. 614.
5. Voir *État de guerre*, p. 608.

> La fin de la guerre étant la destruction de l'État ennemi, on a droit d'en tuer les défenseurs tant qu'ils ont les armes à la main; mais sitôt qu'ils les posent et se rendent, cessant d'être ennemis ou instruments de l'ennemi, ils redeviennent seulement hommes et l'on n'a plus de droit sur leur vie[1].

Si notre analyse précédente du droit politique interne est correcte, il en résulte une conséquence surprenante. Quand le soldat ennemi, désarmé, a cessé à la fois d'être soldat et d'être ennemi, il redevient bien sûr un homme, un congénère pour lequel s'éveille la pitié naturelle à l'espèce : « On tue pour vaincre, mais il n'y a point d'homme si féroce qu'il cherche à vaincre pour tuer »[2]. Mais n'a-t-on pas libéré aussi bien le citoyen, qui reste à respecter dans le prisonnier tout autant que l'homme ? Qu'il y ait là une difficulté, c'est ce que marquait la gradation du *même* dans la formule déjà citée, et qu'annotait la référence à l'exemple romain de Popilius et de Caton : « les particuliers ne sont ennemis qu'accidentellement, non point comme hommes *ni même comme citoyens*, mais comme soldats »[3]. Car si ce que la puissance ennemie cherche à détruire c'est l'État ennemi, la convention générale qui le constitue, si elle cherche à trancher d'un seul coup le pacte social[4], cette convention est justement ce qui, dans un particulier, le fait citoyen. On s'attendrait donc à voir le prisonnier respecté comme homme (savant homme, ou galant homme, ou homme de lettres, etc.), mais non comme citoyen. Rousseau pourtant reste fidèle à sa thèse de la différenciation (entre les deux fonctions de citoyen et de soldat) jusqu'à s'opposer, sur ce point précis, à la doctrine romaine (dont on a vu quel cas il en faisait pourtant quant au droit de la guerre).

> Peut-être osera-t-on me dire que l'état d'esclavage assujettissant les prisonniers à leur maître, ils changent d'état à l'instant et que, devenant sujets de leur nouveau souverain, ils renoncent à leur ancienne patrie[5].

Qui ose dire cela ? Non pas seulement Grotius, mille docteurs vendus à la tyrannie[6], des jurisconsultes qui ne sont que des sophistes payés[7]. Telle était aussi l'opinion qui régnait à Rome. Vaincu et prisonnier,

> Regulus se prétendait Carthaginois, comme étant devenu le bien de ses maîtres. En sa qualité d'étranger, il refusait de siéger au Sénat de Rome; il fallut qu'un Carthaginois le lui ordonnât. Il s'indignait qu'on voulût lui

1. *CS*, I, 4, p. 357.
2. *Fragments sur la guerre*, 1, *OC* III, p. 613.
3. *CS*, I, 4, p. 357 [souligné par J.-M. B.].
4. Voir *État de guerre*, p. 608.
5. *Fragments sur la guerre*, 4, *OC* III, p. 616.
6. *Ibid.*, p. 615-616.
7. *MsG*, I, 5, p. 303.

> sauver la vie. Il vainquit, et s'en retourna triomphant mourir dans les supplices[1].

Il ne s'agit pas de mettre en cause la grande âme de Regulus :

> ce serait une trop abominable philosophie que celle où l'on serait embarrassé des actions vertueuses, où l'on ne pourrait se tirer d'affaire qu'en leur controuvant des intentions basses et des motifs sans vertu, où l'on serait forcé d'avilir Socrate et de calomnier Regulus[2].

Mais s'il faut laisser à Helvétius cette abominable philosophie utilitariste, il faut rejeter la maxime romaine, qui manque ici la survie du citoyen dans le prisonnier.

> Il paraît par divers traits de l'histoire romaine et entre autres par celui d'Attilius Regulus, que les Romains qui tombaient entre les mains de l'ennemi se regardaient comme *déchus du droit de citoyens* et naturalisés pour ainsi dire parmi ceux qui les tenaient prisonniers. Mais cette absurde maxime [*étrange et notable formule, de Rousseau à Rome, pour des questions de philosophie politique en général et de droit des gens en particulier* !] n'était que dans leur opinion et l'on n'aperçoit rien qui s'y rapporte dans la conduite de ces hommes vertueux. Regulus lui-même qui se traitait de Carthaginois et qui refusait de prendre sa place dans le Sénat de Rome y parla tellement contre les intérêts de sa nouvelle patrie et contre les instructions de ses maîtres que, s'il était vrai [*mais, justement, c'était faux*] qu'il fût obligé de leur être fidèle et d'obéir à leurs ordres, la plus sublime des actions humaines [*les convaincre de refuser un accord qui l'aurait sauvé mais qui était nuisible à sa patrie*] ne serait plus que le crime d'un traître[3].

Ainsi un vrai Romain était si attaché à sa patrie que, prisonnier, même s'il se croyait (dans son opinion) perdu pour sa patrie, il se dévouait encore pour la sauver jusqu'à accepter une mort atroce. Tout comme la femme spartiate (qui se réjouissait de la victoire malgré la mort de ses cinq fils) était la citoyenne, même si elle n'avait pas le droit de vote[4], Regulus, même s'il ne se reconnaissait plus juridiquement citoyen, l'était resté au fond de son cœur plus que personne. Aussi, défendant pour une fois les maximes des peuples modernes, policés et européens, Rousseau soutient que le soldat vaincu garde ses droits d'homme certes, mais aussi son statut de citoyen. Le coup qui l'a désarmé a défait le lien entre trois positions et

1. *Émile*, I, p. 249.
2. *Ibid.*, IV, p. 599.
3. J.-J. Rousseau, *Fragments politiques* [De la patrie], 5, *OC* III, p. 536-537 [souligné et commenté dans le texte par J.-M. B.].
4. Voir *Émile*, I, p. 249.

fonctions naturellement séparées : en tuant le soldat, il a libéré l'homme et même le citoyen.

Le *Contrat social* nous présente une évidente contre-épreuve, à propos du criminel de droit commun. Là où la dissociation n'est pas possible, alors le coup qui vise l'ennemi vise aussi bien en lui l'homme. Telle est bien l'étrange formule qui, au scandale de plusieurs commentateurs[1], intègre la peine de mort au droit de la guerre. Rousseau en effet ne se contente pas d'analyser la sanction comme une relation interne, où le corps politique applique à l'un de ses membres une loi universelle que le coupable, comme co-législateur, est supposé avoir voulue au même titre que les autres. Il assimile la punition (dans le cas d'un criminel de droit commun, j'y insiste) à une relation de guerre entre l'État, d'une part, et le fautif, le coupable convaincu de crime, d'autre part.

> D'ailleurs tout malfaiteur attaquant le droit social devient par ses forfaits rebelle et traître à la patrie, il cesse d'en être membre en violant ses lois, *et même il lui fait la guerre*. Alors la conservation de l'État est incompatible avec la sienne, il faut qu'un des deux périsse, et, quand on fait périr le coupable, c'est moins comme citoyen que *comme ennemi*. Les procédures, le jugement, sont les preuves et *la déclaration* qu'il a rompu le traité social, et par conséquent qu'il n'est plus membre de l'État[2].

Ici, comme dans une guerre légitime qui exige déclaration et une sorte d'accord réciproque pour se battre, le criminel prend l'initiative du conflit : le jugement, toute la procédure judiciaire qui établit sa culpabilité et aboutit au verdict, n'est que la déclaration, réciproque, par l'État que ce crime attaque, de la guerre.

> Or comme il [*le criminel*] s'est reconnu tel [*membre de l'État*] tout au moins par son séjour, il en doit être retranché par l'exil comme infracteur du pacte, ou par la mort *comme ennemi public* ; car un tel ennemi n'est pas une personne morale, c'est un homme et *c'est alors que le droit de la guerre est de tuer le vaincu*[3].

L'acte de guerre, c'est ici la mise à mort, l'exécution du coupable condamné. Un État vise, dans le soldat ennemi en armes, l'autre État, l'État ennemi : cet autre État ne se confond pas avec la personne physique du soldat ennemi et c'est pourquoi, quand le soldat ennemi vaincu et désarmé a disparu comme soldat, il reste un homme et même un citoyen que le vainqueur peut et doit épargner. Mais le criminel constitue à lui tout seul,

1. Voir l'annotation de R. Derathé, note 1 de la p. 377 du *CS* (II, 5), *OC* III, p. 1460.
2. *CS*, II, 5, p. 376-377 [souligné par J.-M. B.].
3. *Ibid.*, p. 377 [souligné et commenté dans le texte par J.-M. B.].

dans l'unité de sa personne physique, l'équivalent d'un État ennemi, un État à un seul membre. Comme tout rapport de guerre, le rapport entre l'État et ce criminel est un rapport de force, de puissance à puissance : et de même qu'un petit État est parfois capable de tenir en échec un grand État, un criminel le peut aussi, selon des techniques assez proches de la petite guerre ou *guérilla*. Dans le criminel considéré, si j'ose dire, comme soldat-du-mal ou comme État (du mal), aucune dissociation n'est possible entre homme, citoyen, soldat : il est identiquement les trois dans une unité qui ignore tout progrès. En exécutant la sanction, l'État (de droit, le vrai) ne peut vaincre qu'en tuant les trois ensemble, le tout de l'ennemi qui se réduit à son unique personne physique.

Concluons donc que, si le droit politique interne nous a montré comment l'office spécialisé du soldat s'adjoint à la fonction permanente du citoyen, le droit de la guerre nous montre, sur l'exemple du prisonnier, comment elles peuvent se disjoindre et confirme par là qu'elles sont naturellement distinctes, voire séparées.

Il nous reste à aborder un troisième et dernier aspect. Il relève de la *philosophie de l'histoire* et concerne un progrès historique, les altérations successives du système militaire. Faut-il admettre que la fonction du soldat, en se différenciant, doit aboutir à ce qu'on appellera un état ou un métier séparés, à un corps spécialisé de troupes soldées ou réglées, à une armée de métier ?

Un principe de réponse se trouve dans le *Projet pour la Corse* : « Il faut distinguer dans les États deux époques, leur commencement et leur accroissement »[1]. Et l'application de ce principe aux systèmes militaires est opérée dans un *Fragment sur la guerre* :

> Il n'y a que des peuples tranquillement établis depuis très longtemps qui puissent imaginer de faire de la guerre un véritable métier à part et des gens qui l'exercent une classe particulière [variante (*a*) : une classe à part des autres citoyens[2]]. Chez un nouveau peuple où l'intérêt commun est encore en toute sa vigueur, tous les citoyens sont soldats en temps de guerre et il n'y a plus de soldats en temps de paix. C'est un des meilleurs signes de la jeunesse et de la vigueur d'une nation. Il faut nécessairement que des hommes toujours armés soient par état les ennemis de tous les autres [*armée de guerre civile, tournée contre la liberté des autres citoyens*] ou n'emploient jamais ces forces artificielles que comme une ressource contre l'affaiblissement intérieur [*armée refuge ou vestige du patriotisme,*

1. *Corse*, p. 929.
2. Voir l'annotation de Sv. Stelling-Michaud, *OC* III, p. 1557.

> *cuirasse vide pour le cadavre d'un corps politique en voie de dissolution*] et les premières troupes réglées sont en quelque sorte les premières rides qui annoncent la prochaine décrépitude du gouvernement[1].

Le parallèle est évident avec le développement progressif qui confie les fonctions de magistrature à un corps séparé, le gouvernement. Dans les deux cas, la dissociation a un fondement légitime dans la nature des choses : il est naturel, quand une fonction n'est pas de l'essence d'une autre, quand elle en est naturellement séparée, qu'elle finisse par échoir à un organe spécialisé. Mais ce mouvement est aussi, inéluctablement et dès le début, le début d'une décrépitude, d'une inversion et d'une usurpation : tout corps différencié tend inévitablement à substituer sa volonté à la volonté générale. C'est ce que Rousseau appelle ici « substitu[er] l'esprit du gouvernement militaire à celui du républicain »[2]. Pour le dire brutalement, c'est par un même mouvement que toute armée tend à devenir armée de métier pour mieux remplir sa fonction, et que toute armée de métier tend à devenir armée de guerre civile en recrutant des mercenaires « plus honorés d'être les satellites de César que les défenseurs de Rome »[3]. Sur cette pente, le pessimisme historique interdit pour Rousseau tout espoir de rétrogradation : « la nature humaine ne rétrograde pas, et jamais on ne remonte vers les temps d'innocence et d'égalité quand une fois on s'en est éloigné ». Ce principe vaut pour l'homme individuel et l'état de nature, mais aussi bien pour les corps politiques. L'objet de Rousseau ne saurait donc être « de ramener les peuples nombreux ni les grands États à leur première simplicité, mais seulement d'arrêter s'il était possible le progrès de ceux qui ont été préservés d'une marche aussi rapide »[4].

Puisque l'évolution qui met fin à l'indistinction originelle entre République naissante et armée, à l'unité initiale entre la fonction inaliénable de co-législateur et les fonctions de magistrat et de soldat dans l'état permanent de citoyen, est une évolution naturelle, irréversible et funeste, il faut d'abord en analyser les causes, et ensuite les remèdes : non certes pour l'arrêter et surtout l'inverser (ce qui serait miraculeux), ni même peut-être la prévenir, mais plutôt la ralentir et en pallier (autant qu'il est possible) les inconvénients.

Les causes de cette évolution historique sont de deux ordres, que les textes nous invitent à dissocier. Ce sont les altérations dans le cœur humain, dans les passions ou manières de sentir, qui rendent les changements

1. *Fragments sur la guerre*, 3, *OC* III, p. 614 [commenté dans le texte par J.-M. B.].
2. *Pologne*, XII, p. 1017.
3. *DEP*, p. 269.
4. *Dialogues*, I, p. 935.

institutionnels irréversibles. Mais d'autres nécessités, techniques et liées au développement des sciences et des arts, ont commencé peut-être par les susciter.

Par une sorte de causalité circulaire, la disparition progressive du patriotisme est à la fois, psychologiquement, la cause et l'effet du changement de système, système de gouvernement ou système militaire. Le patriotisme, ce sentiment[1] «plus vif et plus délicieux cent fois que l'amour d'une maîtresse»[2], mobilisait au sens propre, dans une République naissante, tous les citoyens pour la défense de la patrie. Son affaiblissement exerce ses effets, simultanément, dans le peuple, chez les gouvernants, et sur les militaires eux-mêmes[3]. Le peuple, les autres citoyens ou les simples citoyens, ressent le service militaire comme une charge insupportable à mesure que les affaires privées absorbent son intérêt[4].

> Sitôt que le service public cesse d'être la principale affaire des citoyens, et qu'ils aiment mieux servir de leur bourse que de leur personne, l'État est déjà près de sa ruine. Faut-il marcher au combat ? Ils payent des troupes et restent chez eux. Faut-il aller au conseil ? Ils nomment des députés et restent chez eux. À force de paresse et d'argent, ils ont enfin des soldats pour asservir la patrie et des représentants pour la vendre[5].

Ce mouvement définit la condition des peuples modernes, même dans une petite République comme Genève.

> Les anciens peuples ne sont plus un modèle pour les modernes; ils leur sont trop étrangers à tous égards. Vous surtout, Genevois, gardez votre place [...] vous êtes des marchands, des artisans, des bourgeois, toujours occupés de leurs intérêts privés, de leur travail, de leur trafic, de leur gain[6].

Simultanément, le gouvernement, en se séparant du peuple, tend à se faire des créatures pour imposer un intérêt commun de plus en plus oublié, et à le confondre insensiblement avec son intérêt propre et sa propre autorité. Le temps où les citoyens ne se regardent plus comme intéressés à la cause commune et cessent d'en être les défenseurs est aussi le temps où

1. «Le patriotisme, ce sentiment...»: «Le patriotisme» est un ajout manuscrit de J.-M. B. sur son exemplaire des *Cahiers de philosophie politique et juridique* [NdÉ].

2. *DEP*, p. 255.

3. « ...sur les militaires » : correction manuscrite de J.-M. B sur son exemplaire ; texte original : « ...dans les militaires » [NdÉ].

4. « ... absorbent son intérêt... » : correction manuscrite de J.-M. B sur son exemplaire ; texte original : « ... absorbent l'intérêt... » [NdÉ].

5. *CS*, III, 15, p. 428-429.

6. *LEM*, IX, p. 881.

les magistrats aiment mieux « commander à des mercenaires qu'à des hommes libres, ne fût-ce qu'afin d'employer en temps et lieu les premiers pour mieux assujettir les autres »[1]. L'établissement d'une armée de métier, l'alourdissement parallèle du budget de la défense, apparaissent rétrospectivement comme l'effet d'une ruse :

> Devenus les ennemis des peuples, qu'ils s'étaient chargés de rendre heureux, les tyrans établirent des troupes réglées, en apparence pour contenir l'étranger, et en effet pour opprimer l'habitant[2].

L'altération, dans une armée de métier coupée du corps de la nation, de la mentalité civique en mentalité prétorienne, achève de boucler ce système passionnel. Le modèle vient de l'Antiquité, des légions romaines au service de leurs généraux qui rejetaient le nom de *Quirites* pour celui de *Milites*[3]. Mais il se retrouve chez les mercenaires au service des Princes de l'Europe moderne, qui « se lou[ent] à très bon compte pour aller tuer des gens qui ne nous ont point fait de mal »[4]. L'essentiel n'est pas la dénonciation morale des « bandits qui pour vivre se vendent à cinq sols par jour »[5], mais « l'esprit du gouvernement militaire ». Sous « l'air à la fois rogue et rampant des soldats mercenaires »[6], il s'agit d'une altération dans la relation entre obéissance aux hommes et obéissance aux lois. Les troupes de métier ne manquent certes ni de courage ni même de dévouement patriotique. Mais l'esprit d'égalité se resserre, à l'intérieur du corps prétorien, en une caricature de la démocratie militaire des origines. À l'extérieur, la fidélité à l'égard des hommes ira jusqu'à la docilité, à la servilité à l'égard des chefs; et elle se double d'un mépris des lois qui conduit aisément à l'oppression. « Méprisant les lois dont ils étaient protégés, et leurs frères dont ils mangeaient le pain », les soldats de César, « dévoués à une obéissance aveugle, tenaient par état le poignard levé sur leurs concitoyens, prêts à tout égorger au premier signal »[7]. Telle est l'ultime décrépitude du système militaire, moderne ou antique.

Mais cette triple altération psychologique, d'un peuple indifférent aux affaires de l'État, d'un gouvernement despotique faisant de l'armée un instrument de répression, d'une armée de métier coupée des citoyens, n'explique pas à elle seule les transformations qu'elle rend irréversibles.

1. *DEP*, p. 268.
2. *Ibid.*, p. 269.
3. Voir *Pologne*, XII, p. 1017 et annotation de J. Fabre, *OC* III, p. 1793.
4. *Émile*, V, p. 834.
5. *Pologne*, XII, p. 1016.
6. *NH*, V, 2, p. 535.
7. *DEP*, p. 269.

Des causes techniques exigent, avec le développement des armements modernes, une spécialisation croissante. Ce qui était encore rudimentaire avec la distinction des *jeunes* et des *vieux* par Servius change de nature avec l'artillerie et les forteresses, ces deux caractéristiques du système militaire moderne.

> L'invention de l'artillerie et des fortifications a forcé de nos jours les souverains de l'Europe à rétablir l'usage des troupes réglées pour garder leurs places ; mais avec des motifs plus légitimes, il est à craindre que l'effet n'en soit également funeste [1].

On ne saurait donc, pour une société moderne, s'en tenir à la dénonciation des passions factices. Il s'agit de trouver, à chaque fois, les remèdes spécifiques à appliquer à son système militaire, qui ne peut ignorer le progrès des armes.

Tel est bien le sens des conseils donnés par Rousseau aux Polonais. Aucun des deux aspects, soldat-citoyen et soldat-magistrat, ne s'y trouve sacrifié, et l'équilibre entre les deux est strictement déterminé par les particularités nationales du cas à traiter. L'armée de métier est certes réduite, et surtout le recours aux armements modernes, artillerie et forteresses, qui favorisent son développement : mais cette restriction est justifiée par la situation propre d'une puissance moyenne, entourée de puissances beaucoup plus considérables qu'elle ne saurait équilibrer et qui, de toute façon, ne la laisseraient pas acquérir progressivement une force offensive ou même défensive suffisante.

> C'est un mauvais conseil pour un peuple libre que celui d'avoir des places fortes ; *elles ne conviennent point au génie polonais*, et partout elles deviennent tôt ou tard des nids à tyrans [2].

Point de « places qui sont fortes seulement contre les citoyens et faibles contre l'ennemi » [3] : la règle vaut pour la Pologne, car, s'il est bien de l'essence des forteresses d'être des nids à tyrans, il n'est pas de leur essence d'être faibles contre l'ennemi. « Ne vous ruinez pas en artillerie : ce n'est pas tout cela qu'il vous faut » [4]. Le conseil de revenir à une milice vaut « de tout État libre *et surtout de la Pologne* » [5]. La Pologne, en effet, présente une autre spécificité : alors que tous les États de l'Europe ont vieilli prématurément, que le patriotisme y a disparu presque totalement, la Pologne

1. *Ibid.*
2. *Pologne*, XII, p. 1018 [souligné par J.-M. B.].
3. *Ibid.*, IX, p. 994-995.
4. *Ibid.*, XII, p. 1018.
5. *Ibid.*, p. 1014 [souligné par J.-M. B.].

« montre encore tout le feu de la jeunesse »[1]. Il faut donc profiter de cette espèce de miracle pour assurer, non seulement un contrôle du peuple en corps sur le pouvoir militaire, mais une présence de l'ensemble des citoyens à l'intérieur du système militaire. On est loin pourtant d'un retour à la démocratie militaire des origines. « La servitude établie en Pologne ne permet pas, je l'avoue, qu'on arme sitôt les paysans »[2]. Voilà, au niveau de l'infanterie, la grande masse écartée du système militaire, et justifiée la quasi-séparation de troupes spécialisées.

> Les soldats, surtout ceux qui sont tels par métier, ne doivent jamais être livrés seuls à leur propre conduite, et bien moins chargés de quelque inspection sur les citoyens. Ils doivent toujours marcher et séjourner en corps : toujours subordonnés et surveillés, ils ne doivent être que des instruments aveugles dans les mains de leurs officiers[3].

Mais il reste possible d'institutionnaliser dans le système militaire le patriotisme polonais. Puisqu'en fait, selon la loi de l'État polonais, seuls les nobles y sont citoyens[4], il faut faire que tous les nobles s'exercent dans une milice à cheval.

> Pourquoi l'ordre équestre, *en qui réside véritablement la République*, ne suivrait-il pas lui-même un plan pareil à celui que je propose pour l'infanterie ? Établissez dans tous les Palatinats des corps de cavalerie où *toute la noblesse soit inscrite*, et qui ait ses officiers, son état-major, ses étendards, ses quartiers assignés en cas d'alarme, ses temps marqués pour s'y rassembler : que cette brave noblesse s'exerce à escadronner[5].

Cet élément d'universalité civique varie selon les États, et rejoint la pratique des Républiques antiques à leur apogée :

> les mêmes hommes, chez les Romains et chez les Grecs, étaient officiers au camp, magistrats à la ville, et jamais ces deux fonctions ne furent mieux remplies que quand on ne connaissait pas ces bizarres préjugés d'états qui les séparent et les déshonorent[6].

Fonctions séparées, oui ; états séparés, non pas nécessairement. Sans retrouver l'indistinction des origines, on garde une forme d'universalité civique, à combiner selon les cas avec les exigences d'une spécialisation et

1. *Pologne*, I, p. 954.
2. *Ibid.*, XII, p. 1015.
3. *Ibid.*, p. 1014.
4. Texte corrigé selon les modifications manuscrites de J.-M. B. portées sur son exemplaire. Texte publié dans la version originale de l'article : « selon la loi de l'État, seuls les nobles sont citoyens » [NdÉ].
5. *Pologne*, XII, p. 1017 [souligné par J.-M. B.].
6. *NH*, II, 14, p. 233 n.

une armée de métier. On débouche ainsi, pour finir, sur ce qu'il y a de plus moderne et de plus fort dans l'analyse rousseauiste : chaque État doit définir avec « sa tactique » sa forme propre de dissuasion. Tout effort d'imitation, pour rattraper le plus fort dans sa spécialité, amène le faible à se laisser imposer, à choisir lui-même, la forme de guerre où il sera vaincu. Avec la théorie de « ce qu'on appelle la petite guerre », la *guérilla*, la Pologne peut et doit « développ[er] et perfectionn[er] ses dispositions naturelles et nationales »[1]. La dissuasion qui lui convient, du faible au fort, repose sur un sanctuaire (« conserver votre gouvernement et votre liberté dans son seul et vrai sanctuaire, qui est le cœur des Polonais »[2]), et sur une arme et une tactique spécifiques (« ne comptez que sur votre cavalerie, et n'oubliez rien pour inventer un système qui mette tout le sort de la guerre entre ses mains »[3]). C'est ainsi que la Pologne, même envahie, même engloutie, évitera d'être digérée[4].

À chaque État moderne, même faible, sa manière de combiner esprit militaire et esprit républicain.

> Tout l'art humain ne saurait empêcher l'action brusque du fort contre le faible; mais il peut se ménager des ressorts pour la réaction, et quand l'expérience apprendra que la sortie de chez vous est si difficile, on deviendra moins pressé d'y entrer[5].

Je voudrais conclure brièvement.

Même s'il n'y a aucun grand texte théorique explicitement consacré à la fonction du soldat, il me semble que la conception rousseauiste est cohérente et s'organise autour de trois propositions : 1) l'acte fondateur unitaire du contrat social enveloppe dans l'unité de la souveraineté la totalité des fonctions politiques ou civiques, et donc la défense nationale à l'égard de l'extérieur, la fonction militaire du soldat aussi bien que toutes les autres ; 2) cette fonction est une fonction spécifique qui, comme la fonction du magistrat, peut être rassemblée à l'origine avec toutes les autres, dans la fonction englobante du citoyen, mais qui tend naturellement à s'en différencier ; 3) cette dissociation conduit inéluctablement à un retournement, à une subversion, par quoi l'armée devient un état à part, une armée de métier : pour retarder cette évolution, il faut intégrer, selon des modalités

1. *Pologne*, XII, p. 1017.
2. *Ibid.*, p. 1013.
3. *Ibid.*, p. 1018.
4. Voir *ibid.*, II, p. 959-960.
5. *Ibid.*, XII, p. 1018.

variables, un élément d'universalité civique à l'intérieur même du système militaire différencié.

Quoique constante et cohérente, cette conception implique une ambiguïté fondamentale. Rousseau ne peut pas et ne veut pas trancher entre deux positions : la fonction militaire est une fonction subordonnée et dérivée, qui relève du gouvernement, une sorte de magistrature ; la fonction militaire est une fonction primitive et inaliénable comme la législation, elle relève de la souveraineté. Puisqu'il s'agit de l'usage de la force publique, à l'égard de l'extérieur, comme l'administration en est l'usage à l'égard de l'intérieur, on voudrait la rattacher directement au gouvernement : « l'autorité militaire est naturellement attachée à [la] place [du roi] » [1], tout comme relèvent de lui ces actes particuliers que sont les déclarations de guerre. Mais, parce que c'est toute la Cité qui est prise, dans le rapport externe de guerre, sous la loi de la force, on ne peut plus isoler ici, comme à l'intérieur, une relation de tous à tous (ordre autonome de la loi et de la volonté générale) et une application (subordonnée, de la force au cas particulier). On approche sans doute d'un point aveugle ou indécidable, et il est sage de ne pas nommer ce dont on ne peut rien dire. Citoyen, sujet, oui. Mais soldat, non. Car la politique ne se clôt pas sur elle-même.

On ne devient homme qu'après avoir été citoyen ; on ne devient soldat qu'après avoir été citoyen. Mais ces deux vocations du citoyen ne sont nullement convergentes : elles seraient plutôt antinomiques. Une philosophie politique achevée devrait se clore par une définition de l'homme comme soldat, et elle impliquerait sur le modèle antique une religion nationale exclusive, qui porte à leur plénitude les valeurs du patriotisme. Mais la pensée de Rousseau, qui comporte une philosophie politique et ne sous-estime pas la place du soldat, ne se clôt pas dans une philosophie politique. Il n'y a pas et il ne peut plus y avoir de religion nationale exclusive. Il n'y a pas et il ne peut plus y avoir de patriotisme : « ces [...] mots [...] doivent être effacés des langues modernes ; j'en sais bien la raison mais je ne veux pas la dire [ici] » [2]. La pensée rousseauiste de l'homme n'est pas seulement anthropologique, et son anthropologie n'est pas seulement politique. C'est ce qu'il nous semble entendre quand le mot de *soldat* manque au lieu où on l'attendrait.

1. *Pologne*, XII, p. 1016.
2. *Émile*, I, 250.

CHAPITRE VII

J.-J. ROUSSEAU
LE PACTE SOCIAL ET LA VOIX DU GUEUX*

DU DISCOURS SUR L'ORIGINE DE L'INÉGALITÉ AU *CONTRAT SOCIAL* : DEUX PACTES OPPOSÉS, OU UN SEUL ?

Il est difficile de bien comprendre l'énigmatique cohérence entre deux textes illustres de Jean-Jacques Rousseau : le *Second Discours*, sur l'origine et les fondements de l'inégalité (1755), et le *Contrat social* (1762). On y a lu longtemps deux pactes opposés : le mauvais pacte qu'on disait volontiers illégitime parce que fils du mensonge et principe d'inégalité, le bon pacte seul légitime et seul source de droit véritable. Le premier se situe à l'intérieur d'une histoire hypothétique, marquée par la naissance de la propriété et les conflits qu'elle suscite par son développement. Il aurait moins résolu que déplacé « l'horrible état de guerre » entre les riches et les pauvres : car le riche pressé par la nécessité aurait conçu le funeste projet de retourner à son profit les forces de ses adversaires, il les aurait séduits par un discours mensonger, et il les aurait conduits à former avec lui une société politique consacrant l'inégalité. Ce mauvais pacte au fond n'a rien résolu, il a seulement substitué à la guerre ouverte une fausse paix, comparable à la tranquillité qui règne dans l'antre du cyclope. Né d'une imposture, il a été le commencement illégitime d'une longue histoire catastrophique, celle de nos misères et de nos crimes. Tout autre est le pacte dont Rousseau expose le concept en 1762 dans le *Contrat social*. En substituant à l'inégalité physique une égalité de droit garantie par la force commune,

* Première publication : *Cahiers de Fontenay* 67-68, 1992, p. 31-47.

il assure par principe l'union entre tous les associés et il instaure la paix civile. Il ne correspond à aucune histoire, ni effective ni même hypothétique : il énonce le droit, dans sa valeur universelle et nécessaire. Et puisque l'espèce humaine s'est engagée pour son malheur dans l'autre voie, il permet à chaque moment de mesurer l'écart entre le fait et le droit, en signalant la voie nouvelle où une humanité régénérée pourrait et devrait rechercher sa véritable réalisation.

Bien des travaux ont contribué à ébranler cette commode dichotomie. Je n'en mentionnerai ici que deux, qui, par deux biais opposés, ont mis en évidence la très étrange et troublante ressemblance entre les deux pactes. Louis Althusser, dans son étude sur le *Contrat social*, a étendu au bon contrat le soupçon d'imposture que l'autre contrat suscitait traditionnellement : il a montré comment, depuis la présence des biens dans l'acte originaire jusqu'à l'invention de la religion civile pour surmonter les conflits d'intérêts, le modèle politique de Rousseau continuait à fonctionner au profit de ceux qui possèdent contre ceux qui n'ont rien[1]. De son côté Victor Goldschmidt, dans son magistral commentaire du *Second Discours*, a démontré la parfaite légitimité que Rousseau reconnaissait au pacte passé à l'initiative du riche[2]. Il a établi que, loin d'être rejeté pour cause d'imposture et de dol au rang des fausses notions du lien social, il était la véritable origine d'un édifice dont il faut respecter les fondements. Ainsi, malgré l'opposition de leurs deux appréciations, le philosophe marxiste et l'historien de la philosophie suggéraient-ils une identité entre les deux pactes qu'on a coutume d'opposer. Ils les voyaient situés au même moment du temps, au terme d'une première socialisation dont témoigne l'institution de la propriété et l'existence de biens ; dans les deux cas, face à une situation de détresse, à un horrible état de guerre qui menace l'espèce humaine de mort, la fondation de l'État instaure la paix en garantissant la propriété, puisque « le droit de propriété est le plus sacré de tous les droits des citoyens, et plus important à certains égards que la liberté même »[3].

Je voudrais, à mon tour, malgré son caractère paradoxal, défendre cette thèse de mes deux maîtres : il me semble que le pacte passé à l'initiative du riche dans le *Second Discours* est fondamentalement identique à celui dont

1. Voir L. Althusser, « Sur le *Contrat social* Les décalages) », *Cahiers pour l'Analyse, Cercle d'épistémologie de l'École Normale Supérieure* 8, « L'impensé de Jean-Jacques Rousseau », 1967, p. 5-42.

2. Voir V. Goldschmidt, *Anthropologie et politique. Les principes du système de Rousseau*, Paris, Vrin, 1974.

3. *DEP*, p. 263.

le *Contrat social* développe le concept, et qu'il est pour cette raison source légitime du droit politique. Mais c'est par une réflexion sur la méthode de Jean-Jacques Rousseau dans ses deux *Discours* que j'essayerai de faire comprendre à la fois cette identité et les évidentes différences entre les deux pactes, celui du *Second Discours* et celui du *Contrat social*, ouvrage qui n'est plus un discours mais un traité. Car les discours s'organisent comme un jeu réglé de voix différentes, et la voix de l'auteur ne doit pas être confondue avec celles de ses personnages, à qui il prête des thèses qui ne sont pas pour autant les siennes. C'est ainsi que, dans le premier *Discours*, la voix de Fabricius n'est pas la voix de Rousseau. L'auteur a besoin de son personnage pour faire entendre un aspect de la vérité qu'il veut rendre sensible à ses lecteurs. Mais la célèbre prosopopée de Fabricius associe un diagnostic que Rousseau approuve et une thérapeutique qu'il réprouve[1]. Rousseau a besoin de Fabricius pour faire sentir à ses contemporains une vérité qu'ils ne sentent plus : qu'à Rome comme ailleurs le développement des sciences et des arts a corrompu les vieilles mœurs républicaines. Mais le remède proposé par Fabricius, de renverser les œuvres de la civilisation pour retrouver l'innocence des commencements, caractérise Fabricius, grande âme du passé qui a ressuscité par fiction littéraire sans avoir été altérée par un changement qu'elle n'a pas elle-même subi, et nullement Rousseau et les hommes semblables à lui, « dont les passions ont détruit pour toujours l'originelle simplicité »[2]. Faute d'avoir saisi la différence entre la voix de Fabricius et celle de Rousseau, les contemporains – et bien des critiques après eux – ont cherché à l'auteur une querelle qui ne porte en vérité qu'à l'encontre de son personnage.

Je voudrais suggérer qu'une semblable confusion entre la voix de l'auteur, et les voix des personnages qu'il fait parler dans le *Second Discours*, a conduit à mal apprécier le pacte passé à l'initiative du riche, sa fondamentale parenté avec celui qui est exposé dans le *Contrat social*, et les incontestables différences qui subsistent entre les deux une fois qu'on a restitué la véritable position de Rousseau.

Le changement qui fait sortir l'homme de l'état de nature pour entrer dans la société civile est fixé par le *Second Discours* dans deux scènes, dont le rapprochement systématique s'impose. La première ouvre, comme une vignette inaugurale, tout le développement historique de l'espèce humaine : dans ce premier alinéa, il ne s'agit encore que de l'institution de la propriété, et pourtant son inventeur est appelé « le vrai fondateur de la

1. Voir J.-J. Rousseau, *Discours sur les sciences et les arts*, *OC* III, p. 14-15.
2. *DI*, Note IX, p. 207.

société civile »[1]. En effet, même si le pacte social ne doit se conclure que beaucoup plus tard, au terme d'une très longue histoire qui aboutit « au plus horrible état de guerre »[2], il reste que « la propriété est le vrai fondement de la société civile »[3], qu'elle rend par les conflits qu'elle suscite l'État indispensable pour la garantir. C'est pourquoi, dans la grande scène qui aboutit à la constitution du corps politique par un pacte d'union autour du riche, nous retrouvons les mêmes positions et les mêmes voix. Il faut rassembler les deux naissances, l'estampe inaugurale de la propriété naissante et la grande scène dramatique de l'État naissant. Qu'on lise prospectivement ou rétrospectivement, la première estampe (avec ses pieux ou son fossé) et la seconde scène (entre le riche et ses voisins) se superposent exactement, les mêmes caractères s'y retrouvent et échangent leurs rôles.

I

Essayons de suivre dans ces deux passages le jeu des voix alternées.

Dans l'estampe initiale, deux rôles sont effectivement tenus par des acteurs, les seuls personnages dessinés sur la vignette; mais un certain nombre de voix s'y ajoutent, nous le verrons, pour faire apparaître la position ou le parti de l'auteur. La scène proprement dite rassemble deux quasi-partenaires. Dira-t-on avec Henri Gouhier : « rencontre d'un escroc avec quelques imbéciles »[4] ? Voire. Un des partenaires est un protagoniste individualisé, singulier, il a enclos un terrain par un fossé ou une barricade de pieux, et il s'avise de dire *ceci est à moi*[5]. Dans sa brièveté ce discours en italique, effectivement tenu (dans une histoire hypothétique, certes), est une proclamation. Il fonctionne pour Rousseau au commencement de l'histoire proprement humaine comme le premier performatif au commencement de la métaphysique cartésienne, lui aussi en italique, *je suis, j'existe*. Mais il énonce une appartenance qui s'appelle propriété, le mien, et non une existence en quête de sa nature, qu'est-ce que le moi ? Ici, dans la solidarité d'un acte (l'acte d'enclore) et d'un dire, s'exprime un projet à valeur prospective et universelle. Ceci est à moi et à personne d'autre, tout le reste est aux autres et n'est pas à moi, et si peut-être certaines choses ne

1. *DI*, II, p. 164.
2. *Ibid.*, p. 176.
3. *DEP*, p. 263.
4. H. Gouhier, « Nature et histoire », dans *Les méditations métaphysiques de Jean-Jacques Rousseau*, Paris, Vrin, 1984, p. 30.
5. *DI*, II, p. 164.

sont encore à personne rien n'est à tous. Le verbe *s'aviser* marque parfaitement un projet réfléchi, même si l'art oratoire est encore à l'état naissant dans un discours de quatre mots. L'invention est adaptée à la situation qui la nécessite et pourtant nouvelle, indéductible sinon imprévisible. Mais quelle situation, et partant quelle invention? Puisque « de la culture des terres s'ensuivit nécessairement leur partage »[1], tout suggère que cette première partition (par le premier qui s'avisa d'enclore *un* terrain qui n'était pas encore *son* terrain) est très naturellement la suite du travail et de la culture.

> C'est le seul travail qui donnant droit au cultivateur sur le produit de la terre qu'il a labourée, lui en donne par conséquent sur le fond, au moins jusqu'à la récolte, et ainsi d'année en année, ce qui faisant une possession continue, se transforme aisément en propriété[2].

Rien ne suggère une escroquerie. L'idée d'enclore un terrain sur lequel on n'a pas travaillé est trop folle pour venir à personne en un temps où la propriété n'est pas encore née. Au contraire, pour celui qui travaille la terre, passer du labour répété au labeur continué, à la possession continue, et de là à la propriété est tout naturel; la transition est aisée, pour parler comme Hume. Encore faut-il s'aviser d'enclore, et de proclamer l'appropriation.

Mais avec cette initiative aussi naturelle que révolutionnaire, la propriété n'est pas encore née. Le protagoniste avec sa déclaration n'a fait que l'équivalent d'une proposition.

Il lui faut l'accord des autres, l'accord exprès ou implicite des partenaires : d'où cette pluralité indifférenciée et sans voix, « des gens assez simples pour le croire »[3]. Ces partenaires muets ne sont pas pour autant des imbéciles. N'oublions pas que « les hommes droits et simples sont difficiles à tromper à cause de leur simplicité, les leurres, les prétextes raffinés ne leur en imposent point; ils ne sont pas même assez fins pour être dupes »[4]. Assez éclairés pour voir le lien entre le terrain clos et le travailleur qui se l'approprie, les partenaires muets sont sans doute assez largement fournis par la nature pour n'avoir aucun intérêt à la portion enclose, pour avoir eux-mêmes trouvé ailleurs la terre qu'il leur fallait. Leur simplicité consiste à voir seulement le présent, et l'innocuité présente de l'initiative prise, sans en prévoir les dangers. Ainsi, à l'origine de la propriété, nous trouvons déjà une convention ou un contrat : l'accord

1. *Ibid.*, p. 173.
2. *Ibid.*
3. *Ibid.*, p. 164.
4. *CS*, IV, 1, p. 437.

unanime entre un et plusieurs, entre un protagoniste assez avisé pour prendre une initiative hardie, et d'autres plus simples qui la ratifient dans la vérité unilatérale du présent.

C'est justement ici que Rousseau introduit une autre voix, la voix prophétique qui dénonce la mutation en train de s'opérer, la voix qui la première va parler d'imposture et d'un contrat de dupes. Soyons attentifs, et attentifs deux fois. Attentifs d'abord à cette voix elle-même, qui ne correspond à aucun personnage figurant effectivement dans l'estampe, dans l'histoire (hypothétique certes) de la propriété naissante. Et attentif ensuite à la relation entre l'auteur et cette voix qu'il a suscitée, à la distance que Rousseau prend à l'égard de ce discours qui dénonce la « grande révolution »[1] en train de s'accomplir.

Cette autre voix, qui n'appartient à aucun des personnages figurant effectivement dans l'historiette, est introduite comme celle de Fabricius par un irréel, un conditionnel passé. Que de crimes *eût épargnés* au genre humain celui qui *eût crié* à ses semblables de se méfier. Rousseau avait ressuscité Fabricius pour qu'une grande âme du passé rende sensibles des changements déjà intervenus. Il suscite maintenant un locuteur fictif qui prévoit les effets lointains du changement en train de se faire, qui sent vivement les valeurs qui vont se perdre, et qui unit le geste à la parole. Comme le protagoniste avisé dont il est l'exacte antithèse, le locuteur fictif associe un discours à un acte. Il renverse la clôture naissante, il arrache les pieux ou comble le fossé; et il dénonce comme une imposture le performatif du propriétaire naissant, sa proposition en forme de déclaration. Aux gens assez simples pour *croire* le premier candidat à la propriété privée, pour *écouter* sa proposition, il adresse une mise en garde admirablement lucide. Cet homme clairvoyant n'est pas au sens propre, comme l'était Fabricius, un homme du retour en arrière, un réactionnaire : les pieux qu'il arrache et le fossé qu'il comble ne sont en effet pas encore des bornes sacrées qu'il chercherait à renverser, des œuvres de culture juridiques, mais de simples propositions en instance de ratification, rigoles ou bouts de bois comme les traités avant d'être signés ne sont en vérité que chiffons de papier. Il est conservateur : il voudrait maintenir les choses en l'état. Dans le moment du changement, il se caractérise comme la voix d'un passé qui voudrait rester présent. Devant le cercle silencieux des gens simples par qui le présent va se faire tel *ou* tel, deux locuteurs s'affrontent. Le premier effectif, avec son énoncé lapidaire de quatre mots en italique, est la voix de l'avenir, et il a la puissance efficace d'un langage d'action. Le second,

1. *DI*, II, p. 171.

irréel, ne s'est pas exprimé, et son discours n'est pas en italique. Rousseau lui prête sa voix, comme à Fabricius, et, comme dans la prosopopée, il la pare des prestiges rhétoriques. En qualifiant d'*imposteur* l'homme par qui le changement advient, l'orateur irréel se spécifie doublement. Comme prophète certes, puisqu'il lit les effets futurs encore cachés à la simplicité des voisins muets et consentants, crédules, et même peut-être à l'habileté du proposant, puisqu'il prévoit ce que seul Rousseau sait déjà, la dualité des riches et des pauvres et en chacun la dualité de l'être et du paraître. Mais aussi comme homme du passé, puisqu'il refuse ce changement, nie sa nécessité, ignore les valeurs dont il est peut-être porteur. Le candidat propriétaire n'a voulu tromper personne. Il n'est pas un escroc. Il n'est pas davantage un imposteur, même s'il devait apparaître après coup qu'il en a imposé malgré lui. Il aura été un imposteur rétrospectivement, pour un spectateur idéal impossible sur le moment, qui aurait pressenti prophétiquement les abus et qui, loin de vouloir en profiter, en refuse et en rejette nostalgiquement l'origine. Au moment du changement il ne peut exister que si Rousseau lui prête une voix, sa voix, contre l'homme nouveau qu'il dénonce par avance comme imposteur.

Mais en prêtant sa voix à la partie adverse, l'auteur n'a pas encore rendu son verdict. Pour mesurer la distance entre Rousseau et le locuteur fictif dont il met le discours à l'irréel passé, nous avons deux passages à comparer, où nous allons entendre enfin la voix même de l'auteur, le parti qu'il prend.

Le premier est le commentaire insinuant et, risquons le mot, spécieux, par lequel est introduit le discours de dénonciation. « Que de crimes, de guerres, de meurtres, que de misères et d'horreurs n'eût point épargnés au genre humain » le prophète passéiste qui n'a point existé[1]. Ici c'est bien Rousseau qui parle, et en un sens il prend parti. Il ratifie pour son propre compte la prévision calamiteuse, l'enchaînement inéluctable des maux subis et des maux causés, depuis les conflits privés entre individus jusqu'aux guerres entre États. Cette appréciation initiale ne sera jamais démentie dans les écrits ultérieurs, l'auteur la tient pour vraie et, par là, il s'expose très consciemment à être confondu avec son personnage. Le Siècle des Lumières devait commettre l'amalgame avec d'autant plus d'ardeur qu'il tenait l'appréciation calamiteuse pour fausse. Voltaire éclaire ce point de la lumière impitoyable du génie et de la malveillance. « Vous peignez avec des *couleurs bien vraies* les horreurs de la société humaine dont l'ignorance et la faiblesse se promettent tant de douceurs »,

1. *Ibid.*, p. 164.

écrit-il dans sa grande lettre ostensive[1]. Ironie que souligne une annotation marginale de la main de Voltaire sur son exemplaire personnel : « comme tu mets tout *dans un faux jour* »[2]. D'où l'importance et l'intérêt de l'éclat célèbre, lorsque Voltaire lecteur interrompt à grand bruit Rousseau ou mieux (mais justement il les confond) le témoin impossible et fictif que Rousseau fait comparaître à la naissance de la propriété et contre son protagoniste. « Quoi, celui qui a planté, semé et enclos n'a pas droit au fruit de ses peines ! » : Voltaire propriétaire comprend ici bien mieux que beaucoup de commentateurs modernes la suite des opérations qui aboutit à la clôture. « Quoi cet homme injuste, ce voleur aurait été le bienfaiteur du genre humain ! voilà la philosophie d'un gueux qui voudrait que les riches fussent volés par les pauvres »[3]. Voltaire se qualifie ici lui-même comme porte-parole du siècle éclairé, du progrès des lumières et de la raison propriétaire. En opposant rhétorique à rhétorique et exclamations à exclamations, il se laisse prendre au jeu. À l'égard de l'interlocuteur fictif qui arrache les pieux pour conserver l'indivision du passé, il commet une erreur symétrique et inverse de l'erreur commise par les modernes sur le premier candidat à la propriété. Si celui-ci n'est pas un escroc, celui-là ne saurait être non plus un voleur ou un homme injuste. Refuser de signer un traité, déchirer le projet en dénonçant les dangers qu'on en prévoit, n'est nullement violer un traité. On ne peut pas être un voleur avant la naissance de la propriété. Mais Voltaire commet aussi une erreur à l'égard de l'auteur, la même erreur sans cesse reprise depuis la prosopopée de Fabricius. Il identifie, dans la formule saisissante du *philosophe gueux*, Rousseau avec son personnage. Certes Rousseau a jugé nécessaire de faire entendre en philosophie la voix du gueux. La réaction spectaculaire de Voltaire montre à quel point cette voix était insupportable pour la raison instituée, en ranimant dans les cœurs un sentiment archaïque, la nostalgie des fruits communs à tous sans appropriation de la terre qui n'est à personne. À travers toute une lignée de lecteurs ultérieurs, l'adhésion passionnée à cette voix, le refus de laisser à la raison propriétaire le droit de lui répondre, confirmeront sa puissance d'émotion et son efficace rhétorique. Mais le discours du gueux n'est peut-être pas encore philosophique, et il n'énonce en tout cas certainement pas la philosophie de Rousseau.

1. Voltaire, Lettre à Rousseau du 30 août 1755, citée par J. Starobinski, *OC* III, p. 1379, n. 1 de la p. 226 [souligné par J.-M. B.].

2. Les annotations de Voltaire sont citées par J. Starobinski qui se réfère à l'ouvrage de G. R. Havens, *Voltaire's Marginalia on the Pages of Rousseau*, Colombus, The Ohio State University, 1933 ; ici *OC* III, p. 1358, n. 2 de la p. 189 [souligné par J.-M. B.].

3. *OC* III, p. 1339, n. 1 de la p. 164.

Au lieu qu'annote avec une brutale précipitation Voltaire, le philosophe propriétaire, Rousseau, le philosophe à la balance, n'a pas encore rendu son verdict. En particulier, tout en énumérant les maux qu'eût épargnés à ses semblables la victoire éventuelle du gueux, il ne l'a justement pas qualifié de *bienfaiteur du genre humain*. Les misères épargnées constituent un des plateaux de la balance, un des termes du choix. Concernant ce plateau, le gueux dit vrai. Cette vérité, que l'auteur confirme en la prenant à son compte, est déjà excessive et intolérable pour Voltaire qui y lit une complicité. Mais Rousseau sait bien qu'il lui faut d'abord formuler cette vérité, dans son unilatéralité, et puis, « la balance à la main »[1], opérer une juste pesée. Alors seulement, selon le résultat de la comparaison, on saura qui est et qui n'est pas le bienfaiteur du genre humain.

C'est le second plateau de la balance, l'autre terme du choix que présente la fin de l'alinéa; et il ouvre l'accès au point de vue d'où l'histoire devra être décrite: « mais il y a grande apparence qu'alors les choses en étaient déjà venues au point de ne plus pouvoir durer comme elles étaient »[2]. Le rejet de l'innovation moderniste et la dénonciation du premier candidat propriétaire sont ainsi, à leur tour, remises en question. L'intervention du gueux, prophétique sous un point de vue, révèle aussi bien un philosophe utopique ou irréaliste. Son pronostic est juste : vous êtes perdus. La thérapeutique préventive qu'il propose, gardez-vous d'écouter la voix du futur, est irrecevable. Homme d'un temps qui n'était plus et qui n'était plus possible, il aurait été irréaliste si son intervention n'était en fait un irréel passé, une fiction. Il n'y a jamais eu d'intervention du philosophe gueux, car la manière d'être qu'il aurait voulu perpétuer était irrévocablement révolue. Personne ne fut là pour arracher les pieux. Ce fait compte et retient l'attention de Rousseau, qui n'est pas le philosophe gueux mais le philosophe de l'option inévitable. Le jugement rousseauiste, là où nous sommes arrivés, n'en est pas encore à contrebalancer des valeurs, à apprécier les acquis moraux de l'état nouveau pour déterminer qui est le bienfaiteur du genre humain. Mais déjà il contrebalance la nostalgie des biens en train de se perdre, l'inquiétude des misères qui s'annoncent, l'angoisse des horreurs à épargner, par l'impossibilité de rétrograder et même de rester sur place. « Le genre humain périrait s'il ne changeait sa manière d'être »[3].

1. *DI*, I, p. 152.
2. *Ibid.*, II, p. 164.
3. *CS*, I, 6, p. 360.

Plusieurs mouvements réflexifs encadrent ainsi l'estampe initiale, où le proto-fondateur avisé instaure la propriété privée et par avance l'État, tandis que les simples ratifient son initiative dans le silence de la crédulité. La scène n'est pas encore philosophie. Elle rassemble les acteurs. La philosophie commence avec la réflexion sur cette scène originaire – la philosophie ou, mieux, les philosophies et les philosophes. Nous rencontrons d'abord le mouvement rhétorique et irréel du gueux philosophe : il prophétise les désastres et aurait voulu arrêter le changement. Ensuite, en dégageant son inéluctable nécessité, le mouvement conceptuel de la pensée systématique conduit Rousseau à un point haut, synoptique : « reprenons donc les choses de plus haut et tâchons de rassembler sous un seul point de vue cette lente succession d'événements et de connaissances, dans leur ordre le plus naturel »[1]. La voix de Voltaire aide à marquer les positions, quand on démasque l'amalgame qu'il commet. Rousseau n'est pas plus le philosophe gueux qu'il n'était Fabricius, quoiqu'il tienne beaucoup à leur prêter sa voix et à les utiliser comme porte-voix pour certaines vérités méconnues qu'il veut faire entendre à ses contemporains.

Le système met ainsi en rapport plusieurs voix qu'il faut identifier, et avec elles plusieurs philosophies : a) la voix moderniste du premier novateur, qui se redouble et se réfléchit dans la philosophie du progrès et des Lumières, car l'intérêt du propriétaire, du puissant et plus tard du Prince trouve toujours des philosophes comme Voltaire pour se mettre à son service ; b) les voix du silence qui deviennent les voix du passé (et se dissocient par là du consentement silencieux des simples) grâce à la médiation fictive d'un porte-voix insolite, Fabricius ressuscité, le Caraïbe ou le gueux philosophes, ceux qui font sentir l'altération insensible et la font sentir comme désastreuse, comme insensée ; c) la voix du sage enfin, qui pèse les discours précédents (et se dissocie par là de la bruyante dénonciation passéiste), qui met en place les vérités différentes et qui les hiérarchise.

II

La seconde scène retrouve cette pluralité cohérente des voix contradictoires, quand le fil du récit ordonné rejoint, avec une sorte de contrat social, avec le mauvais contrat, disent certains, la fondation de la société civile. En reprenant peut-être chez un commentateur de Pufendorf le jeu entre « le riche pressé par la nécessité » et ses voisins grossiers et faciles à

1. *DI*, II, p. 164.

séduire, Rousseau distribue les rôles avec une parfaite netteté. Trois partenaires sont expressément désignés.

Le riche, au singulier, protagoniste individualisé de la mutation politique décisive qui va intervenir, répète en l'amplifiant le geste du premier propriétaire, celui qui « ayant enclos un terrain s'avisa de dire : *ceci est à moi* ». La rhétorique a fait des progrès, tout comme la raison et la réflexion, la capacité d'anticipation et la ruse. Cette fois, c'est au riche que Rousseau prêtera les artifices de son éloquence. Car deux vérités différentes, incontestables pour l'auteur l'une et l'autre, se mêlent dans l'opération en cours. D'une part l'institution du corps politique mettra fin à l'horrible état de guerre, au conflit de tous contre tous. C'est pourquoi les avantages du pacte proposé sont incontestables, il répond à une nécessité vitale en même temps que le discours du riche introduit, avec les notions de justice, de devoirs mutuels et, sinon encore de volonté générale, du moins les sages lois qui font l'union et la concorde éternelle, les mêmes valeurs dont le *Contrat social* fera plus tard les principes du droit politique. Mais d'autre part l'institution de l'État assurera inévitablement la primauté de celui qui possède, le riche, sur ceux qui n'ont rien. Cette vérité est elle aussi incontestable. Abus au regard de la norme égalitaire, cet abus est inséparable de la société politique qui peut le freiner mais non pas l'éliminer.

> L'esprit universel des lois de tous les pays est de favoriser toujours le fort contre le faible, et celui qui a contre celui qui n'a rien ; cet inconvénient est inévitable, et il est sans exception [1].

Le riche prévoit ou pressent cette conséquence. Elle est évidemment pour lui un appât et non un obstacle. Elle le rend ingénieux pour concevoir « le projet le plus réfléchi qui soit jamais entré dans l'esprit humain ». Elle le rend ardent pour l'exécuter : « les plus capables de pressentir les abus étaient précisément ceux qui comptaient d'en profiter » [2]. Mais cet intérêt particulier et dissimulé, qui autoriserait maintenant à qualifier le riche d'imposteur (ce que n'était pas encore le premier candidat propriétaire, quoi qu'en ait dit le gueux philosophe), ne doit pas dissimuler à son tour la vérité générale de l'intérêt commun. Si les raisons que le riche invente pour amener ses voisins à son but sont *spécieuses*, c'est qu'il masque son avantage particulier *sub specie veri*, sous le vrai visage du véritable bien commun.

1. *Émile*, IV, p. 524 n.
2. *DI*, II, p. 177-178.

Le second groupe est constitué par les voisins, qu'on n'appellera les pauvres qu'en explicitant et forçant leur opposition au riche. Grossiers, faciles à séduire, ils ont déjà trop d'affaires à démêler entre eux, trop d'avarice et d'ambition pour rester à l'état de nature. Assez simples pour se fier aux belles apparences de la paix sociale proposée, qui n'est pas une illusion, ils ne sont plus assez simples pour survivre dans l'indépendance initiale, qui a cessé d'être réellement vivable. « Avec assez de raison pour sentir les avantages d'un établissement politique, ils n'avaient pas assez d'expérience pour en prévoir les dangers »[1]. Même à l'irréel, aucune voix ne va les mettre en garde contre l'entraînement séducteur. Or, comme dans l'estampe du début, un droit naît ici avec l'unanimité de la convention : un droit, ou plutôt le droit. « De quoi s'agit-il donc dans ce discours ? De marquer dans le progrès des choses le moment où, le droit succédant à la violence, la nature fut soumise à la loi »[2]. En ce moment où les petites différences naturelles vont s'inverser au profit des grandes inégalités sociales, il faut dégager le sens exact de l'accord unanime obtenu. « *Tous* coururent au-devant de leurs fers croyant assurer leur liberté »[3]. Le jeu de la ruse, intéressée aux abus futurs, et de la simplicité, aveugle aux dangers inéluctables, éclaire la suite funeste de l'histoire, l'enchaînement des calamités. Il ne fait pas disparaître la nécessité de l'institution, ni sa légitimité. L'homme est né libre, et partout il est dans les fers. Nous savons maintenant comment ce changement s'est fait, comment et pourquoi tous, riches et pauvres, coururent également au-devant de leurs fers en croyant assurer leur liberté. Mais qu'est-ce qui peut rendre ce changement légitime, et peut-il être légitime ? Ici, une troisième voix va commencer à se faire entendre.

La troisième voix est celle des sages, et Rousseau lui confie l'énonciation de son verdict. Les sages voient les dangers que les simples ne savent pas prévoir ; les sages sont d'aussi bons prophètes que les gueux philosophes. Les sages voient les avantages dont le riche fait étalage ; ils les comprennent aussi bien que le philosophe propriétaire. Seuls ils savent diagnostiquer les abus dont ils n'ont aucune intention de profiter. Or leur verdict, sans se confondre avec celui du philosophe propriétaire qui nie effrontément la valeur des valeurs perdues, s'oppose encore plus fortement aux indignations et aux refus du philosophe gueux.

1. *DI*, II, p. 177-178.
2. *Ibid.*, Exorde, p. 132.
3. *Ibid.*, II, p. 177 [souligné par J.-M. B.].

> Les sages même virent qu'il fallait se résoudre à sacrifier une partie de leur liberté à la conservation de l'autre, comme un blessé se fait couper le bras pour sauver le reste du corps [1].

La formule définitive du *Contrat social* est encore loin, « aliénation totale de chaque associé avec tous ses droits à toute la communauté » [2]. L'idée de substituer radicalement à une liberté naturelle entièrement abandonnée une tout autre liberté, morale ou politique, n'est pas encore là. Le propos reste pris dans l'unilatéralité de la liberté naturelle, et il définit un sacrifice simplement partiel. La justification s'y fait par la seule nécessité, avec le modèle chirurgical de la survie. Elle ne se fait pas encore par la dignité, « l'obéissance à la loi qu'on s'est prescrite est liberté » [3]. Reste l'essentiel. La voix des sages ratifie la convention, ils sont partie à l'accord unanime. Ce qui restait à l'extérieur de la vignette, dans la scène initiale de la propriété naissante, devient maintenant la voix d'un personnage qui intervient dans la naissance de l'État. S'ils ne courent pas en aveugles, ils marchent eux aussi, en pleine connaissance de cause, au-devant de leurs fers. L'acte passé entre les contractants n'est pas, ou n'est pas seulement, un contrat de dupes, une imposture ; ce n'est pas une escroquerie à annuler au motif de dol. Certes il ouvre une histoire désastreuse, et, cette fois, c'est la voix du philosophe qui, succédant à la voix des sages, va préciser ce que le gueux avait été chargé de prophétiser à la naissance de la propriété : cet acte va assujettir « désormais tout le genre humain au travail, à la servitude et à la misère » [4]. Mais par opposition à la conquête, c'est un acte légitime. Il fonde en vérité l'État, le droit et la propriété. L'auteur confirme ici le verdict des sages : quand le riche *s'avise* de proposer l'institution politique et que le sage *se résout* à l'accepter, Rousseau parle bien d'un « *droit irrévocable* ».

Les points de vue philosophiques se mettent ainsi en ordre. « En considérant la société humaine d'un regard tranquille et désintéressé, elle ne semble montrer d'abord que la violence des hommes puissants et l'oppression des faibles. L'esprit se révolte contre la dureté des uns ; on est porté à déplorer l'aveuglement des autres » contre le « philosophe barbare » qui ose nier cette vérité, Rousseau lui prête sa voix. Mais Voltaire a tort de confondre le philosophe gueux avec Rousseau, qui le met en scène tout en le jugeant.

1. *Ibid.*, p. 178.
2. *CS*, I, 6, p. 360.
3. *Ibid.*, 8, p. 365.
4. *DI*, II, p. 178.

> Les établissements humains paraissent au premier coup d'œil fondés sur des monceaux de sable mouvant : ce n'est qu'en les examinant de près, ce n'est qu'après avoir écarté la poussière et le sable qui environnent l'édifice, qu'on aperçoit la base inébranlable sur laquelle il est élevé, et qu'on apprend à en respecter les fondements [1].

Sur cette base inébranlable reposent tous les gouvernements, et c'est pourquoi Rousseau peut écrire : « ainsi, loin de détruire tous les gouvernements, je les ai tous établis » [2]. Parmi ces fondements figurent, avec la volonté unanime des contractants, et sans parler encore de vocation surnaturelle, de la main bienfaisante du Créateur et de la moralité qui va surgir, le droit de propriété : c'est pourquoi Rousseau a pu appeler le premier qui l'inaugura le vrai fondateur de la société civile.

La troisième voix, la voix de la sagesse rousseauiste, s'est enfin clairement dissociée de toutes les autres. Sans être dupe des impostures du riche, elle affirme que le contrat passé à son initiative n'est pas un contrat de dupes, que ce n'est pas une imposture. Le contrat du *Second Discours* est un contrat légitime.

III

Nous pouvons maintenant conclure sur la relation entre le *Second Discours* et le *Contrat social*. Puisque le pacte passé à l'initiative du riche est légitime on ne peut plus, une fois dissociées la voix de l'auteur et la voix du gueux, opposer les deux pactes comme le mauvais pacte qui a enfoncé l'humanité dans le malheur, et le bon pacte qu'il faut instituer à sa place.

Mais il ne s'agit pas de nier pour autant les différences évidentes entre les deux, qui ne sont pas seulement des différences d'accent. Relevons-en quelques-unes parmi les plus importantes :

1. l'abandon de la liberté naturelle est partiel dans le *Discours sur l'inégalité*, il est total dans le *Contrat social*, en sorte que

2. les droits particuliers que chaque individu possède comme personne privée dans le corps institué sont dans le *Discours sur l'inégalité* des droits qu'il a conservés de sa liberté naturelle, dans le *Contrat social* des droits que l'État lui restitue puisqu'il a tout aliéné ;

1. *DI*, Préface, p. 126-127.
2. *LEM*, VI, p. 811.

3. le pacte social ne mentionne aucune position particulière différenciée dans le *Contrat social* où tout est universel, il en spécifie trois dans le *Discours sur l'inégalité* (le riche, les simples, les sages), en sorte que

4. l'intention qui dicte le pacte est inégalitaire dans le *Discours sur l'inégalité* (le riche veut consolider son avantage particulier) comme sont inégalitaires les effets du pacte (l'État garantit l'inégalité des biens), l'intention dans le *Contrat social* est égalitaire (le philosophe cherche la formule politique qui assurera la liberté de chacun) comme sont égalitaires les effets du pacte (« il substitue [...] une égalité morale et légitime à ce que la nature avait pu mettre d'inégalité physique entre les hommes »[1]);

5. l'inventeur réfléchi du pacte est dans le *Discours sur l'inégalité* un des contractants (le riche) qui s'adresse aux autres, il est dans le *Contrat social* le philosophe politique qui considère tous les contractants comme les éléments du problème et non comme ses interlocuteurs, en sorte que

6. le philosophe du *Contrat social* peut se référer à des valeurs morales supranaturelles encore inconnues des contractants (volonté générale, liberté comme obéissance à la loi qu'on s'est prescrite), alors que les acteurs du *Discours sur l'inégalité* ne font référence qu'aux valeurs biologiques de survie et que

7. le pacte du *Contrat social* est un pacte de chacun avec soi-même, alors que le pacte proposé par le riche dans le *Discours sur l'inégalité* est un pacte de chacun avec tous les autres.

Voilà bien des différences, auxquelles on pourrait sans doute en ajouter d'autres, qui subsistent entre les deux textes, et les deux pactes qu'ils présentent.

Elles se laissent toutes ramener à la différence entre un *traité*, où l'auteur expose comme philosophe politique l'essence intemporelle ou omnitemporelle de tous les États; et un *discours* où l'auteur raconte l'histoire hypothétique des gouvernements et leur formation la plus plausible, où sa voix se mêle à la voix des acteurs qu'il imagine.

Toute opposition entre les deux ouvrages est évitée si l'on comprend que, dans la pensée systématique de Rousseau, deux thèses sont également vraies et sont également soutenues dans les deux ouvrages. D'une part (thèse n° 1) l'institution politique emporte l'individu au-delà de lui-même, elle correspond à un arrachement total et non partiel de tout son être à sa naturalité, elle ne peut justifier ces pertes qu'en conduisant par la volonté

1. *CS*, I, 9, p. 367.

générale à la liberté politique et pour finir à la liberté morale. D'autre part (thèse n° 2), tout État, comme État des propriétaires, avantage le riche. « Dans le fait les lois sont toujours utiles à ceux qui possèdent et nuisibles à ceux qui n'ont rien » : la formule ne vient pas du *Second Discours*... mais du *Contrat social*, qui ajoute « d'où il suit que l'état social n'est avantageux aux hommes qu'autant qu'ils ont tous quelque chose et qu'aucun d'eux n'a rien de trop »[1]. Car le philosophe du *Contrat social* sait aussi bien que le philosophe gueux auquel il l'a déjà soufflé dans *Second Discours* que les abus de sa nouvelle condition peuvent souvent dégrader l'homme « au-dessous de celle dont il est sorti ».

Dans le *Second Discours*, récit hypothétique d'une première institution politique, aucun des personnages n'est encore pleinement conscient de ce qui se passe, chacun sera dépassé par le résultat. Même le riche, qui a prévu que l'État ne pouvait pas ne pas avoir des effets inégalitaires qui le favoriseront, mais qui n'a pas prévu sans doute qu'il se trouverait dépendre corps et biens d'une volonté générale qui peut tout, par exemple s'il lui plaît abolir la propriété privée. Même les sages, qui ont consenti à une aliénation partielle de leur liberté naturelle, sans voir que la logique du corps politique comporte une aliénation totale dont la nécessité ne deviendra effective et manifeste qu'au fil du développement ultérieur. Aussi la voix du philosophe ne peut-elle pas se réduire aux voix de ses personnages, elle les déborde, elle en ajoute d'autres, fictives, elle se fait entendre par l'entremise de toutes ces voix et en les hiérarchisant. C'est seulement dans le *Contrat social* que l'auteur du traité parvient à se passer du détour par une pluralité de voix et à nous dire en son nom propre la vérité définitive sur le politique.

Sa vérité définitive, ou l'impossibilité de séjourner définitivement dans le politique et la nécessité de passer au-delà ? C'est là une autre histoire, que je n'ajouterai pas aujourd'hui à un exposé déjà trop long.

1. *CS*, I, 9, p. 367 n.

CHAPITRE VIII

« SOPHIE ET MON CHAMP » OU LA POLITIQUE DES MODERNES*

La pensée politique de Rousseau associe une méditation sur l'histoire à une exigence de légitimité. Elle est une pensée du droit et elle est une pensée du temps.

Comme pensée du droit, dans le *Contrat social* de 1762, elle élucide une norme dont la valeur s'impose inconditionnellement dans tous les lieux et à toutes les époques. Pourquoi discuter des faits quand on cherche le droit et la raison[1]? Les clauses du pacte fondamental n'ont peut-être jamais été formellement énoncées, elles sont pourtant partout les mêmes, partout tacitement admises et reconnues[2]. Dès qu'elles cessent d'être respectées, si peu que ce soit, le corps politique à l'instant disparaît: les rapports de droit se résolvent en rapports de force[3]. En tant que la politique est une science théorique, il ne saurait exister aucune politique des modernes: les essences n'ont pas d'âge, et un État moderne serait aussi absurde qu'un triangle moderne.

Mais le temps qui n'a pas de prise sur la nature des triangles en a une sur le cœur humain. L'humanité traverse des âges ou des époques. « Ô homme [...], voici ton histoire »[4]. Le *Second Discours* raconte en 1755 l'histoire de l'espèce, l'*Émile* raconte en 1762 l'histoire de l'homme individuel,

* Première publication : *Études Jean-Jacques Rousseau* 7, 1995, p. 143-159.

1. *MsG*, I, 5, p. 297.
2. Voir *CS*, I, 6, p. 360.
3. Voir *ibid.*, III, 10, p. 422-423.
4. *DI*, Exorde, p. 133.

l'histoire d'un homme individuel moderne. Pour Rousseau, il y a eu dans l'histoire de l'humanité une ère du politique, et cette époque est révolue.

> Le peuple assemblé, dira-t-on! Quelle chimère! C'est une chimère aujourd'hui, mais ce n'en était pas une il y a deux mille ans. Les hommes ont-ils changé de nature [1] ?

Ces deux mille ans reconduisent à l'histoire romaine ou, plus généralement, à la Cité antique que les Grecs appelaient *Polis*, d'où nous avons tiré politique. Les mots de patrie et de citoyen avaient alors leur sens. Mais en deux mille ans la Cité a été remplacée par la ville. Aux citoyens romains ont succédé les bourgeois de Paris et de Londres, nous les hommes modernes, ces « hommes semblables à moi dont les passions ont détruit pour toujours l'originelle simplicité » [2].

> Partout où il n'y a plus de patrie il ne peut plus y avoir de citoyen. Ces deux mots, patrie et citoyen, doivent être effacés des langues modernes. J'en sais bien la raison, mais je ne veux pas la dire ; elle ne fait rien à mon sujet [3].

Si elle ne fait rien à son sujet pour Rousseau quand il commence son *Émile*, elle fait notre sujet même en cet article et il nous faut donc l'expliciter. Former un vrai homme, c'est-à-dire un homme naturel, qui soit aussi un homme moderne, autrement dit un homme naturel fait pour vivre dans les villes, voilà le problème :

> Il y a bien de la différence entre l'homme naturel vivant dans l'état de nature, et l'homme naturel vivant dans l'état de société. Émile n'est pas un sauvage à reléguer dans les déserts; c'est un sauvage fait pour habiter les villes [4].

La solution pour Rousseau est de former un vrai chrétien. L'œuvre culmine au livre IV avec la *Profession de foi du vicaire savoyard*, l'expression accomplie du christianisme de Jean-Jacques, le texte qui pour lui « peut faire un jour révolution parmi les hommes si jamais il y renaît du bon sens et de la bonne foi » [5]. En faisant du christianisme la clé de voûte pour une éducation de l'homme moderne, le « triste et grand système » [6] scelle la tombe du politique. Car point de vraie Cité sans une religion nationale exclusive. Mais le christianisme, « cette religion sainte, sublime,

1. *CS*, III, 12, p. 425.
2. *DI*, Note IX, p. 207.
3. *Émile*, I, p. 250.
4. *Ibid.*, III, p. 483-484.
5. *Rêveries*, IIIe Promenade, p. 1018.
6. J.-J. Rousseau, *Préface d'une seconde lettre à Bordes*, *OC* III, p. 105.

véritable »[1], a fait apparaître une fois pour toutes les limites du sublime patriotique, avec le caractère imaginaire des barrières entre nations sur lesquelles il repose[2]. Ce qui fut une erreur ou une illusion sublime, dans la jeunesse des patries, serait aujourd'hui un mensonge ou une imposture. « Maintenant qu'il y a plus et qu'il ne peut plus y avoir de religion nationale exclusive »[3], il ne peut plus y avoir de citoyen au sens fort du terme. Un homme moderne ne sera plus jamais un digne émule de Caton, il ne sera même pas un digne élève de Socrate[4] : comme maîtres il devra choisir entre Jésus et nos philosophes[5]. Former un chrétien est devenu la seule manière d'arracher l'homme moderne à la bassesse de l'intérêt particulier, à l'abjection du *moi* humain, à l'artificialité de l'amour-propre[6]. C'est désormais la seule manière d'en faire un homme *naturel* vivant dans l'état de société, c'est-à-dire l'inverse d'un homme *dénaturé*. Mais c'est aussi renoncer à en faire un citoyen ou un patriote, et reléguer décidément les héros de Plutarque dans les musées et les bibliothèques.

Est-ce y reléguer la politique avec eux ? Après l'*Émile*, « la politique des anciens » est-elle un pléonasme et « la politique des modernes » une contradiction, puisque l'âge politique est désormais derrière nous ?

Je ne le crois pas.

Deux raisons principales suggèrent qu'il existe une politique des modernes, et qu'elle est différente de la politique des anciens. L'une est de fait, l'autre est de droit.

La raison de fait est que l'auteur du *Contrat social* a médité les problèmes spécifiques à un certain nombre d'États modernes, et qu'il a élaboré à leur intention des analyses ou des projets qui relèvent incontestablement de la politique. Il faut distinguer ici les quatre cas les plus marquants : Venise, la Corse, la Pologne, Genève. a) C'est à Venise qu'un jeune secrétaire à l'ambassade de France conçut la première idée de ses *Institutions politiques* en remarquant « les défauts de ce gouvernement tant vanté »[7]. Or, nul remède n'est suggéré aux défauts politiques constatés. Au contraire.

1. *CS*, IV, 8, p. 465.
2. Voir *DI*, II, p. 178.
3. *CS*, IV, 8, p. 469.
4. Voir *DEP*, p. 255.
5. Voir J.-J. Rousseau, Lettre à M. de Franquières du 15 janvier 1769, *OC* IV, p. 1140.
6. Voir *Émile*, IV, p. 633, note.
7. J.-J. Rousseau, *Les Confessions*, IX, *OC* I, p. 404.

> Comme le régime des gens sains n'est pas propre aux malades, il ne faut pas vouloir gouverner un peuple corrompu par les mêmes lois qui conviennent à un bon peuple. Rien ne prouve mieux cette maxime que la durée de la République de Venise, dont le simulacre existe encore, uniquement parce que ses lois ne conviennent qu'à de méchants hommes [1].

Venise est l'exemple d'un vieil État endurci dans sa corruption, « où le vice et la fourberie sont sur leur trône » [2]. Il ne s'agit pas de le guérir en le faisant rétrograder vers une vertu des origines, mais bien de respecter l'étrange régime qui lui convient. La politique des modernes est ici, à la politique des anciens, ce que la gériatrie est à la médecine. b) Tout autre le cas de la Corse ou de la Pologne. La Corse n'est pas encore née, comme corps politique : elle a toute sa temporalité historique devant elle [3], et le *Projet de constitution* rédigé par Rousseau reprend, sur le mode de l'histoire empirique, les grands traits de la genèse idéale dans l'histoire hypothétique. Car, sous la réserve des relations externes, des rapports internationaux qui limitent étroitement l'autonomie de chaque corps politique, un État qui se constitue est toujours à sa façon comme un enfant qui naît, il part d'un même point de la naissance [4], d'un état primitif de non-développement. Si Rousseau est lui-même un moderne législateur, la politique qu'il administre aux Corses est celle qui convient à un État encore à naître [5] : la politique des anciens, qui est celle des origines, la politique de l'an I. Plus paradoxal encore l'exemple polonais, puisque voilà une vaste et vieille monarchie, au centre de l'Europe, qui « montre encore tout le feu de la jeunesse ; et elle ose demander un gouvernement et des lois, comme si elle ne faisait que de naître » [6]. Tourné vers le passé, soucieux d'en conserver les restes précieux, Rousseau législateur ne va pas se mettre en quête pour elle d'un modèle neuf, de quelque irréductible modernité politique. Bref, une fois encore, la politique des modernes va répéter pour l'essentiel la politique des anciens, puisque par deux biais différents ces deux corps politiques n'ont pas l'âge de leur âge et sont comme autant d'enfants attardés, déplacés dans leur siècle. c) Genève fournit l'exemple privilégié, cité à la fois idéale et réelle du citoyen de Genève, cité rêvée comme une patrie au sens antique par l'auteur des *Principes du droit politique* et retrouvée comme la ville-État qui reste pourtant son pays par

1. *CS*, IV, 4, p. 452-453.
2. *Pologne*, VII, p. 987, variante (*j*) citée par J. Fabre, *OC* III, p. 1769.
3. *CS*, II, 10, p. 391.
4. Voir *Corse*, p. 902.
5. Voir *ibid.*, p. 942-944.
6. *Pologne*, I, p. 954.

l'auteur désenchanté des *Lettres écrites de la montagne*. En méditant sur la double transformation de Genève et de son rapport à Genève, Rousseau va passer du fait au droit, il va faire comprendre pour quelle raison il faut bien qu'il y ait une politique des modernes.

Citons.

> Les anciens peuples ne sont plus un modèle pour les modernes; ils leur sont trop étrangers à tous égards. Vous surtout, Genevois, gardez votre place, et n'allez point aux objets élevés qu'on vous présente pour vous cacher l'abîme qu'on creuse au-devant de vous. Vous n'êtes ni Romains, ni Spartiates; vous n'êtes pas même Athéniens. Laissez-là ces grands noms qui ne vous vont point. Vous êtes des marchands, des artisans, des bourgeois, toujours occupés de leurs intérêts privés, de leur travail, de leur trafic, de leur gain; des gens pour qui leur liberté même n'est qu'un moyen d'acquérir sans obstacle et de posséder en sûreté [1].

Dans ce texte de 1764 où Rousseau s'adresse à la Genève contemporaine, où il prend avec ses concitoyens la distance du vouvoiement, l'essentiel nous semble dit par la maxime initiale. L'écart est désormais trop grand, il est devenu irréversible entre les anciens et les modernes. La politique pourtant est toujours aussi nécessaire pour des peuples qui ont au moins autant besoin que jadis de gouvernement et de lois, de gouvernement plus encore que de lois peut-être. Et la raison de cette irréversible altération est la suprématie définitive des intérêts privés, où se conjuguent notamment – comme à Clarens [2] – l'économique et le domestique. Acquérir et posséder, des biens, une femme et des enfants, des champs, des boutiques ou des salaires, mais aussi des sciences, des arts, des lumières et des convictions, religieuses ou irréligieuses, voilà le principal pour un cœur moderne. Le public, l'intérêt national du corps comme corps passe au second plan : la liberté politique n'est plus qu'un moyen au service de la sécurité. Certes toujours, et jusque dans la Cité antique, la conservation des terres et la conservation des familles ont été pour Rousseau « le vrai fondement de la société civile et le vrai garant des engagements des citoyens » [3]. Mais dans un cœur de citoyen, spartiate ou romain, et même corse ou polonais, la vertu civique faisait ou ferait passer « l'entier, qui est le corps social » [4], à la première place. Aimer la patrie exclusivement à soi,

1. *LEM*, IX, p. 881.

2. Voir Fr. Markovits, « Rousseau et l'éthique de Clarens : une économie des relations humaines », *Stanford French Review* 15/3, « L'imaginaire économique », dir. Ph. Desan, 1991, p. 323-348.

3. *DEP*, p. 263.

4. *Émile*, I, p. 249.

exclusivement à tout, c'est l'installer dans la place de Dieu, de ce faux Dieu auquel on rend un vrai culte. La politique des modernes est une politique pour Émile, Émile qui sait distinguer le vrai Dieu des faux dieux, qui sait distinguer les vraies patries disparues des simples agrégats qui en usurpent le nom, qui pour vivre sans inquiétude ne demande pas grand-chose : « Sophie et mon champ, et je serai riche »[1]. Rousseau a expliqué par les causes pourquoi les anciens ne sont plus un modèle pour nous.

Est-ce à dire qu'avant Benjamin Constant il a dissocié deux formes de liberté politique, dont les principes seraient inverses? Gardons-nous de conclure trop vite : tout dépend du sens donné au terme de modèle. Si l'on entend par là le contenu rationnel de la légitimité politique, il n'en est qu'un et le contrat social le définit. Les « règle[s] de droit » sont univoques, seules varient les « maximes de la politique » qui les appliquent à la diversité des situations[2]. Mais si l'on entend par modèle le tableau idéal d'un État dont les peuples modernes devraient tenter de se rapprocher, les Cités antiques ne peuvent plus nous servir aujourd'hui de modèle, et c'est d'autres perspectives qu'ouvrent les projets rousseauistes. Suivons-les un moment, puisque là doit se trouver « la politique des modernes ».

Les textes que Rousseau a consacrés aux corps politiques modernes, analyses critiques ou projets de réformes, ont souvent étonné les lecteurs habitués à la rigueur théorique du grand traité de 1762, le *Contrat social*. Tous ces écrits admettent des écarts considérables par rapport à une norme que, pourtant, ils ne cessent de rappeler. L'insociable association entre la norme antique et les modernes variations sur cette norme fait ici l'originalité même d'une politique moderne. Quelques exemples nous permettront de mieux la cerner.

Soit le problème de l'esclavage. Le modèle antique asseoit la parfaite liberté de citoyens égaux entre eux dans leur fonction législative sur l'existence d'esclaves absolument étrangers au corps politique, en état de guerre virtuelle avec lui. « Pour vous, peuples modernes, vous n'avez point d'esclaves, mais vous l'êtes; vous payez leur liberté de la vôtre »[3]. Que conseiller à la Pologne, où la masse des paysans vit dans le servage? La politique moderne s'y déploie dans la contradiction. La loi de l'État s'oppose, en Pologne, à « la loi de la nature, cette loi sainte, imprescriptible, qui parle au cœur de l'homme et à sa raison » et qui « ne permet pas qu'on

1. *Émile*, V, p. 835.
2. *CS*, III, 18, p. 435.
3. *Ibid.*, 15, p. 431.

resserre ainsi l'autorité législative »[1]. Le projet rousseauiste ne consiste pas à affranchir d'un coup, « inconsidérément », les peuples de Pologne. Il est « d'amener par degrés ce changement, de faire sans révolution sensible que la partie la plus nombreuse de la nation s'attache d'affection à la patrie et même au gouvernement »[2]. Une lente ascension sociale, plutôt ouverte comme une possibilité qu'effectivement pratiquée, ne rapprochera pas au fond du modèle antique, esclavagiste. Elle en éloigne et elle oriente vers le modèle européen courant, où nul n'est ni esclave ni vraiment citoyen. Mais c'est à la lumière de l'exigence inconditionnelle du droit politique que s'impose la marche graduelle, une marche d'autant plus ralentie que son aboutissement coïnciderait avec la disparition de la vraie spécificité polonaise. Cette jeunesse qui en fait encore une patrie.

Soit le problème de la représentation, qui est directement lié à la citoyenneté. Le modèle antique l'ignore, la théorie la rejette. Car « l'idée des représentants est moderne : elle nous vient du gouvernement féodal, de cet inique et absurde gouvernement dans lequel l'espèce humaine est dégradée, et où le nom d'homme est en déshonneur »[3]. Que conseiller alors aux grands États, où la population est trop nombreuse pour qu'une démocratie directe soit concevable, et par exemple à cette Pologne qui, même réduite à sa noblesse, ne se rassemblera pas tout entière comme le peuple romain au champ de mars ? De multiplier les Diètes et les Diétines, c'est-à-dire les organes représentatifs, d'en renouveler fréquemment les membres, et de les soumettre à une sorte de mandat impératif.

> C'est la présence continuelle du législateur. C'est la fréquence des Diètes, c'est le fréquent renouvellement des Nonces qui ont maintenu la République[4].

Ainsi se lient : une *préférence*, « les anciens [...] savaient mieux que nous comment se maintient la liberté »[5]; le *maintien de la norme*, « le moyen proposé est le seul, il est simple et ne peut manquer d'être efficace. Il est bien singulier qu'avant le *Contrat social* où je le donne personne ne s'en fut avisé »[6]; une *thérapeutique*, « Je vois deux moyens de prévenir ce mal terrible de la corruption, qui de l'organe de la liberté fait l'instrument de la servitude »[7]; des degrés et comme une *posologie*,

1. *Pologne*, VI, p. 973.
2. *Ibid.*, XIII, p. 1024.
3. *CS*, III, 15, p. 430.
4. *Pologne*, VII, p. 975.
5. *Ibid.*, p. 977.
6. *Ibid.*, p. 978.
7. *Ibid.*, p. 979.

> sur ce point votre constitution vaut mieux que celle de la Grande-Bretagne [...]. Je ne puis qu'admirer la négligence, l'incurie, et j'ose dire la stupidité de la nation anglaise qui, après avoir armé ses députés de la suprême puissance, n'y ajoute aucun frein pour régler l'usage qu'ils en pourront faire pendant sept ans entiers que dure leur commission[1];

un *bilan* enfin,

> Un des plus grands inconvénients des grands États, celui de tous qui y rend la liberté plus difficile à conserver, est que la puissance législative ne peut s'y montrer elle-même et ne peut agir que par députation. Cela a son mal et son bien, mais le mal l'emporte[2].

On pourrait multiplier les exemples : armée de métier devenue nécessaire avec les progrès de l'artillerie, institution publique que rend impossible le développement des intérêts privés, taxes qui se substituent inéluctablement à la corvée, religion nationale enfin que remplace la vraie religion de l'homme. À chaque fois le schéma est le même, et les mêmes ingrédients composent une politique à l'usage des modernes. Une irréversible altération détruit l'antique simplicité du modèle politique. Une tentative de synthèse cherche comment en sauvegarder la norme en l'adaptant à ces conditions nouvelles et produit des mixtes plus ou moins cohérents (ainsi la religion civile)[3]. Enfin, par un dernier mouvement, le sage législateur renonce à l'impossible conciliation et laisse sortir du politique ce qui dans la modernité lui échappe : « L'autre expédient est de laisser le christianisme tel qu'il est dans son véritable esprit, libre, dégagé de tout lien de chair »[4].

Récapitulons le parcours qui conduit d'une théorie politique comme science rigoureuse à un regard désabusé sur les États et les peuples modernes. Il me semble possible d'en tirer quelques thèses qui achèvent de donner au « triste et grand système » sa signification politique exacte.

1. « [...] la nature humaine ne rétrograde pas et jamais on ne remonte vers les temps d'innocence et d'égalité quand une fois on s'en est éloigné »[5]. Cet axiome est fondamental dans l'anthropologie rousseauiste. Il s'applique au premier chef à l'état de nature en sa pureté pré-politique, en son originelle animalité, tel que décrit au début du *Discours sur l'inégalité* :

1. *Pologne*, VII, p. 979.
2. *Ibid.*, p. 978.
3. Voir *CS*, IV, 8, p. 468; cf. *MsG* [« De la religion civile »], p. 342.
4. *LEM*, I, p. 705-706.
5. *Dialogues*, III, p. 935.

nul ne saurait aspirer sans folie « à nous rétablir dans notre bêtise »[1]. Mais il s'applique tout autant à l'état civil en sa pureté proprement politique, tel que théorisé dans le *Contrat social* : « son objet ne pouvait être de ramener les peuples nombreux ni les grands États à leur première simplicité »[2]. Seul un malentendu historique, passionnant au demeurant et qui exigerait explication, fera prendre trente ans plus tard, au moment de la Révolution française, le beau rivage du passé perdu pour l'idéal d'un avenir à réaliser, Gracchus pour Gracchus Babeuf.

2. L'humanité pourtant ne sort pas et ne peut pas sortir tout à fait du stade politique. « J'avais vu que tout tenait radicalement à la politique »[3]. Cette radicalité fait que l'humanité reste aujourd'hui doublement enracinée dans la politique. a) Elle y reste d'abord rattachée ou reliée comme à sa racine. Il en va de la Cité comme du premier état de nature : l'essence même de l'homme, à quelque âge qu'on le considère, enveloppe un certain nombre de valeurs qui ne prennent leur sens que dans ce moment exemplaire. La succession des époques ne détruit pas l'unité d'une nature, elle la réalise. De même qu'Émile adulte, sans rétrograder jamais vers l'enfance ou vers l'adolescence, garde dans son caractère d'adulte les fruits de son éducation, de même l'humanité actuelle garde, avec les valeurs morales d'une ère qui est chrétienne et non plus politique, le fruit des antiques vertus civiques. « Nous ne commençons proprement à devenir hommes qu'après avoir été citoyens »[4] : il faut mettre l'amour de l'ordre, la maîtrise de soi et le courage d'être juste, la liberté morale en un mot, « à l'acquis de l'état civil »[5]. La patrie disparue avec l'âge politique survit donc d'abord sous forme d'*acquis*, dans cette autre patrie qui est devenue la vraie patrie du chrétien, une patrie ou un royaume qui n'est pas de ce monde. b) Mais l'homme actuel reste aussi immergé dans le politique comme dans un milieu ou un *élément*. La patrie ne disparaît pas tout entière dans « ce prétendu royaume de l'autre monde »[6] : « Car qui n'a pas une patrie a au moins un pays. Il y a toujours un gouvernement et des simulacres de lois »[7]. Les âges de l'humanité se survivent à eux-mêmes. Si aucun ne disparaît à titre de souvenir, comme moment historique dont la mémoire donne sens au présent, la plupart survivent aussi comme réalités ou rapports existants.

1. J.-J. Rousseau, Lettre à Voltaire du 10 septembre 1755, *OC* III, p. 226.
2. *Dialogues*, III, p. 935.
3. *Les Confessions*, IX, *OC* I, p. 404.
4. *MsG*, I, 2, p. 287.
5. *CS*, I, 8, p. 365.
6. *Ibid.*, IV, 8, p. 462.
7. *Émile*, V, p. 858.

La famille qui naît avec les cabanes[1] ne disparaît pas avec les Cités. Amour conjugal et amour paternel traversent cette « grande révolution »[2]. Seul est contesté leur primat, parce qu'un cœur humain ne saurait avoir qu'une passion dominante. En Brutus la vertu romaine fait passer ces sentiments à la seconde place[3], elle en dissipe l'éclat, elle les désacralise. Même chose pour les vertus civiques en l'homme moderne. L'État, né dans le pacte entre le riche et les pauvres[4], ne disparaît pas avec la Cité antique. Il survit, mais désacralisé, dans les corps politiques que nous connaissons.

3. Pour l'homme moderne, la politique garde donc un double sens, théorique et pratique. a) D'abord, comme droit politique au sens strict ou comme politique des anciens, elle garde valeur de référence. Elle fixe une échelle de valeurs, elle permet d'apprécier et de mesurer des écarts[5]. Contre toutes les dérives modernistes, il convient de restituer dans sa grandeur farouche, archaïque et dépassée, la seule vraie liberté politique, qui fut celle des anciens. L'utilité de cette restitution, au regard des modernes, est de changer les objets de leur estime, de détruire un prestige d'illusion, de corriger une estimation trompeuse[6]. Ainsi, la rigoureuse théorie du *Contrat social*, solidaire du modèle romain ou spartiate, empêche de dissimuler en les baptisant d'un beau nom, « liberté des modernes », les instruments de nos misères, ces instruments de despotisme que sont l'impôt, l'armée de métier ou la démocratie représentative. b) Mais cette norme a aussi une valeur pratique, elle reste la norme unique pour un type de problèmes qui n'a pas disparu. Une « politique pour les modernes » est l'art de réaliser le moins mal possible ce qui est le droit politique dans un univers humain dont la courbure en est de moins en moins capable. Le dialogue entre Émile et son gouverneur, qui lui débite un sommaire du *Contrat social*, est très éclairant.

> On dirait que nous bâtissons notre édifice avec du bois et non pas avec des hommes, tant nous alignons exactement chaque pièce à la règle ! – Il est vrai, mon ami, mais songez que le droit ne se plie point aux passions des hommes, et qu'il s'agissait entre nous d'établir d'abord les vrais principes du droit politique. À présent que nos fondements sont posés, venez

1. Voir *DI*, I, p. 167-168.
2. *Ibid.*, p. 171.
3. Voir la Lettre à M. de Franquières du 15 janvier 1769, *OC* IV, p. 1143.
4. Voir *DI*, II, p. 177-178.
5. Voir *Émile*, V, p. 837.
6. Voir *Dialogues*, III, p. 934.

examiner ce que les hommes ont bâti dessus, et vous verrez de belles choses[1] !

La leçon des voyages n'est pas ironique ou désabusée, ce n'est pas un tout se vaut. Au contraire, à chaque situation politique particulière sa règle, et toutes ces règles sont orientées vers une seule norme, le contrat social. Non point idéal à venir, à réaliser en s'en approchant; mais précieux passé encore présent dans le présent, à conserver par tous les peuples en retardant leur décadence qu'ils accélèrent par leurs fausses appréciations[2]. La diversité des projets politiques élaborés par Jean-Jacques s'explique toujours par la diversité des situations traitées : elles appellent des mesures différentes, voire contradictoires. Mais jamais ne se profile une autre norme que le contrat. Les États seront plus ou moins libres, jamais ils ne seront autrement libres.

4. À mesure que l'humanité vieillit, il est pour elle de moins en moins *important* d'être libre, au sens de la liberté politique. Il ne s'agit nullement là d'une transformation en l'auteur, de plus en plus détaché de l'intérêt politique, mais d'une thèse sur l'histoire.

Précisons ce que Rousseau refusera toujours, et ce qu'il a dès longtemps accepté. Il refusera toujours toute autre forme de la liberté politique que la République la plus austère. Par contre, il affirme de plus en plus fortement la subordination du modèle politique, unique, à d'autres modèles, non politiques.

L'œuvre maîtresse du système, l'*Émile*, est sans équivoque. « Que le contrat social n'ait point été observé, qu'importe », dit à Émile son gouverneur en lui parlant de l'homme moderne,

> si l'intérêt particulier l'a protégé comme l'aurait fait la volonté générale, si la violence publique l'a garanti des violences particulières, si le mal qu'il a vu faire lui a fait aimer ce qui était bien, et si nos institutions mêmes lui ont fait connaître et haïr leurs propres iniquités[3] ?

Le lecteur du *Contrat social*, ou de son sommaire présenté quelques pages auparavant, pourra s'étonner que soit prise avec tant de détachement, avec tant de désinvolture, l'inobservation du contrat social : « qu'importe ? ». Deux ordres de considérations la justifient. Les unes sont méta-politiques : le passage à la liberté morale, aimer ce qui est bien, à travers les défaillances mêmes de la liberté politique, les iniquités.

1. *Émile*, V, p. 849.
2. Voir *Dialogues*, III, p. 935.
3. *Émile*, V, p. 858.

Mais les autres sont politiques : pour un individu comme Émile, la sécurité des personnes et des biens, la défense de Sophie contre les adultères et de son champ contre les voleurs, peut être aussi bien garantie dans un État à la Hobbes que dans un État à la Rousseau ou mieux à la Fabricius, aussi bien garantie par l'intérêt du Prince et la violence publique que par la volonté générale.

Ce détachement prépare à ce qui peut apparaître dans une lettre à Mirabeau comme un total renversement : s'il est décidément impossible de soumettre l'homme à la loi, « et j'avoue ingénument que je crois » cette soumission impossible,

> mon avis est qu'il faut passer à l'autre extrémité, et mettre tout d'un coup l'homme autant au-dessus de la loi qu'il peut l'être ; par conséquent, établir le despotisme arbitraire, et le plus arbitraire qu'il est possible. Je voudrais que le despote pût être Dieu. En un mot, je ne vois point de milieu supportable entre la plus austère démocratie et le hobbisme le plus parfait : car le conflit entre les hommes et les lois, qui met l'État dans une guerre intestine continuelle, est le pire de tous les états politiques [1].

Ces développements qui tendent à réhabiliter le despotisme pour les sociétés modernes correspondent plutôt à un changement de ton qu'à un changement de fond. Voltaire avait su relever jusque dans le *Second Discours* une notation discrète : « tout ce qui peut inspirer aux différents ordres une défiance et une haine mutuelle par l'opposition de leurs droits et de leurs intérêts » doit « fortifier par conséquent le pouvoir qui les contient tous » [2]. Sans indulgence excessive, il soulignait « le pouvoir qui les contient » et annotait : « si le pouvoir royal réprime et contient toutes les factions, tu fais le plus grand éloge de la royauté contre laquelle tu déclames » [3]. Or, sans le savoir, il rejoint là une thèse rousseauiste dès longtemps établie. Dans l'*Épître à Parisot* des années 1741-1742, Rousseau date de sa rencontre avec madame de Warens le déclin du modèle républicain, la distance prise avec lui :

1. J.-J. Rousseau, Lettre à Mirabeau du 26 juillet 1767, dans Ch. E. Vaughan (ed.), *The Political Writings of Jean-Jacques Rousseau*, Cambridge, Cambridge University Press, 1915, t. II, p. 160-161.

2. *DI*, II, p. 190.

3. Annotation de Voltaire sur le *DI* citée par J. Starobinski, n. 3 de la p. 190, *OC* III, p. 1358.

J'abjurai pour toujours ces maximes féroces
Du préjugé natal fruits amers et précoces
Qui dès les jeunes ans par leurs âcres levains
Nourrissent la fierté des cœurs républicains [1].

Il associe cette abjuration au développement de la raison, car la raison comme la conscience ou le christianisme est du côté de l'universel alors que la vertu politique est du côté du particulier et de l'exclusion.

Je me formai dès lors une raison naissante [2].

Et surtout, il associe cet adoucissement de la fierté, voire de la férocité républicaine « J'aimai j'humanité, je chéris la douceur » à un état historique du monde humain, à son état actuel ou présent.

Je connus que surtout cette raideur sauvage
Dans le monde aujourd'hui serait d'un triste usage ;
La modestie alors devint chère à mon âme [3].

Liberté et égalité politiques connaissent le même destin, puisque ce sont les deux valeurs indépassables du politique comme politique. Tout autant le lecteur du *Contrat social* (1762) peut s'étonner de lire dans la lettre à Mirabeau (1767) l'apologie du hobbisme, et déjà dans l'*Émile* (1762) une sorte d'indifférence aux violations du contrat social, tout autant le lecteur du *Discours sur l'inégalité* sera stupéfait de lire dans l'*Épître à Parisot* une apologie inattendue des inégalités :

Il ne serait pas bon dans la société
Qu'il fût entre les rangs moins d'inégalité [4].

Contradiction ? Non, paradoxe plutôt. Jean-Jacques aime mieux « être homme à paradoxes qu'homme à préjugés » [5]. La conscience de l'impossible rétrogradation n'efface nullement la nostalgie des valeurs perdues, ici les valeurs politiques pures de la liberté et de l'égalité. Elle évite seulement de transformer le regret en désir, en aspiration à rétrograder. Elle dénonce par avance non pas tant les fanatismes politiques, d'une politique républicaine par exemple, de la plus austère démocratie, que leur racine commune, le fanatisme du politique. C'est le déclin du politique qui rendra

1. J.-J. Rousseau, *Épître à M. Parisot* [achevée le 10 juillet 1742], *OC* II, p. 1140.
2. *Ibid.*
3. *Ibid.*
4. *Ibid.*
5. *Émile*, II, p. 323.

possible, avec l'adoucissement de l'homme, une relative indifférence aux diverses modalités politiques.

Les droits de l'homme, si l'on ose dire, reposent pour Jean-Jacques sur la nécessité de ne plus être citoyen, nécessité de fait qui est aussi bien une nécessité morale, un devoir, une vocation religieuse. « Les vrais chrétiens sont faits pour être esclaves »[1].

Concluons donc. Politiques des modernes, oui ou non ?

Oui si le citoyen de Genève avait produit dans son ouvrage fondamental la théorie pure de l'État, si cette théorie reflétait la réalité effective d'un État moderne, et si tous les peuples actuels étaient invités à s'en rapprocher.

Non car l'auteur du *Contrat social* s'aperçoit qu'il n'est pas et qu'il n'a jamais été un citoyen[2], et que Genève n'est plus une patrie mais un pays comme les autres. L'essence du politique n'en est pas affectée, mais elle se trouve disjointe de l'existence présente.

Oui encore et autrement si le promeneur solitaire avait conçu un autre modèle politique que celui de la Cité antique, s'il avait théorisé pour les modernes ses concessions au despotisme et pensé un corps politique de second rang, un État du deuxième âge.

Non car la Cité antique restera toujours pour Jean-Jacques comme pour Rousseau le seul modèle politique, tout projet de réforme y sera rapporté, les distances prises avec lui relèveront de la morale ou de la religion, du discours édifiant et de la chaire, au fond, plus que d'un livre de politique[3].

Un homme moderne devant la politique, alors, et qui ne saurait en penser la vérité maintenue puisqu'il la rejette dans un passé dépassé ? Au lecteur de juger si nous avons affaibli la pensée de Rousseau en insistant sur la différence des temps. Peut-être que la double distance temporelle et spatiale, du Genevois loin de Genève, du lecteur de Plutarque au Siècle des Lumières, n'expliquerait pas seulement le *ton* pris dans le *Contrat social* mais aussi l'accès à *l'essence comme telle*[4]. Car il y a bien aussi une géométrie des modernes ; et qui n'est pas une géométrie des triangles modernes mais la connaissance plus exacte des mêmes triangles qu'étudiait la géométrie des anciens.

1. *CS*, IV, 8, p. 467.
2. Voir *Rêveries*, VIe Promenade, p. 1059 et n. 2 de M. Raymond, *OC* I, p. 1807.
3. Voir *CS*, III, 6, p. 413.
4. Voir *Les Confessions*, IX, *OC* I, p. 405 n.

CHAPITRE IX

ANTHROPOLOGIE ET POLITIQUE CHEZ L'ABBÉ DE SAINT-PIERRE *

Rousseau sera amené à confronter cosmopolitisme et patriotisme, et c'est au sein de sa propre pensée qu'il rencontrera un conflit possible entre l'homme et le citoyen (aussi bien d'ailleurs serait-il plus juste de dire qu'il invente proprement ce conflit).

V. Goldschmidt, *Anthropologie et politique. Les principes du système de Rousseau*, § 136, p. 597

Ce gros volume[1] fournit au lecteur du XXe siècle un ouvrage marquant, qui ouvrit le Siècle des Lumières. Ébauché dès 1711, il fut publié sous des formes de plus en plus riches entre 1712 et 1717, où il atteint son plein développement. Il sera ensuite réédité, sous forme d'abrégé, d'extrait, etc., pour ne pas parler des textes parallèles écrits par l'abbé jusqu'à sa mort en 1743, textes qui adaptent le projet aux circonstances mouvantes de la politique internationale dans la première moitié du XVIIIe siècle. La version développée (tome I, 1713, 400 p. ; tome II, 1713, 423 p. ; tome III, 1717, 455 p.) est ici reproduite en une réduction photographique : ce qui permet de ramener près de 1 300 pages originales en moins de 350 (p. 129-475),

* Première publication : *Revue de métaphysique et de morale*, 1983/2, p. 247-259.

1. Abbé de Saint-Pierre, *Projet pour rendre la paix perpétuelle en Europe*, présenté et commenté par Simone Goyard-Fabre, Paris, Garnier, 1981. Nous renvoyons, pour les commentaires de S. Goyard-Fabre (abrégé S. G.-F., présentation ou annotations), à la pagination de cet ouvrage, mais pour le texte de l'abbé, à la pagination de l'édition originale, telle que reproduite en fac-similé dans la même édition (*PPP*, suivi du numéro du tome et de la page).

à raison de quatre pages pour une. La lisibilité en souffre un peu : mais y aura-t-il beaucoup de lecteurs pour tout lire, du début à la fin ? L'abbé ne prétendait pas avoir produit un ouvrage d'agrément[1] « Pour un sujet de la dernière importance », il réclame le droit d'ennuyer, et il en use.

On saura gré à S. Goyard-Fabre de son double travail. D'abord, elle a fourni une ample présentation (p. 11 à 128), qu'enrichit une introduction biographique, une liste des œuvres et manuscrits (si divers) et une bibliographie. Pour l'essentiel, elle replace le projet, brièvement analysé, dans l'histoire du mouvement pacifiste et elle en suit la postérité au XVIIIe siècle (notamment chez Rousseau et chez Kant) et jusqu'à notre époque (certains textes de la S.D.N. et de l'O.N.U. figurant en annexes). Le lecteur peut ainsi apprécier la place d'un « fonctionnaire de l'humanité »[2], dont l'ombre plane, « discrète mais géante »[3], sur notre modernité. Ensuite, S. Goyard-Gabre a fourni une très riche annotation (p. 477 à 559) : les chiffres adjoints en marge du texte original renvoient à près de 500 notes qui, considérées toutes ensemble, sont l'équivalent d'une interprétation systématique. À la croisée de l'histoire des idées et de l'histoire tout court, de l'histoire de la philosophie et de l'histoire des sciences, Simone Goyard-Fabre a pu utiliser sa particulière compétence dans l'histoire de la philosophie juridique à l'époque classique.

L'ouvrage de l'abbé comporte un noyau démonstratif, qui se ramasse à la fin du *Quatrième Discours* en un syllogisme hypothétique[4]. Si la société européenne peut procurer à tous les souverains sûreté suffisante de la paix perpétuelle, alors chacun y trouvera « les 15 avantages », motifs décisifs pour signer ce traité (*Troisième Discours*). Or la société européenne peut procurer cette sûreté suffisante par les « douze articles fondamentaux », qui forment l'union (*Quatrième Discours*). Quant à la rigueur logique, tout l'essentiel tient en ces deux *Discours*. L'édition de 1713 pourtant ajoute déjà cinq autres *Discours*. Un préambule oppose, comme les deux grands systèmes du monde politique, le système de l'équilibre, c'est-à-dire « le malheureux système de la guerre perpétuelle »[5], et le système de la paix perpétuelle avec ses deux précédents historiques (*Premier* et *Second Discours*). Deux compléments, pratiques ou utiles, développent des considérations sur le moment opportun pour signer ce traité (*Cinquième*

1. *PPP*, t. II, p. 215.
2. S. G.-F., présentation, p. 84 et 89.
3. *Ibid.*, p. 113.
4. *PPP*, t. I, p. 389.
5. *Ibid.*, p. 313 ; la formule se retrouvera chez Kant : voir S. G.-F., présentation, p. 103 et annotations, p. 119, n. 91.

Discours) et sur le détail du fonctionnement institutionnel proposé (*Septième Discours*). Enfin, selon une structure argumentative qui rappelle en effet les *Méditations* de Descartes[1], un énorme *Sixième Discours* rassemble, sans ordre des raisons bien manifeste, soixante-dix objections plus ou moins hétéroclites avec leurs réponses. L'édition de 1717 ajoutera à ces sept *Discours* un troisième tome : la première partie reprend la balance globale entre les avantages et les objections ; la seconde étudie, cas par cas, les intérêts particuliers des cosignataires (il y en a exactement vingt-quatre[2]). Cette étude, déjà esquissée dans les additions du *Septième Discours*, devient un gros mémoire diplomatique sur la situation internationale de l'Europe, avec quelques morceaux de bravoure comme le portrait du roi de Suède Charles XII : beaucoup plus que Louis XIV mort, c'est lui qui plane maintenant au-dessus du projet, ombre indiscrète et gênante, comme l'ange même de la guerre, par opposition à l'ange de la paix, son exact contemporain, « le feu Dauphin Bourgogne »[3].

Il est bien des voies pour aborder ce gros ouvrage. La plus directe consisterait à le regarder en juriste, pour le comparer à ce qui, depuis, s'est mis en place dans les institutions internationales. Nous relèverons ici un autre aspect : ce que, reprenant explicitement la terminologie et les magistrales analyses de Victor Goldschmidt, Simone Goyard-Fabre nomme fort justement l'articulation entre anthropologie (ou science de l'homme) et politique[4]. Car on ne peut pas ne pas être frappé par un contraste : autant est neuve l'attention portée au développement historique de l'économie, du commerce, de la population, des voies de communication (l'abbé est en tout ceci à l'avant-garde), autant nous apparaît rudimentaire toute l'analyse des passions. La comparaison avec Hobbes ou Spinoza, voire avec Descartes[5], pour ne pas parler de Rousseau et de Kant[6], est ici accablante. Rousseau aurait sans doute été très injuste s'il avait opposé au projet, comme une condamnation, que les hommes se conduisent par leurs passions et non par la raison. Car l'abbé s'est fait expressément cette objection[7], et il avait souligné que son projet était conçu pour des souverains, non pas idéaux et conduits par la raison, mais

1. Voir S. G.-F., annotations, p. 481, n. 21.

2. Voir *PPP*, t. I, p. 334 et *ibid.*, p. 86 et 87 ; S. G.-F., présentation, p. 86-87, n. 32 et 33 ; voir aussi annotations, p. 479, n. 11.

3. *PPP*, t. III, p. 362 et p. 382.

4. Voir S. G.-F., présentation, p 117, n. 44.

5. Voir par exemple S. G.-F., annotations, p. 483, n. 2.

6. Voir *ibid.*, p. 525, n. 12 et p. 544, n. 8.

7. *PPP*, t. II, p. 49 et S. G.-F., annotations, p. 526, n. 21.

effectifs et mus par leurs passions[1]. Mais il est vrai que des passions, de leur ordre et de leur histoire, l'abbé juge comme un enfant et ne donne qu'une interprétation si simpliste que toute l'érudition de son présentateur ne parvient pas à la rendre attrayante. La permanence affirmée de la nature humaine[2] conduit seulement à mettre sur le même pied l'homme sauvage d'avant les sociétés politiques et même d'avant les villages[3], l'homme médiéval[4] et l'homme moderne. L'abbé connaît parfaitement les passions et en particulier ce que Rousseau appellera l'amour-propre[5]. Mais il ignore complètement et ce que Rousseau appellera la « généalogie » des passions, et ce qui correspondra dans la philosophie de l'histoire à une éducation du genre humain, à une formation progressive du cœur. Il connaît le développement des Lumières, des arts et des sciences, bien plus que la transformation des mobiles d'action. D'où un artificialisme, justement relevé par Rousseau dans son *Jugement*: « il s'imaginait bonnement qu'il ne fallait qu'assembler un congrès, y proposer ses articles, qu'on les allait signer et que tout serait fait »[6]. N'est-ce pas en effet de la « simplicité » que d'imaginer cinq souverains avec « des intervalles de raison, et que ces intervalles puissent se rencontrer ensemble seulement pendant un mois, il est impossible qu'alors ils ne signent le traité »[7]? Rien ne suggère qu'une transformation de l'opinion publique rendra peu à peu inéluctable l'institution d'une société internationale : l'abbé estime seulement que la traduction de son ouvrage, en latin et dans les langues vulgaires de l'Europe[8], donnerait plus de chances aux ministres d'abord, aux souverains ensuite, d'en entendre parler et, par-là, de découvrir un nouveau moyen, « providentiel », pour satisfaire à leur intérêt (éternel) bien compris, à leurs passions (ordinaires). De même, c'est à peine si l'idée lui vient que semblable traité bouleverserait, avec les règles du jeu historique, ce que nous appellerions la psychologie des agents historiques. Pour l'essentiel, le système de la paix ne changerait rien à la nature humaine et au mécanisme des passions, à leur « feu perpétuel et souterrain »[9].

1. *PPP*, t. I, p. 276 et S. G.-F., annotations, p. 488-489, n. 42.
2. *Ibid.*, p. 139 et S. G.-F., annotations, p. 488, n. 36.
3. *Ibid.*, t. III, p. 10 *sq.*
4. *Ibid.*, t. II, p. 57-58.
5. *Ibid.*, t. III, p. 35-36.
6. *Jugement PPP*, p. 595.
7. *PPP*, t. II, p. 51-52.
8. *Ibid.*, p. 170 et p. 394.
9. *Ibid.*, t. I, p. 250.

Cette fermeture presque complète à « l'étude historique de la morale » [1] pèse lourd. Ce quasi-aveuglement développe plusieurs conséquences décisives.

Une première conséquence porte sur les effets supposés du traité proposé. Née dans le monde artificialiste de la diplomatie (hypothétique), l'union fonctionne entièrement au profit des souverains, contre toute modification des relations hiérarchiques internes (à chaque État cosignataire). Entendons-nous : l'union garantit à chaque État le *statu quo*, elle garantit donc aux Républiques (telles Gênes ou la Hollande) ou aux monarchies limitées (comme l'Angleterre) le maintien de leurs règles constitutionnelles. Mais l'essentiel est que le principe de non-ingérence dans les affaires intérieures (si évidemment contradictoire avec l'idée universaliste, selon laquelle chacun se mêle de tout parce que tout ce qui est humain le concerne) est interprété, dans l'article II, comme une assistance mutuelle des gouvernements établis [2]. L'abbé, en réponse à la 67e objection, montre que les autorités en place s'entendront toujours pour se sacrifier réciproquement leurs dissidents : « ne sont-ce pas tous souverains [*sic*] ? Ne veulent-ils pas être seuls maîtres chez eux ? » [3]. Il rappelle inlassablement combien son projet renforce tout pouvoir établi. D'où, en son texte, la palinodie gaillardement assumée sur la question jacobite : faut-il tenir pour souverain légitime de l'Angleterre, après la reine Anne, son demi-frère Jacques Stuart, prétendant jacobite [4], ou la famille de Hanovre, qui s'installe en 1714 ? « Mon système suppose les choses établies et n'est fait que pour donner de la solidité à celles qui sont établies » [5]. Un monarque établi est désormais à l'abri de toute subversion intérieure : derrière Kaunitz [6], on voit poindre un système comme celui de Metternich. Très consciemment, cette Sainte Alliance accroît donc la force des pouvoirs établis, en rendant impossible toute révolution (au sens moderne) : non seulement elle n'aura à compter sur aucune aide extérieure, mais encore toutes les puissances voleront au secours du gouvernement menacé [7]. D'où une très forte objection, la 59e : « les souverains augmenteraient très considérablement leur autorité sur leurs sujets » [8] (c'est sans doute cela, et non point une conquête territoriale externe, que Kant appelle

1. J.-J. Rousseau, *Les Confessions*, IX, *OC* I, p. 404.
2. Voir *PPP*, t. I, p. 290-291.
3. *Ibid.*, t. II, p. 276-277.
4. Voir *ibid.*, p. 331-335 et S. G.-F., annotations, p. 535-536, n. 7.
5. *PPP*, t. III, p. 321.
6. Voir S. G.-F., présentation, p. 111.
7. Voir *PPP*, t. I, p. 41-42 et p. 290-291.
8. *Ibid.*, t. II, p. 219 *sq.*

innerer Vergrösserung[1]) « mais aussi ils auraient un frein de moins pour les empêcher de devenir tyrans ». L'abbé ne peut répondre à l'objection qu'en montrant, pour lui emprunter une image, le fond du sac, ce qu'il y a au fond de sa psychologie. Or il ne réussit pas à choisir, entre une philosophie de l'histoire de style rousseauiste ou kantien (la nature humaine s'altérant avec le temps, il surgirait « nécessairement dans les esprits même des souverains une plus grande disposition à la justice, à l'humanité, par conséquent un plus grand éloignement pour la tyrannie »[2]), et une psychologie à la Hobbes (la nature humaine étant immuable, le souverain tout-puissant sera, par sa toute-puissance, à l'abri de toute tentation d'abuser, il sera non-tyran à force de »mépris »[3]). À peine entrevue, l'étude historique de la morale et la généalogie des passions neuves s'éclipsent. Le mot de la fin est pour relever qu'on s'habitue à tout, même à la tyrannie, et que, « à tout prendre »[4], on est beaucoup plus heureux sans guerre sous un régime tyrannique que dans un État libre ou modéré ravagé par la guerre. Le despotisme éclairé, d'autant plus despotique peut-être qu'il est plus éclairé, est la conséquence politique inéluctable d'une anthropologie fixiste.

Une seconde conséquence concerne les modèles invoqués à l'appui du traité proposé. Deux précédents reviennent inlassablement, comme deux préjugés en faveur du projet que ses adversaires déclarent chimérique ou platonique, bref irréalisable. L'un existe : c'est l'Empire, « l'union germanique » qui rassemble (pour un siècle encore) plus de deux cents souverains, fort inégaux de taille et de puissance. L'autre a eu lieu : c'est le projet, rapporté par Sully, auquel Henri IV aurait su rallier la plupart des souverains européens à la veille de son assassinat. Or rien n'est plus étrange que la version que l'abbé propose de ces deux réalités historiques. Il forge deux mythes parallèles : le mythe du Solon allemand (qui, à l'origine de l'union germanique, aurait proposé sous les quolibets le projet qui devint, par la signature des États allemands, l'Empire actuellement subsistant), et le mythe du Solon européen (qui sert bien sûr de répondant pour l'abbé lui-même[5], content de reprendre seulement le projet d'Henri le Grand). Leibniz soulignait déjà que l'Empire n'est pas né, de façon artificialiste, « par la signature de quelque traité »[6] : l'histoire montre tout autre

1. Voir S. G.-F., annotations, p. 511, n. 13.
2. *PPP*, t. II, p. 227.
3. *Ibid.*, p. 227-228.
4. *Ibid.*, p. 229.
5. Voir *ibid.*, t. III, p. 394.
6. S. G.-F. cite ce texte en appendice, p. 571.

chose, non pas un pacte d'association entre une pluralité préexistante de corps souverains, mais le surgissement de sous-ensembles autonomes par différenciation à partir d'une unité originelle. L'abbé n'ignore pas l'objection[1], c'est la 68e. Il n'en a cure, il substitue au nom de l'éternité de la nature humaine une histoire idéale à l'histoire empirique. Il faut bien, projetant à l'origine le fondement, poser un premier inventeur, un sage allemand dont le nom s'est perdu : « ce n'est point supposer une chimère que de supposer que quelqu'un en a eu la première idée, que quelqu'un en a dressé le premier projet »[2]. D'où une extraordinaire et admirable histoire hypothétique (qui est aussi bien apodictique), le roman des discussions qui auraient abouti à la signature de l'union germanique :

> si je raconte ainsi les divers jugements que l'on fit [...], ce n'est pas sur la foi des Mémoires des contemporains qui peuvent tromper et être trompés, c'est sur la foi des Mémoires de la nature même, qui sont beaucoup plus sûrs[3].

Mais, dans cette histoire idéale, l'abbé prête par fiction aux acteurs réels, non pas leur mobile réel (« se maintenir réciproquement *contre* les entreprises de l'Empereur »[4]), mais aussi voire surtout le mobile du sage (« il est certain qu'ils ont eu *aussi* en vue de terminer leurs propres différends *sans guerre* ; *puisque* la forme de les terminer en subsiste encore aujourd'hui »[5]). Par l'intemporalité d'une sagesse qui donne droit au nom générique d'un Solon, il ne voit pas qu'il prête aux souverains du haut Moyen Âge le type de rationalité d'un abbé éclairé de 1717. La démarche est la même quand, passant de l'Allemagne à l'Europe, il expose le projet d'Henri IV. Simone Goyard-Fabre, après Rousseau, montre bien comment l'abbé substitue l'accessoire à l'essentiel, à une alliance intéressée *contre* la puissance dominante, la maison d'Autriche qui prétend à la monarchie universelle, un projet de confédération *universelle* (des États chrétiens, nous y reviendrons)[6]. De même que la S.D.N. est sortie d'une alliance victorieuse *contre* les Empires Centraux, et l'O.N.U. d'une alliance victorieuse *contre* les puissances de l'Axe, la République Chrétienne devait naître d'une alliance *contre* les Habsbourg (assurant du coup à la France, sinon la primauté, du moins une promotion par l'abaissement de ses principaux rivaux). À nouveau, il faut convenir que l'abbé n'ignore pas

1. Voir *PPP*, t. II, p. 277.
2. *Ibid.*, p. 281.
3. *Ibid.*, t. I, p. 73.
4. *Ibid.*, t. II, p. 270 [souligné par J.-M. B.].
5. *Ibid.*, p. 272 [souligné par J.-M. B. ; « sans guerre » souligné par Saint-Pierre].
6. Voir S. G.-F., présentation, p. 75 et annotations, p. 480, n. 15.

l'objection : il voit bien ce motif particulier qu'avait Henri IV d'abaisser la puissance de la Maison d'Autriche [1]. Mais il croit pouvoir subordonner cet aspect, comme contingent, à une sagesse universelle, qui aurait été recevable aussi bien par l'adversaire, et qui aurait montré à chacun son véritable intérêt dans une union définitive. Il croit pouvoir intérioriser cette sagesse en Henri IV lui-même, qui devient le Solon de l'Europe devant des auditeurs à convaincre. C'est bien le type de lien entre universalité philosophique et partialité politique, ainsi que le caractère historique de ce lien, qui fait défaut chez l'abbé. « Je me donne pour un philosophe pacifique ami du genre humain, et j'aurais grand tort de quitter mon caractère pour prendre celui d'un écrivain partial » [2]. À la bonne heure. Mais parler du Solon allemand et du Solon européen, c'est prendre les acteurs historiques (dont le caractère est justement d'être partiaux) pour des philosophes pacifiques.

La troisième conséquence touche de plus près au sens même du projet, comme projet historique des années 1712-1717. Le présentateur lui-même nous semble, ici, être resté la dupe de son auteur. Car, pour apprécier ce projet, son sens historique et son échec historique immédiat (le traité n'a pas été signé), il ne suffit pas de rappeler que Louis XIV avait trop aimé la gloire militaire, et que le bon abbé, belle âme scandalisée par les horreurs de la guerre, rejetait son absolutisme impérialiste. L'essentiel tient à un renversement de situation, à un retournement dans le rapport des forces. En recueillant la succession d'Espagne pour le duc d'Anjou, Philippe (petit-fils et non fils du roi [3], et frère du duc de Bourgogne, ce même Dauphin Bourgogne que jamais un simple abbé n'aurait songé à appeler « un de mes amis » [4]), la Maison de France avait atteint au comble de la puissance. Mais elle avait subi, en conséquence de cette succession, une guerre devenue désastreuse : un observateur aussi lucide que Vico, dans sa lettre au Père Édouard de Vitry du 20 janvier 1726, parlera de « la plus grande guerre qui ait eu lieu dans le monde depuis la seconde guerre punique » [5]. Il s'agissait pour elle, à tout prix, d'y mettre fin. À tout prix? En face de la grande alliance européenne, Louis XIV n'était pas exactement ce que sera Napoléon après la défaite de Leipzig ou Hitler après la bataille de Normandie; car le modèle des rois légitimes n'était pas un usurpateur, et la révocation de l'édit de Nantes ne suffit pas à en faire un mixte de Satan

1. Voir *PPP*, t. II, p. 285-286 et Remarques du t. III, p. 402-403.
2. *Ibid.*, t. III, p. 321-322.
3. Voir S. G.-F., annotations, p. 557, n. 63.
4. Voir *ibid.*, p. 480, n. 14.
5. G. Vico, Lettre au père Édouard de Vitry du 20 janvier 1726, dans *Vie de Giambattista Vico écrite par lui-même*, trad. fr. A. Pons, Paris, Grasset, 1981, p. 171 [NdÉ].

et de minable chef de gang. Il serait plus exact de faire une comparaison avec l'Allemagne de l'automne 1918. La puissance, dominante hier jusqu'à faire craindre la monarchie universelle, était irrémédiablement vaincue : vaincue, mais non détruite. Le parti de la paix, autour de Fénelon et du Dauphin Bourgogne, en était à chercher comment abandonner l'Espagne pour se dégager du conflit : les débats portaient sur la voie étroite entre la défaite et la débâcle, et pacifisme rimait avec défaitisme. En face, l'Europe coalisée avait le choix, entre la poursuite de la guerre jusqu'à la victoire totale (ce que voulaient l'Autriche et les chefs militaires, Eugène et Marlborough), et une paix favorable mais modérée (ce qu'imposa l'Angleterre de la reine Anne). Le projet de l'abbé est pris dans ce jeu international, qui l'éclaire, et qu'il contribue aussi à déguiser. Alors que les négociateurs se réunissent à Gertruydenberg et à Utrecht, il faut le mettre en corrélation avec les buts de guerre des belligérants : dans les interminables objections et réponses, l'abbé virevolte entre les deux camps (comme un siècle plus tôt le jeune Mazarin avait filouté une trêve entre deux armées ennemies). Car la formule qui revient inlassablement à travers ces 1 300 pages, « sûreté suffisante », est justement le slogan des coalisés [1]. Ce que réclament les adversaires acharnés de Louis XIV, c'est de ne rien restituer de ce qu'ils viennent de lui arracher. Nulle restitution, de nouvelles conquêtes, voire au fond l'extermination de l'ennemi : sans quoi, le passé pour eux en fait foi, il n'y aura jamais pour l'Europe de « sûreté suffisante ». Avec son projet, l'abbé se fait fort, à la fois, de sauver la France, l'Espagne et toutes leurs possessions, et de donner à l'Europe cette sûreté suffisante. Par la paix perpétuelle, la France ne perdrait pas une seule place forte (ces places, comme Lille, déjà occupées par les alliés [2]), elle ne cèderait pas un seul moulin de la monarchie d'Espagne (comme Louis XIV s'y était, « glorieusement », engagé au début du conflit). Et, pourtant, l'Europe serait pleinement assurée : assurée que jamais les deux monarchies de France et d'Espagne ne tomberont sur une seule et même tête, assurée que jamais la Maison de Bourbon malgré ces deux couronnes ne constituera pour personne une menace. La risée que soulève le projet ainsi éclairé est à la mesure de la méfiance réciproque. Qui, au terme d'une si dure guerre, se satisferait d'une manière aussi désinvolte de régler ses dettes, et que le vaincu paye ses défaites par un pacte d'assurance mutuelle ? Pour la monarchie française, une ère est en train de se clore. Il y a « six-vingt ans » (c'est-à-dire, non pas 26 ans, mais 120 ans, tout comme quatre-vingt ne veut pas dire vingt-quatre : nous ne sommes pas renvoyés à

1. *PPP*, t. II, p. 70.
2. Voir S. G.-F., annotations, p. 526, n. 24.

1686[1], mais à la transition entre Henri III et Henri IV, ce n'est pas la fistule[2], mais la Ligue, Philippe II et les Guise qui ont presque fait périr la Maison de France), elle a commencé avec Henri IV une ascension qui, maintenant, a fait place à la décadence et pour finir à un risque d'élimination. Tout projet de paix perpétuelle exprime une volonté de puissance. Le même projet qui exprimait, avec Henri IV, une volonté de puissance ascendante (devenir le premier alors qu'on ne l'est pas encore) exprimerait à Utrecht une volonté de puissance déclinante (rester le premier alors qu'on ne l'est plus). Certes ni le Dauphin de Bourgogne ni l'abbé ne manquaient de sincérité : bons citoyens de l'Europe et du monde, ils ne veulent et ne proposent que « raison et équité »[3]. Mais la sincérité ne fait rien à l'affaire : au nom de l'équité, les Gallispans se feraient rendre Naples et le Milanais, la Catalogne et les places de Flandres[4] ? « Il me semble que je n'ai rien déguisé de la force de l'objection »[5]. Pour tout diplomate des années 1710, la 60e objection était si décisive qu'aucun n'aurait eu la naïveté de proposer même le projet. Il était, au regard de l'insertion dans l'effectivité historique, trop « platonique »[6] ou chimérique pour être même utilisable comme « leurre »[7]. Il pouvait amuser les lecteurs, il n'aurait ni abusé ni amusé des négociateurs.

> On m'a dit que j'eusse mieux fait de cacher ma patrie au public, et que j'en aurais paru moins suspect de partialité à toutes les nations[8].

Si l'abbé avait voulu agir dans l'histoire, l'objection serait excellente. La réponse n'est solide que s'il a fait autre chose : œuvre, non pas de diplomate français, mais de philosophe ami du genre humain.

La dernière conséquence qu'implique l'absence d'une anthropologie rigoureuse atteint le projet en sa pure idéalité philosophique. Car il se révèle équivoque en sa prétention même à l'universalité. Paix perpétuelle *pour* l'Europe et *en* Europe, soit (tomes I et II) : mais l'Europe n'est pas le monde. Paix perpétuelle entre les souverains chrétiens, soit (tome III) : mais l'Europe chrétienne n'est pas l'Europe. L'abbé ne sait pas trop, en définitive, ce qu'il projette : rassembler comme le noyau d'une association

1. Voir S. G.-F., annotations, p. 505, n. 26.
2. Voir *PPP*, t. II, p. 13 et p. 40.
3. *Ibid.*, p. 196.
4. Voir *ibid.*, p. 232.
5. *Ibid.*
6. *Ibid.*, p. 175 et p. 199-201, notes LII et LIII.
7. *Ibid.*, p. 253.
8. *Ibid.*, p. 166.

qui s'étendra de proche en proche jusqu'à couvrir la terre entière[1], ou rassembler un premier continent sur le modèle duquel se rassemblera ensuite, par exemple, une Union Asiatique[2], ou enfin rassembler un continent dominateur et sûr de lui *contre* ses voisins. La difficulté, c'est « le Turc ». Alors que la Moscovie est accueillie dans la communauté (on relèvera que le prince qui parle en interlocuteur violent, comme véritable souverain attaché à son indépendance et rétif devant toute organisation contraignante, est précisément... le Czar[3]), l'Empire ottoman occupe une place toute différente dans l'économie du projet. Naturellement les mœurs ne sont nullement, en cet immense Empire, plus sauvages ou plus déconcertantes qu'ailleurs[4], en Moscovie par exemple. Et ce puissant État joue bien évidemment, depuis plusieurs siècles et encore à celui des Lumières, un rôle déterminant dans l'équilibre européen : la France y a longtemps trouvé une précieuse alliance de revers contre la menace des Habsbourg[5], et il a encore au début du XVIIIe siècle la capacité d'arracher la Morée ou Péloponnèse, par le traité de Passarowitz en 1718, à la République de Venise plus décadente que lui[6]. Or l'abbé ne sait vraiment pas que faire des Turcs. Dans sa première version, en 1713, il leur ouvre un statut d'associés, comme aux puissances du Maghreb[7]. Il prévoit un corps auxiliaire soldé par l'Union Européenne pour défendre les frontières de la Turquie contre le grand Sofi de Perse[8]. Il montre que la différence entre le christianisme et le mahométisme n'empêche nullement un tel accord diplomatique, et il déconstruit chemin faisant le mythe de la guerre sainte[9]. On imagine sans peine, dans la ville de Paix qui ressemble à Utrecht, des mosquées pour les envoyés du Grand Seigneur : à quelque chose « le tolérantisme » (des Hollandais) est bon[10]. Mais la version de 1717 inverse les perspectives. L'abbé ne va plus associer la conservation des possessions françaises et espagnoles à l'amour des Turcs, sinon des Tartares. Par un véritable changement à vue, il mobilise l'Europe chrétienne pour la lutte contre le Turc. L'objectif avoué n'est même plus de le refouler hors d'Europe, il est son extermination. Aussi infatué que les généraux coalisés

1. Voir *ibid.*, t. I, Préface, p. XX.
2. Voir *ibid.*, t. II, p. 316.
3. Voir *ibid.*, t. III, p. 2 *sq.*
4. Voir S. G.-F., annotations, p. 558, n. 79.
5. Voir *ibid.*, p. 498, n. 30 et p. 509, n. 5.
6. Voir *PPP*, t. III, p. 239 et S. G.-F., annotations, p. 551-552, n. 19.
7. Voir *PPP*, t. II, p. 312.
8. Voir *ibid.*, p. 316.
9. Voir *ibid.* t. I, p. 129.
10. *Ibid.*, p. 362-363.

de 1709, l'abbé se fait guerrier et, nouveau Matamore ou nouveau Picrochole, il conquiert l'Asie « en une seule campagne », « facile »[1]. Du coup, il n'est plus question d'envoyer des garnisons aux frontières de la Perse pour défendre les provinces ottomanes, mais de faire jouer une alliance de revers et d'appeler la Perse à la curée : on pourrait « lui céder quelque lisière des États du Turc à condition qu'il l'attaquerait en même temps que l'Union »[2]. L'universalité ne qualifie plus l'humanité du philosophe, mais l'esprit de croisade : l'union européenne est regardée maintenant « comme un acheminement à une croisade universelle »[3]. C'est bien sûr l'intérêt propre aux puissances limitrophes que de refouler les Turcs, et c'est en particulier l'intérêt spécifique du Pape que d'« exterminer ces infidèles », intérêt signalé comme tel dans le dénombrement des intérêts particuliers[4]. Mais le philosophe pacifique se fait ici écrivain partial, l'ami du genre humain change de caractère et il prend à son compte les rancœurs ou les nostalgies de la Chrétienté. Sans un concert universel et durable, sans une véritable Sainte Ligue, il est absolument impossible de chasser le Turc de l'Europe[5]; avec elle, les Vénitiens « n'auraient pas perdu Candie que *je* regrette toujours, et que toute la Chrétienté *doit* toujours regretter »[6]. Qu'est-ce qui peut faire oublier à l'abbé la base essentielle de la possession actuelle, et son engagement de conserver toutes choses en repos dans l'état qu'il les trouve[7] ? Le fanatisme lui tournerait-il la cervelle, ou voudrait-il, par opportunisme, profiter en 1717 des appels au secours du Pape (dont Alberoni essaya de profiter pour rendre à l'Espagne ses possessions italiennes perdues), comme en 1712 des conférences d'Utrecht, afin de promouvoir son projet pacifiste ? Ni l'un ni l'autre. Le projet n'est pas un projet de circonstance, Simone Goyard-Fabre le dit parfaitement[8]. Son vice interne est beaucoup plus radical : il est indifférent aux singularités des faits historiques[9]. N'importe quelle circonstance est pour lui favorable, et tout mobile partisan y reconduit. Le mobile mobilise, mais son efficace s'épuise à signer le traité. Dès lors tout est fait et l'abbé, revenant sur la partialité du mobile, se convainc et croit convaincre que, sans cette partialité, tout irait aussi bien sinon mieux. Le traité une fois

1. *PPP*, t. III, p. 433.
2. *Ibid.*, p. 436.
3. *Ibid.*, p. 438.
4. *Ibid.*, p. 296-298.
5. Voir *ibid.*, p. 431.
6. *Ibid.*, p. 226 [souligné par J.-M. B.].
7. Voir *ibid.*, t. I, p. 291 et p. 299.
8. Voir S. G.-F., présentation, p. 16.
9. Voir S. G.-F., annotations, p. 492, n. 66.

signé immobilise et démobilise. Depuis Hegel, on sait, ou on croit savoir, que cette capacité d'appliquer l'universalité à n'importe quel contenu, à tel contenu déterminé et à son contraire, est la marque indélébile du formalisme. Les variations de l'abbé entre turcophilie et turcophobie, son incapacité à choisir entre chasser le Turc et s'associer à lui (voire faire les deux successivement[1]), ne relèvent pas de l'anecdote ou de la bizarrerie. L'incohérence philosophique, qui n'est pas une inconsistance juridique, est le prix que l'entendement formaliste doit payer pour l'absence de toute fondation anthropologique rigoureuse.

La lecture croisée de Saint-Pierre et de Rousseau nous paraît éclairer l'un et l'autre. Elle aide à apprécier ce qu'apporte de neuf « l'étude historique de la morale »: une généalogie des passions pour l'universel. La perfectibilité n'épuise pas ses effets dans l'éclairement d'une raison théorique, elle ordonne le progrès de nos affections primitives jusqu'aux voix de la conscience morale. Mais, réciproquement, il ne faut pas définir le projet de Saint-Pierre par l'anthropologie qui lui manque. Pour éviter la méchanceté (de préférer la guerre à la paix) et le ridicule (de condamner anachroniquement un auteur à partir de ses successeurs immédiats), il nous reste pour conclure à chercher quels champs a libérés pour l'abbé l'absence de toute histoire du cœur humain.

Le premier est intemporel, il est juridique, et Simone Goyard-Fabre le balise parfaitement. Car, si on les coupe de toute histoire empirique, les projets d'organisation internationale rencontrent identiquement, depuis toujours et pour toujours, le feu souterrain des passions comme un obstacle, et la nature humaine comme une résistance. Choix d'une capitale et d'une langue commune entre la multiplicité des idiomes nationaux, arbitraire d'une égalisation entre des partenaires inégalement puissants et développés, composition d'une force armée ou symbolique ou inquiétante, voilà quelques difficultés entre beaucoup que l'abbé rencontre et recense : l'érudition du présentateur est ici à la mesure des anticipations de son auteur. C'est pourquoi, Rousseau l'avait reconnu le premier, « il est très important que [ce livre] existe »[2] et, ajoutons-le, il est important aussi qu'il nous soit rendu.

Mais il est une seconde modernité de Saint-Pierre. Celui qui ne voit pas le futur proche semble d'abord aveugle, il fixe peut-être un avenir plus lointain et entrevoit déjà ce que ses suivants immédiats vont manquer. Aveugle à la philosophie de l'histoire et au développement progressif des passions, l'abbé a manqué ce qui sera pour deux siècles l'anthropologie

1. Voir *PPP*, t. II, p. 177.
2. *Jugement PPP*, p. 591.

dominante. À l'heure où elle reflue, on s'aperçoit qu'il a formulé autre chose, qui nous importe : plus que l'esquisse, la théorie des mouvements historiques comme théorie des jeux. Si la nature humaine est éternelle, si rien ne se cumule et si chaque coup est indépendant du précédent, alors, en même temps que le formalisme juridique pourra développer une doctrine de la possession actuelle, le formalisme mathématique devra développer un calcul des chances. L'abbé en trouve le modèle dans la guerre même : « la guerre est un jeu où il entre beaucoup de hasards, et tel souverain qui a beau jeu une campagne peut l'avoir très mauvais trois ou quatre campagnes après »[1]. La réduction à un calcul d'argent de toute la stratégie internationale n'est pas tant de la mauvaise psychologie que la dénonciation de toute psychologie. Le mot *espérance* doit changer de sens : à l'espérance psychologique il faut substituer l'espérance mathématique, réduite en règles depuis Pascal. Les alliés qui ont fait des conquêtes « espèrent en faire encore d'autres »[2] : illusion psychologique d'une continuité automatique, tout comme l'illusion inverse du désespoir que la défaite appelle la défaite et décourage d'une résistance inutile[3]. Mais cette fatalité de la connexion n'est qu'une illusion de la partialité : le philosophe pacifique essaie de la neutraliser en se faisant un calculateur exact. À qui conserve des atouts, une bataille perdue n'assure pas que la prochaine sera perdue, ni bien sûr qu'elle sera gagnée[4]. Le projet de paix perpétuelle cesse ici d'apparaître ou comme le terme idéal et nécessaire de l'histoire universelle, ou comme une ruse pour infléchir un moment de l'histoire empirique. Il définit un système (au sens formel), un type de loterie par opposition à un autre. Le système de l'équilibre ou de la guerre est une loterie noire, loterie inégale où la somme des gains n'équilibre pas, globalement, la somme des coûts[5]. La partialité de l'acteur historique est bien fondée, dans l'unilatéralité de son point de vue : « à tel coup, je puis gagner gros ». L'impartialité du philosophe consiste à regarder l'ensemble des coups et des partenaires. Il découvre que, dans le système de l'arbitrage ou de la paix, tous en corps y gagneraient (le bonheur sans doute, plus que la liberté, et les lumières de la civilisation à défaut des mobiles moraux). Reste à persuader chaque joueur que, dans la durée, même du point de vue unilatéral de sa maison, nous dirions aujourd'hui son camp, un coup heureux ne garantit pas ce qui suivra. Pour sa démonstration l'abbé fait une curieuse supposition : soit,

1. *PPP*, t. II, p. 168.
2. *Ibid.*, p. 230.
3. Voir *ibid.*, p. 433.
4. Voir *ibid.*, p. 242-243.
5. *Ibid.*, p. 143.

dans deux siècles exactement, la maison de France maîtresse de l'Europe entière, de Cadix à Moscou et de Tarente à Hambourg. Il faudrait parier « simple contre simple » (c'est-à-dire à jeu égal) qu'elle serait détrônée et entièrement anéantie un demi-siècle après [1]. Il raisonne sur les Bourbon et la date de 1912 : s'il avait choisi 1812, il aurait presque prophétisé le destin des Bonaparte, éliminés deux ans après (mais ressuscités cinquante ans plus tard). « Prophétiser, ce n'est pas raisonner » [2]. L'imagination prophétique transforme la conjonction en connexion et produit la nécessité illusoire d'un destin. En ignorant le progrès historique, l'entendement s'est rendu libre pour le calcul des combinaisons.

Le style du livre, chez Saint-Pierre, s'accorde ainsi à la nature de son objet : une anthropologie sans histoire, et une histoire vidée de tout sens anthropologique. Tous les acteurs sont individuels et jouent leur partie, les souverains comme les autres. Pour que la paix perpétuelle surgisse, qui remplacera une loterie par une autre, il faut que quelques souverains jouent ensemble le même coup, signent le même mois le même traité. Peu importe leur mobile, peu importe la circonstance. Le projet (de traité) est né de l'intelligence calculatrice, la signature ou réalisation naîtra de la rencontre entre cette intelligence et les hasards (de l'histoire). Puisque la rationalité du projet est globale, mais qu'elle ne peut devenir effective que localement, l'abbé doit être présent partout, Solon doit être perpétuellement disponible et pouvoir parler à chacun son langage. Toute objection est bonne, puisqu'elle institue un lien entre un acteur et le sage : « je ne crains que ceux qui ne veulent rien objecter » [3]. Pour que les acteurs historiques dialoguent entre eux, il faut d'abord qu'ils aient rencontré le projet du sage. En traduisant le livre dans toutes les langues, on accroît les chances de la rencontre providentielle.

> Comme je ne veux déplaire à personne, et que je voudrais au contraire, s'il m'était possible, plaire à tout le monde, je ne veux prendre aucun parti, si ce n'est le parti de maintenir la paix, qui est un grand avantage commun pour tout le monde [4].

Un utopiste veut dire quelque chose, et il devient opportuniste quand, pour permettre l'advenue du tout autre, il essaie de parler à chacun la langue de ses intérêts partisans. L'abbé au contraire ne change rien, ni à la nature humaine ni à l'état des choses que son projet consolide pour

1. *Ibid.*, t. I, p. 169-170.
2. *Ibid.*, t. II, p. 98.
3. *Ibid.*, p. 50.
4. *Ibid.*, t. III, Seconde partie, Préface, p. 187 (non paginée).

l'éternité; et il ne parle à chacun selon son intérêt particulier que pour lui apprendre à l'exprimer et à le satisfaire dans la langue de l'universalité. Il n'a rien à dire ou à faire entendre; il ne cherche qu'à faire parler pour faire communiquer. Il ne dit rien, il enseigne une nouvelle langue.

Sa modernité se confond-elle par là avec la nôtre? Aujourd'hui que le fameux traité a été signé, et que la paix perpétuelle n'en est pas sortie, nous pouvons mieux apprécier ce que nous avons appelé ses incohérences philosophiques. Nous voyons bien que la nature humaine n'a guère changé, et que les souverains ou les acteurs historiques ne se sont pas du tout affaiblis. Quant aux philosophes, ils ne savent plus à quel universel se vouer, car ils ont seulement perdu l'illusion qu'ils se rejoignent tous sans trouver en quelque nouveau principe une providentielle synthèse. Ce que l'espérance philosophique aurait voulu lier s'est délié. Il nous reste, de Saint-Pierre, l'universalité formelle de la communication: mais nous savons qu'elle n'est pas nécessairement pacifique. Et, un peu méconnue de lui, l'universalité de la raison pratique ou la voix de la conscience ne se fait guère entendre dans l'histoire. Bref, les incohérences de l'abbé sont encore les nôtres. Il nous manque sa sérénité. À son défaut, puissions-nous apprendre de V. Goldschmidt la lucidité passionnée dont il était un modèle, la passion de lumière ou, comme il disait, « la passion mise au service de la science » [1]; et méditer l'aporie qu'il nous a laissée,

> toute volonté générale étant particulière par rapport à une société plus vaste, une volonté générale propre à la « société générale » [du genre humain] serait une contradiction dans les termes [2].

1. V. Goldschmidt, *Anthropologie et politique. Les principes du système de Rousseau*, § 200, Paris, Vrin, 1974, p. 783.

2. *Ibid.*, § 137, p. 601 n.

CHAPITRE X

QUELLES FRONTIÈRES POUR L'EUROPE ? L'ISLAM POUR L'ABBÉ DE SAINT-PIERRE ET JEAN-JACQUES ROUSSEAU [*]

La comparaison entre le *Projet* de l'abbé de Saint-Pierre pour rendre la paix perpétuelle en Europe [1] et la présentation contrastée qu'en a donnée Jean-Jacques Rousseau, dans son *Extrait* et dans son *Jugement*[2], a été souvent et brillamment menée. Qu'il me suffise de renvoyer à la seconde session du présent colloque. Je souhaiterais l'aborder ce matin par un biais un peu différent, en cherchant les frontières (externes ou intérieures, nous aurons à y revenir) de cette Europe dans laquelle il s'agit d'instaurer la paix perpétuelle. Car, répétons-le, ni chez l'abbé de Saint-Pierre ni chez Rousseau le *Projet* ne concerne d'emblée l'ensemble de la planète et tous les peuples de l'humanité. Le *Projet* vise à instaurer « une paix perpétuelle et universelle entre tous les peuples de l'Europe » [3], et même plus exactement « entre les souverains chrétiens » de l'Europe [4]. L'Europe n'est pas le monde, il ne s'agit donc pas au sens propre de cosmopolitisme. Et l'Europe chrétienne n'est même pas l'Europe tout entière, au sens de la géographie ou de l'histoire. D'où la difficulté, l'aporie peut-être :

* Première publication dans *Jean-Jacques Rousseau, politique et nation. Actes du IIe Colloque international de Montmorency*, Paris, Honoré Champion, 2001, p. 859-870.

1. Abbé de Saint-Pierre, *PPP*. Nous renvoyons à la pagination de l'édition originale, telle que reproduite en fac-similé, suivie de la pagination dans l'édition Goyard-Fabre (abrégé éd. S. G.-F.).
2. *Extrait PPP* et *Jugement PPP*, p. 563-600.
3. *Extrait PPP*, p. 563.
4. *PPP*, t. III, titre (éd. S. G.-F. p. 349).

où s'arrête cette Europe, quelles frontières lui reconnaître, et à partir de quels principes ?

Je prends pour fil directeur une formule de l'*Émile*, au livre IV :

> Nous avons trois principales religions en Europe. L'une admet une seule révélation, l'autre en admet deux, l'autre en admet trois. Chacune déteste, maudit les deux autres, les accuse d'aveuglement, d'endurcissement, d'opiniâtreté, de mensonge [1].

Juifs, chrétiens, musulmans s'opposent et s'affrontent sur le terrain des croyances religieuses. Quelles conséquences en tirer sur le plan politique, au regard du projet européen qui vise à instaurer, dans une zone géographique limitée, une paix perpétuelle ? Le cas est différent selon qu'on envisage l'extension d'un projet avant tout chrétien au judaïsme ou à l'Islam. Car il n'existe à l'époque de Rousseau aucun État hébreu à prendre en considération. « Je ne croirai jamais avoir bien entendu les raisons des Juifs qu'ils n'aient un État libre, des écoles, des universités où ils puissent parler et disputer sans risque ». Sans doute existe-t-il pour Rousseau, et d'un point de vue strictement politique, un problème juif : mais il n'affecte en rien sa réflexion sur l'Europe. Par contre il existe des États musulmans dont l'un est en même temps un des plus grands États européens, le plus grand peut-être, l'Empire ottoman. « À Constantinople les Turcs disent leurs raisons, mais nous n'osons dire les nôtres; là c'est notre tour de ramper » [2]. Le Turc pose, tant à l'abbé de Saint-Pierre en 1713 et 1717 qu'à Rousseau, lorsqu'il reprend le *Projet* pour l'exposer et pour l'apprécier, un problème considérable. À la limite de l'Europe chrétienne, occupant une très grande partie de l'espace géographique traditionnellement européen, dominant des provinces et des populations chrétiennes nombreuses, il existe un puissant État, actif dans les relations internationales, et dont la religion est l'Islam. Quelle place lui donner dans la construction européenne envisagée ? Faut-il fixer la frontière de l'Europe à la frontière de l'Empire ottoman ? Quelle est la nature d'une semblable frontière, qui aura été religieuse avant que d'être éventuellement politique ?

1. *Émile*, IV, p. 619.
2. *Ibid.*, p. 621.

I

Je pars de ce qui m'apparaît comme une contradiction dans le *Projet* de l'abbé de Saint-Pierre. Simone Goyard-Fabre la résume ainsi :

> en 1713, la Turquie, plus mahométane que chrétienne, pourrait (peut-être au nom de la tolérance religieuse) faire partie des « associés de l'Union »; en 1717, mieux vaut bouter les Turcs hors d'Europe : « Le Traité fondamental de la police européenne signé, il sera avantageux, facile et glorieux aux souverains chrétiens de chasser les Turcs d'Europe ». Cette fois, l'esprit de croisade remplace l'esprit de tolérance. Après tout il est de l'intérêt du Pape et des Chrétiens d'exterminer les Infidèles. Drôle de paix... [1].

D'où provient une si éclatante contradiction entre ces deux versions du *Projet*, dont l'une dépasse les oppositions religieuses en intégrant l'État musulman à l'Europe, alors que l'autre les confirme en excluant cet État? À mon sens, elle provient de ce que l'abbé de Saint-Pierre n'est pas assez clair sur ce qui fonde son *Projet*, sur le ressort anthropologique que ce projet implique.

En principe c'est la raison, et la raison est universelle. Elle est commune à ceux qui se battent dans l'interminable guerre de la succession d'Espagne : Français et Espagnols d'un côté, Autrichiens, Anglais, Hollandais de l'autre. Mais elle est commune également aux Turcs et aux Tartares, aux Persans et aux Corsaires d'Afrique [2]. Dans la mesure où il ne se fonde que sur la raison et l'équité, on trouve donc très naturellement dans le *Projet* de 1713 l'idée d'élargir l'Union européenne aux dimensions de la planète. Cet élargissement indéfini se présente sous deux formes, qui ne sont pas tout à fait équivalentes : soit que l'Union s'élargisse de proche en proche à de nouveaux États jusqu'à couvrir la Terre entière [3]; soit que l'Union européenne constitue une sorte de prototype, dont le modèle servirait à constituer d'autres Unions, par exemple une Union asiatique [4]. C'est dans cette dernière perspective que la version de 1713 envisage pour les Turcs un statut de simples associés, puisque certains semblent gênés que des députés musulmans arbitrent les conflits entre souverains

1. S. Goyard-Fabre, *La construction de la paix ou le travail de Sisyphe*, Paris, Vrin, 1994, p. 141-142. Voir aussi J.-M. Beyssade, « Anthropologie et politique chez l'abbé de Saint-Pierre », *Revue de métaphysique et de morale* 2, 1983/2, p. 247-259 [ici, chap. IX].

2. Toutes puissances explicitement signalées aux confins de l'Union, voir *PPP*, t. II, p. 312 et 316 (éd. S. G.-F. p. 317-318).

3. Voir *PPP*, t. I, Préface, p. XIX-XX (éd. S. G.-F. p. 133-134).

4. Voir *ibid.*, t. II, Article VIII, Union asiatique, p. 316 *sq.* (éd. S. G.-F. p. 318).

chrétiens[1] : l'Union se contentera alors de solder des corps auxiliaires aux frontières de la Perse pour défendre les provinces ottomanes[2]. En tout cas, sous l'une ou l'autre forme, la raison par son universalité surmonte l'opposition religieuse.

Mais l'abbé de Saint-Pierre n'est pas seulement « un philosophe pacifique ami du genre humain »[3] qui en appelle à la volonté raisonnable de tous et de chacun. Il est aussi et il se veut un penseur politique, qui prend en compte les intérêts et les passions des acteurs politiques. Il entend montrer aux souverains tout ce qu'ils gagneraient à l'union projetée. Or il rencontre, présente et agissante depuis des siècles, une sorte de passion faite de terreur et d'incompréhension contre le Turc, l'envahisseur musulman qui fait peser un danger mortel sur l'Europe chrétienne. Certes le jeu diplomatique des alliances et la réalité multiple des échanges tendait à réduire petit à petit le thème de la Croisade à un outil rhétorique. Mais le mobile restait puissant auprès de beaucoup. L'abbé de Saint-Pierre prend donc appui sur lui quand il rédige la seconde version de son *Projet*, celle de 1717, au moment même où le grand Vizir fait la conquête du Péloponnèse sur les Vénitiens[4]. Pour inciter l'Europe chrétienne à s'unir, il lui suggère ce que nous appellerions aujourd'hui un grand projet : chasser le Turc hors d'Europe, et peut-être l'exterminer entièrement[5]. Il retourne contre l'Empire ottoman la stratégie de revers qui avait conduit le roi François Ier à s'allier avec Soliman le Magnifique contre la Maison d'Autriche, puisqu'il invite la Perse à participer à la curée et inaugure ainsi les plans de partage qui vont occuper

1. *PPP*, t. I, p. 344-345 (éd. S. G.-F. p. 221) : « Il m'a paru que plusieurs lecteurs avaient été choqués dans la troisième ébauche de ce que je propose de donner des députés sénateurs aux souverains mahométans ; aussi je ne propose pour eux que des résidents à la ville de paix, pour entretenir les articles du traité de commerce et d'association que l'on fera avec eux pour la continuation de la paix, et comme ce seront à peu près les mêmes articles que ceux dont les souverains chrétiens seront convenus entre eux, la chose, sous un nom différent, aura le même effet que ce que j'avais proposé. Ils ne seront point membres de l'Union avec la prérogative d'arbitres. Ils n'en seront que les associés avec l'avantage d'en avoir toute la protection. Nous en tirerons eux et nous tout le solide, qui est une sûreté suffisante et une sécurité parfaite, et apparemment qu'ils ne demanderont pas mieux que d'être dispensés de faire entrer leurs résidents dans les assemblées de nos députés, et qu'ils seront fort éloignés d'insister sur cet article ».

2. Voir *PPP*, t. II, p. 316 (éd. S. G.-F. p. 318).

3. *Ibid.*, t. III, p. 321-322 (éd. S. G.-F. p. 438).

4. *ibid.*, p. 239 (éd. S. G.-F. p. 417) : « J'écrivais ceci avant la guerre des Turcs contre les Vénitiens, et j'apprends que la République a déjà presque entièrement perdu la Morée ».

5. *Ibid.*, p. 297-298 (éd. S. G.-F. p. 432) : « Une ligue offensive pour exterminer les Turcs » ; « ce projet d'exterminer les Turcs » ; » pacifier d'un côté pour toujours tous les princes chrétiens et les engager de l'autre à exterminer ces Infidèles ».

deux siècles d'histoire[1]. L'Union européenne est présentée maintenant « comme un acheminement à une Croisade universelle, incomparablement plus solide et mieux concertée que toutes les précédentes »[2]. L'universalité invoquée n'est plus celle de la raison, à laquelle le Turc participe de plein droit, mais celle de la Croisade, qui se constitue nécessairement contre le Turc, occupant des Lieux Saints. L'abbé de Saint-Pierre quitte ici sa position d'ami de la raison et de l'humanité pour prendre un parti, celui des Croisés. Sans l'Union qu'il propose, dit-il, impossible de chasser le Turc d'Europe. Mais avec elle, les Vénitiens « n'auraient pas perdu Candie que je regrette toujours, et que toute la Chrétienté doit toujours regretter »[3]. Il parle bien ici à la première personne.

A-t-il changé d'avis depuis sa première rédaction ? Nullement. Il suffit pour s'en convaincre de revenir à la version initiale. Nous y lisons qu'un de ses amis « voudrait que l'on chassât le Turc de l'Europe, avant que de faire avec lui aucun traité de commerce, et avant que de le recevoir dans l'Union comme associé ». À cette 38e objection, l'auteur répondait benoîtement que l'article est difficile d'exécution sans être absolument nécessaire, puisque le partage des dépouillés n'intéresse que quelques États européens comme la Pologne, l'Autriche, Malte et Venise, et que la plupart des souverains préféreront sans doute recevoir le Turc « en l'état qu'il est » dans l'Union européenne plutôt que de faire ces dépenses pour autrui ; mais enfin que, si l'on s'y décidait, il faudrait faire payer aux bénéficiaires de l'opération une rente jusqu'au remboursement des autres États, « à proportion de ce qu'ils auraient contribué pour une pareille conquête »[4]. Le rapprochement des deux passages est éloquent. L'abbé n'a rien d'un fanatique. L'esprit de croisade ne lui inspire ni répulsion ni attirance particulières. Il y voit simplement un mobile parmi d'autres. Bref l'articulation entre l'universalité du projet et les passions propres aux acteurs n'est jamais chez lui organique. La vocation universelle et rationnelle à la paix reste extérieure aux passions sociales ou politiques des souverains et des nations à rassembler.

Il peut donc bien y avoir un modèle européen d'organisation internationale rationnelle : pour l'abbé de Saint-Pierre, il n'y a pas d'esprit européen, ou de passion européenne.

1. *Ibid.*, p. 436 (éd. S. G.-F. p. 467) : « On pourrait faire un traité de paix perpétuelle avec la Perse, et lui céder quelque lisière des États du Turc, à condition qu'il l'attaquerait en même temps que l'Union ».

2. *Ibid.*, p. 438 (éd. S. G.-F. p. 467).

3. *Ibid.*, p. 226 (éd. S. G.-F. p. 414).

4. *Ibid.*, t. II, p. 177-178 (éd. S. G.-F. p. 283).

II

Avec Rousseau, qu'est-ce qui change? Un demi-siècle plus tard, l'Europe est toujours aussi divisée, et le corps germanique en particulier entre la Prusse de Frédéric II et l'Autriche de Marie-Thérèse; quant à la puissance turque, elle est plus nettement sur le déclin. Voilà pour le cadre extérieur. Mais le plus important est ailleurs, dans la transformation que fait subir au *Projet* de Saint-Pierre la pensée politique de Rousseau. Elle s'est déjà clarifiée, depuis le séjour à Venise, et l'entreprise des *Institutions politiques* qui n'aboutira en 1762, avec le *Contrat social*, que pour moitié, pour le droit politique interne propre à un État. L'autre moitié porte sur le droit entre les États, et n'aura de très partielle réalisation qu'avec notre *Extrait*, publié en 1761. Or plusieurs changements y frappent le lecteur, changements si considérables qu'on a pu soutenir avec son éditeur Bastide que « l'analyste est ici créateur à bien des égards » [1].

Je relève trois changements principaux, de Saint-Pierre à Rousseau.

D'abord Rousseau, comme penseur systématique, comprend mieux que Saint-Pierre la fondation anthropologique de tout établissement politique dans une passion ou un ensemble de passions spécifiques. Qu'il s'agisse de fonder un corps politique ou de le maintenir en le faisant fonctionner, il faut toujours que s'ajoute à la raison, par elle-même contemplative et inactive, un mobile. Point de volonté générale qui ne soit, d'abord et avant tout, une passion active et agissante et, en l'occurrence, puisqu'un corps politique surgit à côté d'autres et au milieu d'autres, qui ne soit au sens rousseauiste du terme amour-propre, c'est-à-dire comparaison de soi avec les autres et volonté de primer, bref préférence [2]. Ainsi les passions militantes et exclusives ne sauraient être pour lui les instruments provisoires qui suscitent l'entrée dans l'union civile et qu'on rejette ensuite. Sous le nom d'« esprit social » [3], elles constituent l'âme subsistante de tout corps civil.

En second lieu, comme observateur des réalités historiques, Rousseau aperçoit plus nettement que Saint-Pierre, à l'intérieur de ce qu'il appelle, dès avant toute unification institutionnelle, une « société des peuples de

1. Introduction de Sv. Stelling-Michaud aux *Écrits sur l'abbé de Saint-Pierre* de Rousseau, *OC* III, p. CXXXV.

2. J.-J. Rousseau, *État de guerre*, p. 605 : « Mille écrivains ont osé dire que le corps politique est sans passions et qu'il n'y a point d'autre raison d'État que la raison même ».

3. *CS*, II, 7, p. 383 : « Il faudrait que [...] l'esprit social qui doit être l'ouvrage de l'institution présidât à l'institution même ».

l'Europe »[1], l'existence d'un tel esprit social ; et il en dégage plus rigoureusement les composantes essentielles. Pour qu'un corps politique puisse s'instituer, quel qu'il soit, il faut en effet qu'existent déjà, à la fois, un esprit et des intérêts communs qui rendent l'institution possible, et une situation de guerre qui la rende nécessaire. L'état de guerre existe bien, entre les diverses puissances de l'Europe. Mais il existe aussi

> une sorte de système qui les unit par une même religion, par un même droit des gens, par les mœurs, par les lettres, par le commerce, et par une sorte d'équilibre qui est l'effet nécessaire de tout cela[2].

Cette société ou cet esprit social, les deux expressions sont ici synonymes, font l'originalité de l'Europe, d'une Europe des hommes et non de la seule géographie, par rapport aux autres continents.

> Toutes ces causes réunies forment de l'Europe, non seulement comme l'Asie ou l'Afrique, une idéale collection de peuples qui n'ont de commun qu'un nom, mais une société réelle qui a sa religion, ses mœurs, ses coutumes et même ses lois, dont aucun des peuples qui la composent ne peut s'écarter sans causer aussitôt des troubles[3].

Or cette réalité donnée de l'Europe est le résultat de l'histoire, d'une histoire. « Cette société des peuples de l'Europe n'a pas toujours existé, et les causes particulières qui l'ont fait naître servent encore à la maintenir »[4]. Parmi ces causes, Rousseau en accentue deux. Une tradition juridique, celle du droit romain et de sa lente et savante codification[5]. Et surtout un lien religieux, celui qui vient du christianisme.

> Un troisième lien, plus fort que les précédents, fut celui de la religion, et l'on ne peut nier que ce ne soit surtout au christianisme que l'Europe doit encore aujourd'hui l'espèce de société qui s'est perpétuée entre ses membres[6].

Ainsi l'esprit social de l'Europe rousseauiste est avant tout l'esprit du christianisme. On semble ainsi rejoindre, pour la fonder enfin dans une anthropologie plus rigoureuse, une des variantes proposées par l'abbé de Saint-Pierre. L'Europe chrétienne semblerait vouée, pour des raisons de

1. *Extrait PPP*, p. 565.
2. *Ibid.*
3. *Ibid.*, p. 567.
4. *Ibid.*, p. 565.
5. *Ibid.*, p. 566, l. 9-13 : « Le Code de Théodose et ensuite les livres de Justinien furent une nouvelle chaîne de justice et de raison substituée à propos à celle du pouvoir souverain, qui se relâchait très sensiblement ».
6. *Ibid.*, p. 566.

principe, à se fermer sur elle-même à l'intérieur de ses frontières religieuses. « Tellement que celui de ses membres qui n'a point adopté sur ce point les sentiments des autres est toujours demeuré comme étranger parmi eux »[1]. La formule aurait pu viser le Juif, elle visa le Turc. Car la conclusion énonce « trois vérités incontestables » dont la première est « qu'excepté le Turc, il règne entre tous les peuples de l'Europe une liaison sociale imparfaite, mais plus étroite que les nœuds généraux et lâches de l'humanité »[2]. Nulle surprise si le projet politique d'une Europe confédérée s'achève en évoquant « les Pays frontières de l'Europe », les « guerres à soutenir ou avec le Turc, ou avec les Corsaires d'Afrique, ou avec les Tartares », des troupes qui sont « distribuées sur les confins de l'Europe, toujours prêtes à repousser l'agresseur », une République européenne assez redoutable pour ôter aux étrangers « l'envie d'attaquer aucun de ses membres »[3]. Rousseau penserait-il en définitive une Europe de croisade, sur le modèle de la Sparte ou de la Rome qu'il a pensées ?

Un troisième changement, décisif, invalide cette hypothèse. Il tient en une phrase : l'esprit européen, l'esprit social de l'Europe tel qu'il s'est constitué, ne coïncide pas avec la substitution d'un patriotisme à un autre, mais avec la fin de tout patriotisme. Il n'y a pas et il ne peut plus y avoir de citoyen ni de patrie. « Ces deux mots, patrie et citoyen, doivent être effacés des langues modernes. J'en sais bien la raison, mais je ne veux pas la dire ; elle ne fait rien à mon sujet »[4]. Essayons donc, puisque Rousseau ne veut pas la dire au début de l'*Émile* où elle ne fait rien à son sujet, de la retrouver ailleurs, là où il la développe parce qu'elle fait son sujet, à la fin du *Contrat social* dans le chapitre sur « La religion civile ». La thèse centrale, mal interprétée de son temps et souvent occultée du nôtre, est que l'esprit du christianisme, dans sa plus profonde vérité, est incompatible avec tout attachement exclusif à une société finie donnée. « Je ne connais rien de plus contraire à l'esprit social »[5]. Avec le développement d'un esprit européen dont le christianisme est à la fois une des causes historiques, la composante dominante et le principe subsistant, on assiste donc à un inéluctable dépérissement des esprits nationaux. Ces esprits s'identifient avec les volontés générales, générales à l'intérieur d'un peuple particulier mais particulières au regard d'une plus exigeante universalité. Or, sauf exceptions résiduelles

1. *Extrait PPP*, p. 566.
2. *Ibid.*, p. 573.
3. *Ibid.*, p. 585.
4. *Émile*, I, p. 250.
5. *CS*, IV, 8, p. 465.

à préserver aussi longtemps que faire se peut mais qui sont condamnées à disparaître, il n'y a plus en Europe de nation.

> Il n'y a plus aujourd'hui de Français, d'Espagnols, d'Anglais même, quoi qu'on en dise ; il n'y a que des Européens. Tous ont les mêmes goûts, les mêmes passions, les mêmes mœurs [1].

S'il existe encore des Polonais et des Corses, la difficulté est de les conserver, et libres. Les Genevois sont devenus sans doute des Européens eux aussi. Et Pierre le Grand a empêché que surgissent jamais de vrais Russes.

> Il a d'abord voulu faire des Allemands, des Anglais, quand il fallait commencer par faire des Russes ; il a empêché ses sujets de jamais devenir ce qu'ils pourraient être, en leur persuadant qu'ils étaient ce qu'ils ne sont pas [2].

L'esprit européen, quels que soient ses formes et ses facteurs (qui ne relèvent bien sûr pas tous du christianisme), est ainsi solidaire d'un effacement, voire d'une annihilation des caractères nationaux. Mais, par ce qu'il a de chrétien dans son essence, il est fondamentalement inapte à instituer une nouvelle forme de société politique particulière, fût-elle à la dimension d'un continent. S'il n'y a plus de nation en Europe, il ne peut pas non plus y avoir de nation européenne, au sens que Rousseau donne à ce mot. « L'esprit du christianisme a tout gagné » [3]. Le diagnostic ici ne porte pas sur la religion du prêtre mais sur le vrai christianisme. Cette religion sainte, sublime, véritable, « loin d'attacher les cœurs des citoyens à l'État, elle les en détache comme de toutes les choses de la terre » [4]. Le christianisme dans sa vérité est destructeur de l'amour-propre, de cette passion comparative et exclusive qui est requise par tout corps politique institué, quel qu'il soit. « La patrie du chrétien n'est pas de ce monde » [5] : comment l'Europe pourrait-elle être une patrie ? « Les vrais Chrétiens sont faits pour être esclaves ; ils le savent, et ne s'en émeuvent guère » [6] : comment bâtir une libre confédération sur semblable vocation ? Que peut encore signifier l'idée de frontière pour une Europe dont le principe chrétien serait la négation de toute frontière ?

1. *Pologne*, III, p. 960.
2. *CS*, II, 8, p. 386.
3. *Ibid.*, IV, 8, p. 462.
4. *Ibid.*, p. 465.
5. *Ibid.*, p. 466.
6. *Ibid.*, p. 467.

III

J'en viens à mon dernier point. Il concerne l'alliance équivoque mais incontestable que Rousseau voit entre trois principes, ceux de l'Europe, du christianisme et de la modernité. J'en cherche une clé dans *Émile*, dans le personnage ou la fiction d'Émile. Il se trouve qu'Émile va nous reconduire aux frontières de l'Europe et de l'Islam.

Émile a été élevé comme un homme moderne, fait pour vivre dans les villes et non dans les Cités[1], fait pour un âge qui est aussi bien celui des révolutions[2] que de la servitude politique. La clé de son éducation, comme on sait et comme on s'en étonne parfois, est dans l'accès à une forme d'universalité morale que la *Profession de foi du vicaire savoyard* cherche à décrire et à fonder en la rattachant à un élément religieux, à ce même christianisme dont nous venons de rappeler les effets politiques. Or le jeune Émile, au livre suivant, rencontre la diversité des États européens modernes, grands et petits[3] : formé d'abord à la vérité politique de l'État, aux vrais principes du droit politique, tels que les lui expose un sommaire du *Contrat social*[4], il constate au terme de ses voyages qu'ils ne sont nulle part réalisés, ni peut-être réalisables[5]. Émile ne s'en émeut guère, prêt à se satisfaire de la vie domestique dans un pays qui n'est plus une patrie, mais où l'on peut vivre heureux et libre de la liberté morale[6]. Son expérience d'Européen ne s'arrêtera toutefois pas là.

Car Rousseau a rêvé une suite à l'*Émile*, *Émile et Sophie* ou *Les Solitaires*, et c'est là que je trouve, dans la Lettre II où le projet de roman s'interrompt, un retournement de situation très instructif. Émile à Paris, victime de l'adultère et trompé par Sophie, Émile fuyant seul son malheur, n'a pas perdu tout le fruit de sa lente éducation. Il a trouvé une occasion de la mettre à l'épreuve. Car sa fuite le conduit aux frontières de l'Europe, à cette frontière externe ou géographique avec le monde musulman où se joue, pour Rousseau comme pour l'abbé de Saint Pierre, le vrai sens de

1. *Émile*, III, p. 483-484 : « Émile n'est pas un sauvage à reléguer dans les déserts ; c'est un sauvage fait pour habiter les villes. Il faut qu'il sache y trouver son nécessaire, tirer parti de leurs habitants, et vivre, sinon comme eux, du moins avec eux ».

2. *Ibid.*, p. 468 : « Nous approchons de l'état de crise et du siècle des révolutions ».

3. *Ibid.*, V, p. 855 : « Après avoir presque employé deux ans à parcourir quelques-uns des grands États de l'Europe et beaucoup plus des petits ; après en avoir appris les deux ou trois principales langues ».

4. *Ibid.*, p. 843 n. : « Le petit traité [*Du Contrat social*] que j'en ai détaché [d'un plus grand ouvrage entrepris sans consulter mes forces et abandonné depuis longtemps, les *Institutions politiques*] et dont c'est ici le sommaire, sera publié à part ».

5. *Ibid.*, p. 857 : « C'est en vain qu'on aspire à la liberté sous la sauvegarde des lois ».

6. *Ibid.*, p. 857-858 : « [...] Que le contrat social n'ait point été observé, qu'importe [...] ».

l'universalité visée, de la raison et de la conscience. Émile européen moderne, qui n'avait pas rencontré l'Europe ni le projet de son unification au cours de ses voyages, tombe aux mains des corsaires barbaresques. Il est vendu comme esclave à Alger. Et bientôt « Voilà votre Émile esclave du Dey d'Alger »[1]. Émile esclave, quelle leçon ! Mais il ne suffit pas d'y reconnaître une application de l'axiome qui voue le vrai chrétien à être esclave, il faut lire les deux ordres de considérations que l'auteur développe avant de s'interrompre. Chacun suggère un déplacement de la frontière externe, entre Europe et Islam, en une sorte de frontière intérieure qui passe désormais entre l'idée et la réalité de la visée européenne universaliste.

L'expérience d'Émile esclave lui permet d'abord de détruire un certain nombre de chimères, qui pour Rousseau comme parfois pour l'abbé de Saint-Pierre[2] sont autant de préjugés contre le musulman, et qui occultent l'universalité véritable.

> Je n'éprouvai pas pourtant dans leur servitude toutes les rigueurs que j'en attendais. J'essuyai de mauvais traitements, mais moins, peut-être, qu'ils n'en eussent essuyé parmi nous, et je connus que ces noms de Maures et de pirates portaient avec eux des préjugés dont je ne m'étais pas assez défendu. Ils ne sont pas pitoyables mais ils sont justes, et s'il faut n'attendre d'eux ni douceur ni clémence, on n'en doit craindre non plus ni caprice ni méchanceté. Ils veulent qu'on fasse ce qu'on peut faire, mais ils n'exigent rien de plus, et dans leurs châtiments ils ne punissent jamais l'impuissance, mais seulement la mauvaise volonté.

D'où le retournement, qui fait passer la frontière à l'intérieur de l'Européen, entre l'idée de valeurs qu'il dirait volontiers européennes et sa propre pratique.

> Les Nègres seraient trop heureux en Amérique, si l'Européen les traitait avec la même équité ; mais comme il ne voit dans ces malheureux que des instruments de travail, sa conduite envers eux dépend uniquement de l'utilité qu'il en tire ; il mesure sa justice sur son profit[3].

La justice et l'équité du Maure rejoignent ici la compassion et l'humanité du Turc pour démasquer « tout l'apprêt de notre sèche morale »[4].

1. *Émile et Sophie*, p. 923.

2. Sur le problème de la guerre sainte : « On m'a objecté que c'est un article de la religion des mahométans de ne faire que des trêves et jamais aucun traité de paix avec les chrétiens. Mais ceux qui parlent ainsi ne sont pas bien informés d'une distinction essentielle » (*PPP*, t. II, p. 129-130 (éd. S. G.-F. p. 271)).

3. *Émile et Sophie*, p. 917-918.

4. *Émile*, IV, p. 507 : « Pourquoi les Turcs sont-ils généralement plus humains, plus hospitaliers que nous ? C'est que [...] leur gouvernement [est] tout à fait arbitraire ».

Mais Émile découvre aussi, comme esclave sur une terre d'Islam, une forme de la liberté qui, pour ne pas être politique, est déjà sociale plutôt que morale. Au travers d'un long récit, il mène et gagne une grève contre les conditions inhumaines du travail qu'imposait un « piqueur » malavisé. Curieuse anticipation pour ce que seront, à l'intérieur même de l'Europe, les luttes sociales du temps à venir. Car le patron intelligent met fin au conflit, en appelant au poste de responsabilité Émile, le meneur déterminé mais réformiste.

> Tu parais, dit ce maître-patron, un homme sensé : je veux savoir ce qu'il en est. Tu tances la conduite de cet esclave ; voyons la tienne à sa place ; je te la donne et le mets à la tienne. Aussitôt il ordonna qu'on m'ôtât mes fers et qu'on les mît à notre chef ; cela fut fait à l'instant[1].

Une fois encore, le contraste est retourné pour faire passer la frontière à l'intérieur, entre la pratique de l'Européen et ses valeurs.

> Je fus frappé de cette modération dans le premier emportement d'un homme âpre au gain menacé de sa ruine ; dans un moment où tout maître européen, touché jusqu'au vif pour son intérêt, eût commencé, sans vouloir m'entendre, par me condamner à mille tourments[2].

Une seconde fois, Émile européen et esclave rencontre les valeurs qu'on voudrait dire européennes bafouées par le maître et pratiquées par le musulman d'Afrique.

Il faudrait faire un pas de plus, pour retrouver enfin ce qui est proprement politique et dont nous étions partis. L'aventure de la grève fait en effet du bruit, jusqu'à conduire Émile au seuil de pouvoir d'État : esclave certes, mais favori du Dey. Nous ne saurons jamais ce qu'aurait été cette carrière politique d'Émile à la Cour du Dey : Rousseau a eu la sagesse de s'arrêter là. Sur ce point au moins permettez-moi d'être aussi sage que lui.

Je conclus brièvement sur cette pensée de l'Europe, qui se déploie chez Rousseau à partir de sa lecture de Saint-Pierre, dont il présente et admire le *Projet*, tout en le remodelant, avant de le juger « à présent » bien absurde, et bien dangereux.

Il me semble que, de ce qui était une contradiction non maîtrisée chez l'abbé de Saint-Pierre, il a cherché les raisons. Au fond, deux thèses venues du XVIIe siècle y étaient à l'œuvre simultanément, et elles s'y heurtaient.

1. *Émile et Sophie*, p. 923.
2. *Ibid.*, p. 922.

Une idée rationaliste : la raison naturelle, à la différence de la foi religieuse, est par principe universelle et c'est pourquoi un Descartes par exemple voulait que sa philosophie, qui n'est pas une foi religieuse, fût reçue jusque chez les Turcs. L'opacité d'un préjugé religieux : une foi différente rend inaccessible l'universalité théorique et pratique. Ce dont Molière par exemple se gaussait déjà : « Quoi, de la conscience chez un Turc ! [...] Ces gens-là entendent-ils raison ? » [1].

La profondeur de Rousseau est d'avoir compris que dans tout corps politique il faut un principe d'unité, qui est amour-propre, exclusion, principe d'étroitesse et de vigueur. Sa rigueur est d'avoir étendu cette remarque à l'Europe à naître : si elle doit être un corps politique parmi d'autres, avec des frontières dans l'espace, il faut que son esprit social ait lui aussi cette étroitesse. Son acuité de regard est d'avoir aperçu que le plus spécifique, dans l'esprit de l'Europe moderne, est le refus de toute limitation et exclusion, ce qui entraîne à la fois le dépérissement des États donnés et l'impossibilité pour une Europe ainsi entendue de se constituer elle-même en un État. Sa faiblesse peut-être est d'avoir trop unilatéralement associé à une religion, le christianisme, le principe d'universalisation par quoi les grandes âmes cosmopolites « franchissent les barrières imaginaires qui séparent les Peuples » [2].

Car il faut faire passer la vraie frontière à l'intérieur de l'Europe et des Européens, de chaque Européen. Il faut la faire passer, dans le christianisme, entre la religion du prêtre (qui a produit les Croisades et les Croisés, ces « soldats du prêtre » [3]) et le vrai christianisme qui est la religion du cœur (ou celle des grandes âmes cosmopolites). En faisant passer la frontière à l'intérieur du christianisme, il se trouve que Rousseau produit deux apologies en une, deux apologies tout à fait exceptionnelles chez lui : l'apologie d'une révolution et une apologie de la modernité à venir.

> La *Profession de foi du vicaire savoyard*, ouvrage indignement prostitué et profané dans la génération présente, mais qui peut faire un jour révolution parmi les hommes si jamais il y renaît du bon sens et de la bonne foi [4].

1. Molière, *Les Fourberies de Scapin*, acte II, scène 7.

2. *DI*, II, p. 178.

3. *CS*, IV, 8, p. 467 : « Sans disputer sur la valeur des Croisés, je remarquerai que bien loin d'être des chrétiens, c'étaient des soldats du prêtre, c'étaient des citoyens de l'Église. Ils se battaient pour son pays spirituel, qu'elle avait rendu temporel on ne sait comment. À le bien prendre, ceci rentre sous le paganisme ; comme l'Évangile n'établit point une religion nationale, toute guerre sacrée est impossible parmi les chrétiens ».

4. *Rêveries*, IIIe Promenade, p. 1018.

Mais alors les autres éléments de la modernité comme les sciences et les arts, la codification juridique, les lettres et le commerce pourront et devront être eux aussi réévalués, à la hausse. Tels sont justement les facteurs qui, selon Rousseau, ont desserré l'unité théologico-politique de l'Islam.

> Mahomet eut des vues très saines, il lia bien son système politique, et tant que la forme de son gouvernement subsista sous les Califes ses successeurs, ce gouvernement fut exactement un, et bon en cela. Mais les Arabes devenus florissants, lettrés, polis, mous et lâches, furent subjugués par les barbares ; alors la division entre les deux puissances recommença [1].

Il n'est pas sûr que Rousseau aurait admis cette réhabilitation. Ou plutôt il est sûr qu'en philosophie politique il la rejetait de toutes ses forces ; et qu'il ne s'est pas beaucoup préoccupé depuis l'épisode de Turin des voies qui pourraient conduire l'Islam à sa modernité, qui est aussi la nôtre.

1. *CS*, IV, 8, p. 462-463.

CHAPITRE XI

LES DEUX SOUVERAINS
RÉPUBLIQUE ET DÉMOCRATIE CHEZ KANT *

La philosophie politique de Kant est difficile à bien comprendre, car les textes semblent utiliser deux concepts différents, sinon contradictoires, de *Souveraineté*. Tantôt il est affirmé que seul le peuple réuni, la volonté générale, peut légitimement être, dans une communauté politique, le véritable Souverain. Tantôt au contraire il est affirmé que « peuple et Souverain [...] sont, si on les considère juridiquement, toujours [...] deux personnes morales différentes »[1] : le peuple est alors tenu d'obéir inconditionnellement à celui (ou à ceux) qui, actuellement, de fait, détiennent le pouvoir suprême dans l'État, au Souverain de fait. Ces deux séries d'affirmations sont apparemment contradictoires : or on les rencontre, associées, dans tous les écrits politiques de Kant. Il ne saurait s'agir d'une évolution, qui aurait conduit un esprit incertain ou marqué par l'âge d'une position à une

* Texte inédit rédigé en 1975, établi d'après un tapuscrit. Le titre « Les deux Souverains » est de J.-M. B. ; l'ajout « République et démocratie chez Kant » est de l'éditeur. Ce tapuscrit peut être la mise au net d'un cours ou de la préparation d'un article. Quoique très complet et soigné (il n'a rien d'un brouillon, il ne comporte que quelques corrections manuscrites de coquilles mais aucune rature et les notes de bas de page ont la précision requise d'un texte destiné à être rendu public), il est inachevé, comme en témoigne l'existence de feuillets manuscrits contenant les éléments d'autres développements. Les vérifications faites sur les citations et sur les références données en notes montrent que celles-ci sont toujours exactes. Les traductions citées sont cependant souvent modifiées à la marge, sans que cela soit toujours indiqué. J.-M. B. a manifestement travaillé en même temps sur les traductions et sur les ouvrages de Kant en langue originale, puisqu'il insère souvent dans le texte français des extraits du texte allemand, en conservant leurs structures grammaticales.

1. E. Kant, *Doctrine du droit*, II, 1, Remarque A, p. 203.

autre : Kant se donne au contraire, clairement et consciemment, pour problème à traiter, la corrélation entre ces deux types d'affirmation. Seule la paresse, ou l'incapacité, du commentateur expliquerait, sans le justifier, qu'on prît la position de la question pour une contradiction dans la solution.

Appelons *Révolution française* l'ensemble des événements qui, de 1789 à 1799, conduisirent la France, grand peuple et plein d'esprit mais lointain voisin pour un philosophe de Königsberg, de la monarchie absolue d'Ancien Régime (Kant a déjà 65 ans quand elle disparaît) au seuil de l'époque napoléonienne (Kant achève son œuvre à l'époque du Directoire, aucun de ses écrits ne fait mention du 18 Brumaire, et il mourra sans que l'extension de la guerre révolutionnaire puis impériale ait le moins du monde troublé la sérénité d'un « pays éloigné de plus de cent lieues du théâtre de la Révolution »[1]). Elle constitue pour Kant, spectateur désintéressé (puisqu'il n'était pas engagé dans ce jeu) et intéressé (puisque l'enjeu de ce jeu était, à son sens, l'Idée de la liberté et du droit), spectateur informé aussi, une matière historique privilégiée. Pour la philosophie de l'histoire (abordée par Kant à partir de 1784), et pour la doctrine du droit politique (développée à partir de 1793), il s'agit de véritables travaux pratiques, où peuvent s'éprouver les analyses théoriques, où doit se forger le « jugement décisif » renvoyé peut-être à plus tard, « à une autre époque »[2]. Quelle meilleure illustration que la chute de la plus vieille monarchie d'Europe, et l'exclamation de Manuel, à la séance d'ouverture de la Convention le 21 septembre 1792 : « Ce n'est pas tout. Vous avez consacré la souveraineté du vrai Souverain, le peuple. Il faut le débarrasser de son rival, le faux Souverain, le roi »[3] ? La dualité des concepts (différents sinon contradictoires) dans la philosophie kantienne de la *souveraineté* politique n'est-elle pas crûment illustrée, à plus de cent lieues, sur le théâtre de la Révolution, lorsque « le vrai Souverain » se débarrasse de son rival, « le faux Souverain », en lui coupant la tête au terme d'un procès à prétention juridique ? Kant, philosophe politique, réfléchit sur cette « exécution dans les formes » : dans « l'horreur » qu'elle suscitait, il décela un « sentiment moral » universellement présent dans « l'âme remplie des Idées des droits

1. E. Kant, *C. Facultés*, § VI, p. 223 n. [rééd. p. 212].

2. *Doctrine du droit*, Préface, p. 83.

3. J.-M. Beyssade ne donne pas les références de cette citation de Manuel ni celles de Danton et de Lasource citées plus loin. On les trouve dans le tome 52 des *Archives Parlementaires*. Mais Michelle Beyssade nous a confirmé que J.-M. B. avait certainement lu ces échanges chez Jules Michelet, qui les rapporte dans son *Histoire de la Révolution française*, livre VIII, chap. III, Paris, Lemerre, t. 5, 1888, ici p. 265-266 [NdÉ].

de l'humanité »[1], au même titre que dans la « *sympathie* d'aspiration qui frise l'enthousiasme » pour « ceux qui avaient en vue le *droit* du peuple », pour « la grandeur d'âme qu'éveillait en ces derniers le pur concept du droit », devant laquelle s'éclipsait « même le concept d'honneur de la vieille noblesse guerrière »[2]. Il n'est donc pas contestable que le philosophe critique, attentif à peser ce qui est dû au droit du peuple et ce qui est dû au chef de l'État ou Souverain de fait (même renversé et détrôné), soucieux de ne se ranger ni parmi les flatteurs des princes ni parmi les flatteurs des peuples[3], sut parfaitement distinguer les concepts de la souveraineté dont son problème fut précisément d'exposer la liaison.

Il nous faut donc rechercher la cohérence entre deux séries d'assertions rencontrées dans les textes kantiens. Certes, rien ne nous garantit que nous y parviendrons, ou même qu'il soit possible d'y parvenir. Mais il serait mal venu d'offusquer sous la masse des *Reflexionen*[4] et la pure érudition historique le fait que Kant s'est explicitement posé cette question, et l'a posée comme étant sa question, la question d'une métaphysique des mœurs dans la doctrine du droit politique. Tout le reste est en-deçà de la question philosophique, et s'y limiter serait le signe d'une « incapacité à reconnaître au-delà des mots ce que les philosophes ont voulu dire »[5].

Pour suivre la pensée de Kant, il faut partir de la relation entre les États existants (*wirklich*), les communautés politiques réelles ou de fait, sur lesquelles on peut réfléchir ou raisonner, à l'intérieur desquelles les philosophes réels peuvent (ou non, plus ou moins) développer leur activité philosophique, et, d'autre part, l'Idée (rationnelle pure, universelle et

1. *Doctrine du droit*, II, 1, Remarque A, p. 203 n. On opposera ce sentiment d'horreur à celui que suscitait dans l'âme de Beccaria la peine de mort en général « un sentiment d'humanité affecté (*compassibilitas*) » (*ibid.*, Remarque E, p. 217).

2. *C. Facultés*, § VI, p. 223 et 224 (souligné par Kant) [rééd. p. 211-213].

3. Voir J.-B. Bossuet, *Cinquième Avertissement sur les lettres du ministre Jurieu*: « M. Jurieu nous parle ici des flatteurs des princes, et il ne songe pas aux flatteurs des peuples »; « Je suis sûr qu'on ne fera pas à mes assertions l'objection que je flatte trop les monarques en leur attribuant cette inviolabilité; j'espère qu'on m'épargnera aussi celle de trop favoriser le peuple si je dis qu'il possède pareillement ses droits imprescriptibles en face du Chef de l'État, encore que ce ne puissent être des droits de contrainte ». *Cf.* E. Kant, *Théorie et pratique*, IIe partie, Corollaire, p. 47.

4. L'article suivant (« République et régicide chez Kant »), qui mentionne quatre de ces *Reflexionen*, laisse supposer qu'il s'agit des *Reflexionen zur Rechtsphilosophie*, appartenant au t. VI du *Kant's handschriftlicher Nachlaß* [manuscrits posthumes]. Ces *Reflexionen* sont publiées dans le t. XIX des *Kant's gesammelte Schriften* (*Akademie-Ausgabe*), Berlin et Leipzig, De Gruyter, 1934, p. 442-613 [NdÉ].

5. E. Kant, *Réponse à Eberhard,* trad. fr. R. Kempf, Paris, Vrin, 1959, p. 108.

nécessaire, *a priori*) de communauté politique ou, le mot est synonyme, de République (*das gemeine Wesen, res publica latius sic dicta*). Tout État existant, dans l'exacte mesure où il est un État, c'est-à-dire où « il existe (*da ist*), en fait, un peuple unifié par des lois sous une autorité », est, comme « fait (*Faktum, Tatsache*) », comme « objet dans le *phénomène* (des sens) », ou « objet de l'expérience », donné « conformément à l'Idée de son unité *en général* sous une volonté suprême détenant la puissance »[1] : autrement dit, dès qu'un État existant est donné, il existe dans le phénomène une unité (politique) à penser selon l'Idée (rationnelle) de constitution politique. Mais cette Idée (de constitution politique), en tant qu'Idée de la raison pure, pensable *a priori* et indépendamment de toute institution politique effective, ne se confond avec aucune communauté politique existante, elle est, comme la chose en soi elle-même, objet de pensée, *Respublica noumenon*, Idée ou Idéal (si l'on se la représente au singulier, comme un Individu Idéal, comme la *République* de Platon ou mieux son *Atlantica*, comme l'*Utopie* de Thomas More ou les *Sévarambes* de Denis Vairasse d'Allais[2]) : « nul objet ne peut être donné dans l'expérience [qui lui soit] adéquat »[3]. L'idée kantienne de la pure République n'est donc pas un concept tiré (ou abstrait) des communautés existantes, elle est, au sens technique du mot Idée dans la philosophie critique, une production nécessaire et spontanée de la Raison pure, conformément à laquelle on peut (voire on doit) penser l'unité (effective) de toutes les communautés politiques existantes.

Le rapport entre l'Idée (rationnelle pure) et les communautés existantes est, selon Kant, double.

D'abord, il est le rapport du possible à l'effectif ou réel (*wirklich*) : selon une terminologie constante dans la philosophie critique pour énoncer les rapports de l'*a priori* (de la sensibilité, de l'entendement ou de la raison, peu importe) à l'*a posteriori*, l'Idée fournit la condition de possibilité à laquelle le phénomène effectivement donné doit (*muss*) être conforme. Développée pour elle-même, l'Idée (rationnelle pure) constituera le contenu d'une « *métaphysique du droit* [...] comme un système issu de la raison »[4], ou (le terme est synonyme) d'une « doctrine du droit naturel (*Jus naturae*) » dont la connaissance systématique s'appelle simplement

1. *Doctrine du droit*, Appendice, p. 255 (souligné par Kant).

2. Voir *C. Facultés*, § IX, p. 231 n. [rééd. p. 218]. Sur un recensement parallèle « dans le pays des chimères », *cf.* Rousseau, *LEM*, VI, p. 810.

3. *Doctrine du droit*, Appendice, p. 255.

4. *Ibid.*, Préface, p. 79 (souligné par Kant).

« science du droit (*Jurisscientia*) »[1]. Par rapport au droit positif, étudié dans les facultés de droit par les jurisconsultes à partir des codes ou recueils des lois positives, voire par les experts (*Jurisperitus*) à partir des cas (ce qu'on nomme *Jurisprudentia*), bref par rapport à « ce qui est de droit (*quid sit juris*), c'est-à-dire ce que disent et ont dit les lois en un certain lieu et à une certaine époque »[2], le droit naturel ou rationnel, universel et nécessaire, *a priori*, énonce les principes fondamentaux qui se trouveront différemment appliqués, spécifiés, réalisés selon les diverses législations existantes (statutaires), toutes conformes cependant à ces principes rationnels puisqu'il faut bien que le réel soit possible, que l'effectif soit conforme aux conditions de sa possibilité. Le rapport est le même qui existe entre les premiers principes métaphysiques de la science de la nature (les douze lois fondamentales de la physique pure) et le contenu de la physique dans la multiplicité de ses lois empiriques. C'est selon ce premier rapport qu'on opposera, dans le domaine du droit politique (et en général du droit public qui se superpose ou se surajoute au droit privé), « le droit naturel dans l'état d'une constitution civile, c'est-à-dire tout ce qui, en ce qui touche cette dernière, peut être dérivé de principes *a priori* », et « les lois statutaires de cette constitution », qui ne peuvent (*kann*) lui porter « aucune atteinte »[3] : le droit naturel, défini uniquement par opposition au droit statutaire comme celui que la raison de tout homme peut concevoir *a priori*[4], est, quand il s'agit de justice distributive et d'État, c'est-à-dire de droit politique (public) et non de justice commutative et de droit privé, constitué par « la forme d'un État en général (*überhaupt*), c'est-à-dire d'un État selon l'Idée (*in der Idee*) tel qu'on conçoit qu'il doit (*soll*) être, d'après de purs principes du droit »[5]. Ainsi il y a un droit naturel politique, et, d'abord, il énonce ce qu'est un État en général, la forme ou essence ou condition de possibilité de chaque État existant en tant qu'il est État.

Mais il est un second rapport entre l'Idée (rationnelle pure) et les États existants, qu'énonce le verbe *sollen*, devoir. Un État ne doit pas seulement être conforme à l'Idée pour être un État, mais chaque État doit en outre tendre à se rapprocher de l'Idée d'une pure République, de la constitution juridique parfaite, en vertu d'un impératif catégorique de la raison pratique. Il ne s'agit plus, comme dans le domaine de la Nature, d'une conformité *inévitable* du phénomène aux conditions qui lui permettent

1. *Ibid.*, Introduction, § A, p. 103.
2. *Ibid.*, § B, p. 103.
3. *Ibid.*, I, 1, § 9, p. 131.
4. *Ibid.*, 3, § 36, p. 178.
5. *Ibid.*, II, 1, § 45, p. 195.

d'apparaître comme phénomène (formes *a priori* de la sensibilité, catégories de l'entendement), ni même d'une invitation, à *celui qui étudie* le phénomène, de donner à la connaissance qu'il en prend, autant que faire se pourra, la forme de l'unité rationnelle (usage *régulateur* des Idées de la raison). Il s'agit au contraire, avec l'Idée juridique, d'une « Idée qui sert de directive, *Richtschnur, norma,* à toute association réelle (*jeder wirklichen Vereinigung*) visant à former un État, *zu einem gemeinen Wesen* (elle sert donc de manière intérieure) »[1]. Alors qu'il serait absurde de demander aux phénomènes (naturels) de se transformer peu à peu pour se rapprocher petit à petit des Idées de la raison (théorique), il n'est pas absurde de demander, non point seulement aux jurisconsultes d'emprunter au droit naturel la connaissance des principes immuables de toute législation positive[2], mais même aux souverains de fait

> d'adapter à cette Idée le *mode de gouvernement*, et, si cela ne se peut faire d'un coup, de le transformer petit à petit et continûment de manière qu'il s'accorde suivant ses effets avec la seule constitution conforme au droit, je veux dire celle d'une pure République[3].

On parlera donc d'une « loi de droit naturel effective (*ein wirkliches Rechtsgesetz der Natur*) »[4] concernant, non seulement le passage à l'institution politique, mais aussi, à l'intérieur de l'institution politique existante, le passage à la pure République (*einer reinen Republik*) qui, prise à la lettre et non dans son esprit seulement, constitue « la fin ultime (*der letzte Zweck*) de tout droit public, le seul état où puisse être attribué péremptoirement à chacun le sien »[5]. Le rapport du possible au réel se double d'un rapport de l'imparfait au parfait, de l'être au devoir-être.

La philosophie politique de Kant rencontre donc la souveraineté *deux fois* : une première fois dans la détermination du Droit naturel, lorsqu'elle déduit *a priori* de la raison où devrait résider et comment devrait s'exercer la souveraineté, une seconde fois dans la compréhension des États existants, lorsqu'elle interprète, à partir du Droit naturel (qui n'est pas seulement un objectif à réaliser mais la condition de possibilité de tout État effectif, l'État en général), le droit positif, avec ceux qui (en fait) détiennent la souveraineté et la manière dont (en fait) ils l'exercent.

1. *Doctrine du droit*, II, 1, § 45, p. 195.
2. Voir *ibid.*, Introduction, § A, p. 103.
3. *Ibid.*, II, 1, § 52, p. 223-224 (souligné par Kant).
4. *Ibid.*, I, 2, § 15, p. 140.
5. *Ibid.*, II, 1, § 52, p. 224.

I

L'Idée de Droit Naturel – et de constitution parfaite, de pure République – est solidaire de l'Idée de contrat originaire. La Souveraineté y surgit, comme chez J.-J. Rousseau dont la philosophie politique est ici reprise, dans un pacte ou contrat social.

Relevons d'abord que si tout État (et donc l'État en général, l'Idée rationnelle d'État ou de République en général, *res publica latius dicta*) contient en soi trois pouvoirs, législatif, exécutif et judiciaire, la célèbre *trias politica* que Kant tient pour universelle et nécessaire[1], « ces trois pouvoirs ne sont qu'autant de rapports de la volonté unifiée du peuple, celle-ci découlant *a priori* de la raison » : au-dessus de toute division, on a donc, avec la volonté unifiée du peuple, « une Idée pure d'un Souverain de l'État (*Staatsoberhaupt*) »[2]. Naturellement, il ne s'agit encore que d'un « être de raison (représentant le peuple entier) » ; mais cette Idée a déjà une « réalité pratique objective », c'est-à-dire qu'elle énonce un devoir moral, une fin (dernière) vers laquelle la raison par un impératif catégorique nous fait une obligation de tendre. Ce Souverain idéal, au sens large et fort du mot Souverain (puisqu'il détient, non pas seulement le plus haut pouvoir, mais tous les pouvoirs politiques sans exception), correspond très exactement à la souveraineté une et indivisible dont Rousseau parlait dans le *Contrat social* (II, II) : originairement, tous les pouvoirs politiques sont renfermés dans la souveraineté de la volonté générale, c'est-à-dire dans le peuple uni, y compris le pouvoir exécutif. Certes les différents pouvoirs pourront en fait se répartir, et même ils devront en droit se répartir légitimement, entre différents individus ou organes, au point de paraître, à tort, au philosophe inattentif, naturellement séparés comme des « parties » ils sont pourtant seulement des droits « subordonnés », des « émanations » de cette souveraineté. S'il est clair que le pouvoir exécutif, qui n'opère que par des actes particuliers, n'étant pas de l'essence du pouvoir législatif, en est naturellement séparé[3], il est clair également que ces deux pouvoirs sont originairement renfermés ensemble dans la souveraineté, puisqu'aucun pouvoir politique ne peut être exercé qu'au nom du peuple et de sa volonté générale, bref que « d'abord la puissance législative et la puissance exécutive qui constituent la souveraineté n'en sont pas distinctes »[4]. La volonté générale, ou (cela est synonyme) le peuple uni ou unifié,

1. Voir *ibid.*, § 45, p. 195.
2. *Ibid.*, § 51, p. 221.
3. Voir *CS*, III, 16, p. 432.
4. *LEM*, VII, p. 815.

est donc, pour Kant comme pour Rousseau, le Souverain (en Idée) de l'État, l'Idée pure d'un Souverain (*Staatsoberhaupt*), dont les différents pouvoirs politiques ne sont (en Idée) que des émanations, ou des rapports divers.

Pour comprendre le rapport de ce

> Souverain universel (*allgemeinen Oberhaupts*) lequel, considéré selon les lois de la liberté, ne peut être autre que le peuple uni lui-même, avec la multitude (*Menge*) dispersée des individus de ce même peuple comme sujets, c'est-à-dire le rapport de celui qui commande (*Gebietenden, imperans*) à celui qui obéit (*subditus*),

il faut, pour Kant comme pour Rousseau, faire appel à l'Idée de *contrat originaire*[1]. « L'acte par lequel un peuple est un peuple »[2] devient « l'acte par lequel un peuple se constitue en État », le mot peuple (*Volk*) désignant d'ordinaire chez Kant, lorsqu'il n'est pas accompagné du qualificatif d'uni ou unifié, la diversité multiple (*Menge* ou *Volksmenge*) des individus, ce que Rousseau appelait au contraire plutôt État[3] alors que le mot État (*Staat*) désigne toujours chez Kant la totalité comme active ou *imperans*, ce que Rousseau appelait du seul nom de Souverain. Sous la réserve de cet apparent déplacement de terminologie (apparent puisqu'il n'existe que pour qui transcrit l'allemand de Kant en français selon les conventions ordinaires), le contrat originaire reproduit exactement le pacte social. Développé sur le fond d'un état de nature, état sans loi où les hommes se conduisent les uns envers les autres selon la simple mesure de leur force (*seiner Gewalt*), puis qu'il n'y a pas de juge compétent pour rendre une sentence ayant force de loi[4], l'acte lie chacun, *omnes et singuli*, tous pris distributivement un à un, à tous pris collectivement, au peuple considéré comme État (*universi*). Dans cet acte, chaque individu abandonne, non pas une partie, mais la totalité de sa liberté naturelle, dont il ne lui reste désormais plus rien ; il reçoit, à la place et à l'instant, la liberté civile, c'est-à-dire la liberté d'un être qui ne dépend que des lois émanant de sa propre volonté législatrice, de la volonté générale du peuple uni dont il est devenu un membre[5]. Ainsi le contrat originaire est l'acte dans lequel se lient les deux termes de la relation politique fondamentale, d'une part le Souverain

1. *Doctrine du droit*, II, 1, § 47, p. 198.

2. *CS*, I, 5, p. 359.

3. *Ibid.*, 6, p. 362 : « [...] lequel est appelé par ses membres *État* quand il est passif ». Mais Rousseau emploie aussi parfois le mot *peuple* comme synonyme d'*État :* « le Gouvernement reçoit du Souverain les ordres qu'il donne au peuple » (*ibid.*, III, 1, p. 396).

4. Voir *Doctrine du droit*, II, 1, § 44, p. 194.

5. Voir *ibid.*, § 47, p. 198.

(*imperans*), à savoir la volonté unifiée et unifiante du peuple, et, d'autre part, la multitude des sujets (*subditi*) désormais égaux et associés dans le peuple. Entre les deux, il n'y a pas, à proprement parler, société ou communauté, ils ne sont pas associés entre eux (encore qu'il y ait des « devoirs » du Souverain envers les sujets, puisqu'ils sont des hommes, c'est-à-dire fins en soi), ils sont subordonnés l'un à l'autre et non coordonnés, seuls les sujets sont coordonnés et doivent à cause de cela se considérer comme égaux en tant qu'également soumis à des lois communes. Cette union civile est donc moins une société qu'elle ne produit une société [1]. Cet acte, qui lie le Souverain aux sujets, est en même temps l'acte dans lequel se constitue le Souverain (qui se confond encore ici avec la totalité unifiée du peuple, avec l'Idée de volonté générale, sans qu'aucun des individus ou groupes d'individus qui constituent les sujets émerge). Et cet acte met, chez Kant, le Souverain dans une situation qui rappelle la situation d'extériorité et de supériorité qu'il avait chez Rousseau à l'égard de toutes les lois : « il n'y a ni ne peut y avoir nulle espèce de loi fondamentale obligatoire pour le corps du peuple, pas même le contrat social » [2].

Cet acte, tout comme l'état de nature auquel il met fin, n'est pour Kant qu'une Idée, ce qui signifie, non certes qu'il serait un vœu pieux ou une chimère (il est une exigence de la raison, impératif de la raison pratique ou devoir inconditionnel, et Idée spontanément produite ou pensée nécessaire pour comprendre en quoi une communauté existante est un État), mais qu'il ne s'agit pas là d'un fait historique, d'une origine effective, d'un événement. L'état de nature n'a (peut-être) jamais existé, et le contrat originaire n'a (vraisemblablement) jamais eu lieu. Il n'est pas l'acte par lequel un peuple devint un peuple, ni l'acte par lequel un peuple deviendra un peuple, ni même l'acte par lequel un peuple devient un peuple. Il est l'acte par lequel un peuple est un peuple. Kant affirme par là deux choses. 1) Qu'il y a sans doute une origine historique de l'État (*Geschichturkunde, Ursprung*), mais que cette origine ou ce commencement dans le temps pourrait bien être, non pas un pacte ou contrat, mais un acte de violence (*Gewalt*) accordé à la nature de sauvages incultes [3], une prise de pouvoir initiale au commencement de tout droit. 2) Que cette origine historique est extérieure et indifférente au regard du contrat originaire, « ou mieux de l'Idée de cet acte qui seule permet de penser la légalité d'un État » [4]. Point n'est besoin que l'acte de contracter ait eu lieu ou ait lieu pour que la

1. Voir *ibid.*, I, 3, § 41, p. 188.
2. *CS*, I, 7, p. 362 ; cf. *ibid.*, III, 18, p. 436.
3. Voir *Doctrine du droit*, II, 1, § 52, p. 223.
4. *Ibid.*, § 47, p. 198.

communauté effectivement existante puisse (et doive) être pensée comme légitime sous l'Idée de cet acte. Danton, à la séance d'ouverture de la Convention le 21 septembre 1792, avait proposé, pour assurer la valeur de la constitution (civile) d'une part, des propriétés d'autre part, que soient proclamés deux principes :

> il ne peut exister de constitution que celle qui sera textuellement nominativement acceptée par la majorité des assemblées primaires [...]; déclarons qu'il n'y a de constitution que celle qui a été acceptée de lui

et

> déclarons que toute propriété territoriale et industrielle sera éternellement maintenue [1].

La seconde proposition avait soulevé des réserves. En particulier, le Girondin Lasource avait avancé que « la propriété est antérieure à toute loi », il craignait que demander qu'on la consacre ne fût déjà la compromettre : « y toucher, même pour l'affermir, c'est l'ébranler », c'est supposer que la propriété a besoin d'un acte *historique* de validation par le peuple en corps ou ses représentants pour être légitime. La Convention se contenta d'une formule à la fois plus limitée (en refusant, sur les conseils de Cambon, de s'engager pour l'éternité) et plus prudente (en refusant, à l'invitation de Lasource, de faire expressément dépendre le droit de propriété d'un acte effectif du corps politique) : « la sûreté des personnes et des propriétés est sous la sauvegarde de la nation » [2]. Kant, réfléchissant sur cet épisode, retient l'Idée de contrat social, qui conserve son « incontestable crédit », « comme principe rationnel permettant d'apprécier toute constitution juridique publique en général », et rejette le contrat social comme fait, *Faktum*,

> tel que l'entend Danton réputant nuls et non avenus à défaut d'un tel contrat tous les droits qui se trouvent dans la constitution civile réellement (*wirklich*) existante, ainsi que toute propriété [3].

Ainsi la chaîne historique d'une part (qui commence par la force et la prise du pouvoir fondatrice d'un ordre politique effectif), l'Idée non historique du contrat originaire d'autre part (qui permet de penser l'émergence, contre l'état de nature qui est un état de guerre virtuelle, d'une volonté générale, légitime Souverain) sont clairement et définitivement dissociées.

1. Cité par J. Michelet, *Histoire de la Révolution française*, livre VIII, chap. III, *op. cit.*, p. 261-262 [NdÉ].
2. *Ibid.*, p. 265 [NdÉ].
3. *Théorie et pratique*, p. 45-46.

Cette dissociation est conforme, pour l'essentiel, à la doctrine développée par Rousseau dans le *Contrat social.* Car Rousseau, lui aussi, distinguait avec soin la question historique ou de fait, « comment ce changement s'est-il fait ? Je l'ignore », et la question de droit qu'il traitait, « qu'est-ce qui peut le rendre légitime ? Je crois pouvoir résoudre cette question »[1]. Le pacte ou contrat développé au chapitre VI du livre I énonce les conditions de possibilité d'un État en général, dont se déduisent les propriétés universelles de tout État existant en tant qu'il est État, sans les confondre avec les clauses effectives d'un contrat historique : « bien qu'elles n'aient peut-être jamais été formellement énoncées, elles sont partout les mêmes, partout tacitement admises et reconnues »[2]. Pour Rousseau, comme pour Kant, l'état de nature n'est pas, ou en tout cas n'est pas seulement, un passé historique (plus ou moins lointain, plus ou moins mythique), il est un horizon, une menace perpétuellement présente, un irréel présent qui est aussi le potentiel inquiétant d'une dissolution ce qui se passerait si l'institution politique venait à disparaître : la vie même des citoyens, qu'ils ont dévouée à l'État, en est continuellement protégée et, lorsqu'ils l'exposent pour sa défense, que font-ils alors sinon lui rendre ce qu'ils ont reçu de lui ?

> Que font-ils qu'ils ne fissent plus fréquemment et avec plus de danger dans l'état de nature, lorsque livrant des combats inévitables, ils défendraient au péril de leur vie ce qui leur sert à la conserver[3] ?

Rousseau ici ne parle ni à l'imparfait (*ils défendaient*) ni au passé simple (*ils firent*) : car il ne s'agit pas d'un état de guerre effectif, dont l'homme serait sorti par un pacte historique, mais d'un état de guerre virtuelle (*qu'ils ne fissent, ils défendraient*), dont la menace s'aggrave à mesure que l'État en se développant laisse, ou fait, se développer les amours propres opposés dont il neutralise les conflits (un peu comme dans la doctrine stalinienne de l'État, la construction du socialisme aggravait au lieu de les atténuer les conflits virtuels de classes, ce qui entraînait en cette phase la nécessité de renforcer l'État prolétarien, au rebours de la thèse classique d'un dépérissement). En donnant « une méthode pour la formation des sociétés politiques », Rousseau admet donc fort bien que, « dans la multitude d'agrégations qui existent actuellement sous ce nom, il n'y en ait peut-être pas deux qui aient été formés de la même manière, et pas

1. *CS*, I, 1, p. 351.
2. *Ibid.*, 6, p. 360.
3. *Ibid.*, II, 4, p. 375, reprenant *MsG*, I, 6, p. 308.

une qui l'ait été selon celle que j'établis »[1] : c'est ainsi que nulle sphère (réelle) n'a jamais été (effectivement engendrée, *ortum fuisse*, par la rotation d'un demi-cercle autour de son diamètre, et que pourtant cette méthode de formation, *modus formandi*, idéale, permet de démontrer toutes les propriétés, *omnes proprietates*, qui sont partout les mêmes, partout tacitement admises et reconnues, si l'on ose dire, par toutes les sphères qui existent actuellement sous ce nom[2]. Pour Rousseau, le contrat social est donc bien, au sens kantien du terme, une Idée (permettant de penser, de déduire, de rendre légitimes les propriétés de l'État en général), et non un fait historique ou une hypothèse sur le mode de formation effectif des sociétés existantes.

Sur cette relation de Kant à Rousseau, il reste à préciser deux différences : l'une sur l'origine historique des États existants, l'autre sur la fonction de l'Idée quant à l'autorité politique existante. 1) Certes Rousseau et Kant ne parlent de l'origine historique que sur le mode hypothétique, et selon la probabilité : « comme il ne se forme plus de peuples, nous n'avons guère que des conjectures pour expliquer comment ils se sont formés »[3], « les sauvages ne dressent aucun acte de leur soumission à la loi »[4]. Certes tous deux admettent encore que l'homme, historiquement, n'a vraisemblablement accepté de renoncer à sa liberté naturelle ou indépendance (au droit de faire ce qui lui plaît) que dans une situation de détresse, « à la veille de la ruine » et « pressé par la nécessité »[5],

> dans la pire des détresses, à savoir celle que les hommes s'infligent les uns aux autres, leurs inclinations ne leur permettant pas de subsister longtemps les uns à côté des autres dans l'état de liberté sans frein[6].

Mais à la question de savoir si, dans cette situation de détresse, tout a commencé par un contrat ou par un coup de force, si, pour parler comme Kant « un contrat réel, *wirklich*, de soumission au pouvoir, *pactum subjectionis civilis*, a été originairement premier comme fait, ou si la force,

1. *MsG*, I, 5, p. 297.
2. Voir B. Spinoza, *Traité de la Réforme de l'Entendement*, § 72 et § 95-96.
3. *CS*, IV, 4, p. 444 : « La partie la plus instructive des annales des peuples, qui est l'histoire de leur établissement, est celle qui nous manque le plus ». *Cf.* J. Locke, *Second Traité*, chap. VIII, § 101.
4. *Doctrine du droit*, II, 1, § 52, p. 223.
5. *DI*, II, p. 176 et p. 177. Cf. *CS*, I, 6, p. 360 : « Le genre humain périrait s'il ne changeait sa manière d'être ».
6. E. Kant, *Idée d'une histoire universelle d'un point de vue cosmopolitique*, 5e proposition, trad. fr. St. Piobetta, dans Kant, *La philosophie de l'histoire*, Paris, Aubier-Montaigne, p. 67 [rééd. *Opuscules sur l'histoire*, Paris, GF-Flammarion, 1990, p. 77].

Gewalt, a précédé et si la loi n'a paru qu'ensuite »[1], ils répondent par des hypothèses d'origine (dont tous deux disent qu'elles sont des hypothèses et qu'aucun d'eux ne confond purement et simplement avec l'Idée de contrat social) divergentes. Pour Rousseau, l'hypothèse « la plus naturelle » est celle d'un contrat : non pas sans doute pacte de soumission, mais pacte d'association, proposé par les riches, accepté par les pauvres, approuvé par les sages. « Telle fut, ou dut être l'origine de la société et des lois », à l'exclusion expresse et motivée des « conquêtes du plus puissant » et de « l'union des faibles »[2]. Kant au contraire interdit au peuple de raisonner sur la priorité de fait, insondable à la rigueur, entre la force et la loi, question qui conduit trop naturellement à une dangereuse question de droit, « y a-t-il entre les deux un ordre dû, *sollen* »[3] et au refus, punissable, d'obéir à une autorité qui n'aurait pas été instituée selon l'ordre dû : car « la nature de ces hommes incultes donne déjà à croire qu'ils ont d'abord été soumis par la force à la loi civile »[4]. Pour Kant, ce n'est donc ni un contrat ni l'union des faibles, mais bien « la prise du pouvoir suprême » par le plus puissant qui fut, ou dut être (selon l'hypothèse la plus plausible) à l'origine de tout « droit public »[5]. 2) On aperçoit par là que l'Idée de contrat social ne joue pas, chez Kant, exactement le même rôle que chez Rousseau au regard de l'autorité actuellement existante. Pour Kant, l'origine historique effective est méthodiquement et définitivement dissociée de l'Idée (de contrat social et de pure République), elle est donc absolument *indifférente* quand il s'agit de juger l'obéissance due par un citoyen à l'État de fait. L'Idée permet certes de déceler les défauts de toute constitution empirique (ou statutaire), défauts qui s'expliquent aisément par son origine historique effective : mais, précisément parce qu'elle définit une « fin dernière (*der letzte Zweck*) de tout droit public »[6] et n'est jamais confondue avec l'origine historique effective, l'Idée, norme interne pour réformer ce qui existe, est toujours présente en tout État en tant qu'il est un État, et n'autorise jamais à conclure, de ce que l'État de fait aurait « mal commencé », « qu'il eût fallu commencer par nettoyer l'air et écarter tous les vieux matériaux, comme fit Lycurgue à Sparte, pour élever ensuite un bon édifice »[7]. La fonction de l'Idée est, dans la politique de Kant, toujours indissociablement conservatrice et réformatrice, elle n'est jamais révolutionnaire.

1. *Doctrine du droit*, II, 1, Remarque A, p. 201.
2. *DI*, II, p. 178-179.
3. *Doctrine du droit*, II, 1, Remarque A, p. 201.
4. *Ibid.*, § 52, p. 223.
5. *Ibid.*, Appendice, Conclusion, p. 255-256.
6. *Ibid.*, II, 1, § 52, p. 224.
7. *DI*, II, p. 180.

Au contraire, chez Rousseau, le partage est moins aisé, et l'origine historique effective, même si elle n'est jamais confondue avec l'établissement idéal de la légitimité, n'est pas *au même sens* « indifférente à ce que je veux établir » : s'il faut écarter, comme hypothèse sur l'origine historique effective, les conquêtes du plus puissant (ou, pour mieux parler, des plus riches), c'est d'abord parce que « le droit de conquête, n'étant point un droit, n'en a pu fonder aucun autre » et que, tant que manque le libre contrat,

> quelques capitulations qu'on ait faites, elle n'ont été fondées que sur la violence, et que par conséquent elles sont nulles par le fait même, il ne peut y avoir dans cette hypothèse ni véritable société, ni corps politique, ni d'autre loi que celle du plus fort [1].

L'origine historique la plus plausible (à savoir le pacte proposé par le riche) doit donc être, pour Rousseau, déjà parfaitement valide, et non point « un pacte mystificateur » ou illégitime pour cause de dol [2]. Cette légitimité (de droit) requise dès le commencement (de fait) implique nécessairement que l'Idée rousseauiste de contrat social aura, à coté de sa fonction réformatrice [3] et même conservatrice [4], une autre fonction toute différente : la déduction rigoureuse des clauses qui seules rendent un État légitime oblige à déclarer déchue de tout droit une autorité politique existante qui s'écarte, si peu que ce soit, du modèle idéal. Puisque l'origine (historique) est aussi une institution (légitime), toute discordance entre la constitution (empirique, statutaire) et les clauses (« tellement déterminées par la nature de l'acte ») du contrat idéal est signe d'une usurpation : « la moindre modification » rend les clauses du contrat « vaines et de nul effet » [5] et, « à l'instant que le gouvernement usurpe la souveraineté le pacte social est rompu, et tous les simples citoyens, rentrés de droit dans leur liberté naturelle, sont forcés mais non pas obligés d'obéir » [6].

Ainsi, l'Idée kantienne de contrat originaire, pensée nécessaire à quiconque réfléchit sur tout État en général, présente l'Idée d'un Souverain de l'État, source unique de tous les pouvoirs politiques, Idée pure qui accompagne toute autorité politique existante, qui permet d'en penser la

1. *DI*, II, p. 179.
2. On rappellera la remarquable analyse de V. Goldschmidt, *Anthropologie et politique. Les principes du système de Rousseau*, Paris, Vrin, 1974, § 127.
3. Sur la « marche graduelle » qui rapprochera « en Pologne la loi de l'État » et « la loi de la nature », voir *Pologne*, VI et XIII, p. 972-974 et p. 1024-1029.
4. *LEM*, VI, p. 811 : « Ainsi loin de détruire tous les gouvernements, je les ai tous établis ».
5. *CS*, I, 6, p. 360.
6. *Ibid.*, III, 10, p. 422-423.

légalité, qui suffit à me faire obligation, à moi qui appartient à ce peuple, d'obéir sans examen préalable[1].

Sans quitter le droit naturel ou rationnel, la considération de l'Idée *a priori* de pure République, qui est à la fois fin dernière (ou meilleure constitution possible, *Res publica noumenon*) et condition de possibilité de tout État en général, il est possible, et nécessaire, de progresser dans l'analyse de la souveraineté. Car, à l'intérieur de l'Idée pure d'un Souverain de l'État (*Staatsoberhaupt*), on trouve une pluralité architectonique de pouvoirs, la *trias politica*, dont la nature et les rapports sont, pour Kant, rationnellement déductibles.

Il importe, pour éviter tout malentendu, de rappeler que cette analyse se situe à l'intérieur du Souverain en général, c'est-à-dire de cette unité ou unification qui fait, de la multiplicité dispensée du peuple, des individus (*omnes et singuli*), un État, une *Res publica* au sens large, qui personnifie (dans *le* Souverain) la volonté générale. Notre analyse laissera donc, à l'extérieur d'elle, le sujet (*subditus*), qui, comme simple particulier, n'est investi d'aucune espèce de pouvoir politique, qui est dans ce rapport à l'autorité simplement passif, et qui, associé dans le peuple avec les autres particuliers sous des lois communes et dans une égale obéissance au Souverain, n'est par rapport à ce Souverain que subordonné, et ne lui est d'aucune manière, coordonné[2]. Certes, en tant qu'homme (et par conséquent fin en soi), le simple particulier est lui-même digne de respect et le Souverain a des devoirs envers lui[3], comme, inversement, le devoir d'obéissance reste pour le simple particulier subordonné à l'impératif catégorique de la moralité intérieure[4]. Mais, à l'intérieur du rapport politique proprement dit, le pouvoir du Souverain (au sens large de *Staatsoberhaupt*) est absolu, il n'est en rien limité par le sujet, ou par le peuple (défini comme ensemble des sujets, comme multiplicité). Le Souverain est *imperans*, c'est-à-dire celui qui donne les ordres, *Befehlshaber*[5] ou – c'est synonyme– celui qui commande, *Gebietende*[6], par opposition au sujet, *subditus, Untertan*, qui obéit. Les trois personnes de la *trias politica* ne sont

1. Voir *Doctrine du droit*, Appendice, Conclusion, p. 254.
2. Voir *ibid.*, I, 3, § 4, p. 188.
3. Voir *ibid.*, II, 2, § 55, p. 229.
4. Voir *ibid.*, Appendice, Conclusion, p. 254 : « Obéissez à l'autorité qui a puissance sur vous (en tout ce qui ne contredit pas la moralité intérieure) ».
5. Voir *ibid.*, I, 3, § 41, p. 188.
6. Voir *ibid.*, II, 1, § 47, p. 198.

que les trois figures du même *Staatsoberhaupt* qui, par rapport au sujet, est dans un rapport unilatéral de supérieur à inférieur.

À l'intérieur de cette unique source de pouvoirs, « la volonté unifiée du peuple », Kant distingue trois personnes, qui sont autant de « rapports » de cette volonté : émanations, pourrait-on dire après Rousseau, plutôt que parties. Les trois fonctions, ou, selon le mot que, très exceptionnellement, Kant met entre parenthèses en français, les trois *pouvoirs*, confondus dans l'unité de Dieu (et unis dans l'Idée pure du *Staatsoberhaupt*), sont répartis ou plutôt devraient se répartir nécessairement dans un État juridique civil entre trois sujets différents : ce sont les pouvoirs du législateur comme saint (*heiligen Gesetzgeber*) assimilé en Dieu au créateur tout-puissant (*allmächtigen Schöpfer*) du ciel et de la terre ; du gouvernant (*Regierer*) assimilé au conservateur (*Erhalter*) du genre humain et à son protecteur (*Versorger*) moral ; et enfin du juge équitable (*gerechten Richter*) ou administrateur (*Verwalter*) de ses propres lois, dans le cas de Dieu[1]. Ces trois fonctions, ou personnes, ou pouvoirs sont, quant à leur contenu, parfaitement univoques à travers l'œuvre politique de Kant, et correspondent à des rapports politiques présents dans tout État existant, caractéristiques d'un État en général. 1) La fonction législatrice, la loi étant désormais pensée à la manière de Rousseau[2], constitue ce que Kant nomme *Herrschergewalt* ou *Souveränität*[3] : il faut relever avec soin cette terminologie, qui nous fait sans doute déjà anticiper sur la relation hiérarchique entre les pouvoirs (le législatif, chez Kant comme chez Rousseau[4], constituant, à l'intérieur même de la souveraineté, au sens large, ce qui gardera, par rapport aux autres pouvoirs qui en émaneront et finiront par paraître des parties indépendantes, une décisive supériorité). Car *Souverän* désigne toujours, dans la politique de Kant, le principe en quelque sorte invisible qui donne les lois : « il n'est pas agent, il est la loi-même personnifiée »[5]. *Herrschergewalt*, la puissance du *Herrscher* ou *Beherrscher*[6],

1. Voir E. Kant, *La religion dans les limites de la simple raison,* IIIe partie, Remarque générale, *op. cit.*, p. 184-185 [rééd. p. 163-166].

2. *CS*, II, 6, p. 379 : « Alors la matière sur laquelle on statue est générale comme la volonté qui statue. C'est cet acte que j'appelle une loi ».

3. Voir *Doctrine du droit*, II, 1, § 45, p. 195.

4. *CS*, III, 11, p. 424 : « Le principe de la vie politique est dans l'autorité souveraine. La puissance législative est le cœur de l'État, la puissance exécutive en est le cerveau, qui donne le mouvement à toutes les parties. Ce cerveau peut tomber en paralysie et l'individu vivre encore ».

5. *Théorie et pratique*, p. 35 n. Cf. *LEM*, VI, p. 807 : « cette règle générale et personnifiée est ce que j'appelle le Souverain ».

6. *Doctrine du droit*, II, 1, § 49, p. 199 : « Le Souverain du peuple (le législateur) » et « le Souverain de l'État ».

signifie plus directement le pouvoir de commander ou donner les ordres, la fonction de l'*imperans* (par opposition au sujet qui obéit), fonction qui est concentrée sous sa forme la plus haute dans l'énonciation de la loi universelle, dans la législation. La détention de l'*Herrschergewalt* définit donc la forme de souveraineté (*forma imperii, die Form der Beherrschung*)[1], ce que l'on peut appeler aussi, nous le verrons, la forme de l'État[2], en réponse à la question : Qui dans l'État commande ? 2) La fonction exécutive, assurée par le gouvernant, consiste à appliquer la loi : cette application, par rapport à la fonction législatrice, introduit deux novations, deux éléments hétérogènes. D'une part, le détenteur de cette fonction (que Kant nomme *Regent, rex, princeps* comme Rousseau l'appelait *Prince*[3], et, d'un mot nouveau qui renvoie à l'actualité de 1797, *Directoire*) applique la loi aux cas (spécifiques, sinon individuels) par des décrets (d'application), décisions (révocables) pour des cas (particuliers) : Rousseau disait de même que « cette puissance ne consiste qu'en des actes particuliers qui ne sont point du ressort de la loi, ni par conséquent de celui du Souverain, dont tous les actes ne peuvent être que des lois »[4]. D'autre part, il applique la loi en ce sens qu'il dispose de la force publique pour donner efficacité à la loi, bref il est l'agent de l'État et, comme il dispose de la force, c'est lui qui donne, (immédiatement) au peuple des ordres (*Befehle*)[5], on peut l'appeler de façon technique « l'irrésistible chef suprême (*Oberbefehlshaber, summus rector*) »[6] : Rousseau disait de même que la puissance exécutive « n'est que la force appliquée à la loi »[7], et qu'« il faut à la force publique un agent propre qui la réunisse et la mette en œuvre selon les directions de la volonté générale »[8]. On peut donc appeler, de façon unitaire, le Gouvernement « suprême administration », et son chef « le chef de l'administration de l'État (*das Oberhaupt des Staatsverwaltung*) »[9]. 3) Reste le pouvoir judiciaire, ce que Montesquieu appelait aussi « la puissance exécutrice des choses qui dépendent du droit civil »[10] et opposait à une puissance exécutrice réduite à ce qui dépend du droit des gens, c'est-à-dire au pouvoir

1. Voir E. Kant, *Vers la paix perpétuelle*, IIe Section, Article 1, trad. fr. J. Darbellay, éd. bilingue, Paris, P.U.F., 1958, p. 94-95.
2. Voir *Doctrine du droit*, II, 1, § 51, p. 222.
3. Voir *ibid.*, § 49, p. 199 et *CS*, III, 1, p. 396.
4. *CS*, III, 1, p. 395-396.
5. Voir *Doctrine du droit*, II, 1, § 49, p. 199.
6. *Ibid.*, § 48, p. 198.
7. *CS*, III, 15, p. 430.
8. *Ibid.*, 1, p. 396.
9. *Ibid.* et *Théorie et pratique*, p. 35 n.
10. Ch. de Montesquieu, *EL*, XI, 6.

de faire la paix et la guerre, d'envoyer et de recevoir des ambassades, d'établir la sûreté et prévenir les invasions. Rousseau dans l'idée d'application aux cas particuliers, ne distinguait guère entre ce qui relève du pouvoir exécutif et ce qui relève du pouvoir judiciaire : tout ce qui est application de la loi, acte particulier qui détermine le cas de la loi, étant également nommé par lui décret ou acte de magistrature. Kant au contraire distingue l'ordre (*Gebot*) de se conduire d'après la loi et la sentence (*Rechtspruch*), qui énonce ce qui est de droit dans un cas individuel[1] : celui qui attribue à chacun le sien suivant la loi est le juge (*Richter*) et, en dernière instance, lorsque sa sentence est sans appel, le juge suprême. La distinction entre le pouvoir exécutif et le pouvoir judiciaire est celle du « cas particulier (*besonderen*) » réglé par le décret et de « l'acte singulier (*einzelner*) » que constitue la sentence[2]. Ces trois pouvoirs sont nécessairement présents dans tout État existant, ils correspondent aux trois niveaux (universalité, particularité, individualité) auxquels se rencontre le rapport du Souverain en général avec le (ou les) sujets.

Entre ces pouvoirs, Kant croit pouvoir déduire *a priori* un rapport hiérarchique. Il est, en principe, celui qui existe entre les trois propositions du raisonnement-de-raison pratique (*in einem praktischen Vernunftschluß*)[3], le célèbre syllogisme pratique d'Aristote[4] : la plus haute forme de la souveraineté est dans la loi (universelle), et « celui qui commande, *der Gebietende* (*imperans*) par une loi est le législateur »[5]. L'application à l'individualité d'un cas marque comme l'exténuation maximale de la distance entre souveraineté et sujet : c'est en ce sens qu'on pourrait dire, avec Montesquieu, que la puissance de juger si terrible parmi les hommes doit devenir en quelque façon nulle si on ne veut pas qu'elle accable l'individu, sur lequel elle porte directement. Le gouvernement, intermédiaire (selon la doctrine de Rousseau) entre le Souverain et l'État, qui « reçoit du Souverain les ordres qu'il donne au peuple »[6], fournit le principe de la subsomption. Pour préciser cette relation, il faut approfondir la relation (de droit) entre les trois organes qui, selon l'idée d'une pure République,

1. Voir *Doctrine du droit*, II, 1, § 45, p. 195.

2. *Ibid.*, § 49, p. 199 et 200.

3. Voir *ibid.*, § 45, p. 195.

4. Voir *Éthique à Nicomaque*, livre VI, chap. 8, 9 et 11 et livre VII, chap. 3 (1141b 8-1142b 39 et 1145b 21-1146b 5). Pour la médiation de Pufendorf, on renverra à la remarquable analyse de R. Derathé, *Le rationalisme de J.-J. Rousseau*, Paris, P.U.F., 1948, chap. III, § 1, p. 74-84 [réimpr. Genève, Slatkine reprints, 2011, même pagination].

5. *Doctrine du droit*, Introduction générale – IV, p. 101.

6. *CS*, III, 1, p. 396 : on relèvera l'emploi du mot *peuple*, conforme à ce qui sera la pratique de Kant (voir *supra*, n. 3, p. 212).

détiennent les trois fonctions politiques : le législateur ou Souverain (*Beherrscher*) du peuple ; le Régent ou chef suprême de l'administration de l'État; le juge. Trois termes caractérisent cette relation coordination, subordination et unification[1]. On pourrait risquer la formule que Montesquieu avait sacrifié la subordination à la coordination, et que Rousseau avait sacrifié la coordination à la subordination : Kant chercherait, dans ce qu'il appelle unification, à penser à la fois l'une et l'autre. Certes Montesquieu, à qui l'on aurait tort de prêter « le mythe de la séparation des pouvoirs » a analysé mieux que quiconque la distribution des pouvoirs, leur combinaison, leur fusion, leur liaison[2]. À s'en tenir au modèle proposé de la constitution d'Angleterre, il reste que l'unité des pouvoirs se fait par coordination et exclut, en son principe, toute subordination. L'objectif avoué est de limiter le pouvoir par le pouvoir[3] : il faut donc que les organes coordonnés (par exemple Chambre haute, Chambre basse et roi) qui se partagent le pouvoir soient indépendants, chacun pouvant empêcher sans qu'aucun puisse contraindre les autres à vouloir ou à faire. Alors le concours entre des volontés coordonnées exclut toute subordination d'un pouvoir inférieur à un pouvoir supérieur dont il ne serait que le ministre. Au-dessus de cette pluralité d'égaux, la seule force contraignante qui se les subordonne tous en les coordonnant n'est plus politique, ce n'est pas une volonté souveraine mais le mouvement des choses qui force les pouvoirs politiques à s'accorder pour avancer[4]. Inversement, la philosophie politique de Rousseau a pour objectif avoué d'assurer la subordination du pouvoir exécutif : s'il y a une nécessité des choses, elle est dans la pente de tout gouvernement à dégénérer, à devenir insensiblement plus actif à mesure que la puissance qui veut, le peuple souverain dans sa fonction de législation, devient moins active, et, pour finir, à agir sur elle au lieu d'agir pour elle[5]. L'art politique consiste à prévenir cet abus toujours imminent : « le moyen proposé est le seul, il est

1. Voir *Doctrine du droit*, II, 1, § 48, p. 198. Locke a fait « de la subordination des pouvoirs de l'État » le titre du chap. XIII de son *Second Traité*.

2. Les travaux de Ch. Eisenmann [NdÉ : « *L'Esprit des lois* et la séparation des pouvoirs », *Mélanges Carré de Malberg*, Paris, Sirey, 1935] sont repris dans une remarquable étude de L. Althusser, *Montesquieu. La politique et l'histoire*, Paris, P.U.F., 1959, chap. V.

3. *EL*, XI, 4 : « Mais c'est une expérience éternelle que tout homme qui a du pouvoir est porté à en abuser, il va jusqu'à ce qu'il trouve des limites [...]. Pour qu'on ne puisse abuser du pouvoir, il faut que, par la disposition des choses, le pouvoir arrête le pouvoir ».

4. *Ibid.*, 6 : « Ces trois puissances devraient former un repos ou une inaction. Mais comme, par le mouvement nécessaire des choses, elles sont contraintes d'aller, elles seront forcées d'aller de concert ».

5. Voir *LEM*, VII, p. 815, reprenant *CS*, III, 10.

simple et ne peut manquer d'être efficace »[1], il faut que la loi prévoie, à intervalles fixes, des réunions ou assemblées du corps souverain telles que rien ne puisse les abolir ni les proroger. Car, à l'instant même où le peuple est ainsi légitimement assemblé, la puissance exécutive est suspendue, elle fait en quelque sorte retour à sa source, le Souverain, et le Prince reconnaît ou doit reconnaître un supérieur actuel. Soucieux de maintenir sa subordination, Rousseau écarte toute coordination entre les dépositaires de la puissance exécutive (simples ministres) et leur Souverain, le peuple : « ils exercent en son nom le pouvoir dont il les a faits dépositaires, et qu'il peut limiter, modifier et reprendre quand il lui plait »[2], « il peut les établir et les destituer quand il lui plait, il n'est pas question pour eux de contracter, mais d'obéir »[3].

Il faut aller plus loin, jusqu'à l'idée de comptes à rendre, voire de punition : puisque les gouvernants ne sont que des officiers, chargés par le peuple d'une commission, il est de droit que, après avoir rempli leur commission, ils en rendent compte avant de rentrer dans la commune égalité[4]. Et, s'ils ont été des mandataires infidèles, le Souverain, non content de leur retirer leur charge, a tout à la fois le droit et le pouvoir de les punir pour leur mauvaise gestion, selon la pratique des démocraties antiques[5]. Sans doute l'idée même de commission implique que, dans l'intervalle entre deux assemblées périodiques du Souverain, le Prince soit maître de prendre, sous sa seule responsabilité, les décisions qui lui sembleront conformes à la volonté législatrice formulée dans les lois, et il est vrai encore que, au terme de son mandat,

> on ne saurait observer avec trop de soin toutes les formalités requises pour distinguer un acte régulier et légitime d'un tumulte séditieux, et la volonté de tout un peuple des clameurs d'une faction[6].

Mais cette autonomie relative, à la fois inévitable et légitime contient déjà, pour Rousseau, comme le risque d'une sourde et hypocrite usurpation : « c'est aussi de cette obligation que le Prince tire un grand avantage pour conserver sa puissance malgré le peuple, sans qu'on puisse dire qu'il l'ait usurpée »[7]. Tout ce qui, dans le rapport entre pouvoir exécutif et

1. *Pologne*, VII, p. 978, reprenant *CS*, III, 12, 13, 14 et 18.
2. *CS*, III, 1, p. 396.
3. *Ibid.*, 18, p. 434.
4. Voir *LEM*, VII, p. 815.
5. Sur l'artifice qui consiste, à Genève, à « ne pas attendre les élections pour les punir », voir *ibid.*, p. 818 n.
6. *CS*, III, 18, p. 435.
7. *Ibid.*

pouvoir législatif, va dans le sens d'une coordination lui semble le début d'une perversion ou d'un renversement de la subordination légitime: il faut toujours défendre le Souverain contre son ministre.

L'unification kantienne des pouvoirs, dans l'Idée pure d'un Souverain de l'État ou Idée d'une pure République, associe coordination et subordination : les trois puissances

> sont aussi subordonnées les unes aux autres de telle sorte que nulle ne puisse usurper la fonction de l'autre dans le même temps qu'elle l'aide et lui prête main forte (*der sie zur Hand geht*), mais qu'au contraire elle ait son principe propre, c'est-à-dire qu'elle commande certes en la qualité de personne particulière, mais pourtant sous la condition de la volonté d'une autre personne qui lui est supérieure [1].

L'idée rousseauiste de subordination est clairement maintenue. La loi (*Gesetz*) est la condition suprême dont tout acte de gouvernement doit être l'application, ce qui autorise à dénoncer comme usurpation toute substitution de la volonté particulière du Régent à la volonté générale du Souverain: « un gouvernement, qui serait en même temps législateur, devrait être appelé despotique ». Et le Souverain du peuple, le législateur (*der Beherrscher des Volks, der Gesetzgeber*) peut ôter au Régent, ou pouvoir exécutif suprême, son pouvoir, le déposer, transformer son administration. « Mais il ne peut pas le punir » [2] : on passe ici de la subordination à la coordination. Remarquons, une fois de plus, qu'il ne s'agit pas ici de l'impunissabilité du Souverain de fait (de celui qui détient en fait l'autorité suprême, c'est-à-dire de « celui qui se trouve en possession de la puissance impérative et législative suprême sur un peuple » [3], de celui qui, dans un État existant, détient en fait la place de *Staatsoberhaupt*) : il s'agit de l'impunissabilité, à l'intérieur de la *trias politica* Idéale, de la seconde personne par la première, du Chef de l'exécutif (dépositaire de la force publique) par le législateur suprême, le *Souverän*.

Il faut ici restituer la démonstration kantienne, en rappelant que la volonté générale (dont l'impératif suprême s'énonce dans la loi) n'est pas, comme volonté, un agent, mais seulement une âme invisible (à qui il faut prêter main forte justement parce qu'elle n'a pas de mains); et que la faculté de contraindre, l'indispensable force publique par laquelle seule le Régent peut être dit Agent de l'État, *der Agent des Staats* [4], est par

1. *Doctrine du droit*, II, 1, § 48, p. 198.
2. *Ibid.*, § 49, p. 199.
3. *Ibid.*, Appendice, Conclusion, p. 254.
4. Voir *Théorie et pratique* – II, Corollaire (« ce pouvoir ou son agent, le chef de l'État »), p. 42 et *Doctrine du droit*, § 49, p. 199.

définition aux mains de *l'Oberbefehlshaber* (qui détient en dernier ressort la force requise pour faire appliquer la loi). Kant sait, aussi bien que Rousseau, que le Régent, « organe du Souverain (*das Organ des Herrschers*) », sitôt qu'il s'agira d'un homme empirique dans un État effectivement existant, risquera d'usurper la fonction législative, et de procéder contrairement à la loi au lieu de l'appliquer. Mais il sait aussi que, juridiquement parlant, ce Régent infidèle est deux fois irrésistible, *unwiderstehlich* (*irresistibel*)[1] : irrésistible pour le sujet, car le sujet, qui n'a jamais aucun droit de contrainte au regard du *Staatsoberhaupt* en général[2], n'en a bien sûr aucun au regard de sa seconde personne, et ne peut qu'adresser des doléances (*gravamina*); mais irrésistible aussi pour le Souverain lui-même, au sens étroit de la première personne, du législateur qui n'a pas davantage de droit de contrainte (et donc de droit de punir) à l'égard du Prince de la seconde personne[3]. En effet, le pouvoir de contraindre implique la possession de la force publique, dont justement le détenteur est le Régent. Punir le chef de l'exécutif serait encore un acte de pouvoir exécutif, et il y a contradiction à ce que soit soumis à une contrainte juridique (c'est-à-dire assurée par la force publique selon la loi) celui à qui il revient, en dernier ressort, de contraindre tous les sujets en conformité avec la loi, et qui détient pour cela, en dernier ressort, l'usage de la force publique[4]. Pour que le Souverain (*Souverän*) pût, constitutionnellement, contraindre le Chef suprême de l'exécutif (*obersten Befehlshaber*), par exemple en le punissant s'il viole la loi (et notamment la loi constitutionnelle), il faudrait que l'usage de la force publique fût, d'une manière ou d'une autre, à un moment ou à un autre, resté aux mains du Souverain : c'est bien en effet ce que Rousseau préconisait, à intervalles fixes, avec le retour à une forme (déclarée par lui archaïque) de démocratie directe, et la restitution au peuple souverain, pour une nouvelle donne, du pouvoir exécutif. Mais c'est aussi, à l'évidence, une nouvelle forme de confusion, au moins pour un moment, du pouvoir exécutif avec le pouvoir législatif « dès lors, ce n'est plus celui auquel on peut résister » (c'est-à-dire le Régent considéré comme punissable et mis en quelque sorte sur la sellette) « qui est » (vraiment) « le chef suprême de l'exécutif, *der oberste Befehlshaber*, mais c'est l'autre » (celui qui commande la résistance, et destitue, au moins provisoirement le Régent, par exemple l'assemblée du Peuple par laquelle la puissance exécutive serait suspendue), « ce qui se contredit ». Dès lors,

1. Voir *Doctrine du droit*, II, 1, § 48, p. 198.
2. Voir *ibid.*, Remarque A, 2e alinéa, p. 201-202.
3. Voir *ibid.*, 3e alinéa, p. 202.
4. Voir *ibid.*, § 49, p. 199.

« le Souverain, *Souverän* » (le législateur, par exemple le peuple rassemblé qui, en effet, de l'aveu de Kant, possède toujours en droit le pouvoir législatif, soit qu'il l'exerce lui-même soit qu'il soit représenté par ses députés dans un Parlement) « agirait en même temps comme Régent, donc despotiquement » [1]. Pour éviter le despotisme, il faut dissocier le pouvoir exécutif et le pouvoir législatif : le Souverain ne doit pas plus être en même temps Régent que le Régent ou gouvernement ne doit être en même temps législateur. La subordination, proclamée comme chez Rousseau, de la force publique à la volonté suprême du Souverain législateur, se double chez Kant d'une coordination, qui implique avec l'impunissabilité du Régent une sphère réservée à l'exercice de son principe propre. Si Kant rejette l'idée de limite, d'équilibre entre pouvoirs égaux qui se feraient contrepoids, dont Montesquieu avait trouvé le modèle dans la constitution d'Angleterre, il ne sacrifie pas, à l'idée rousseauiste de subordination, l'autonomie (en leur sphère) des figures subordonnées : l'analogie avec le mystère de la Trinité [2] est sur ce point tout à fait éclairante, le Fils n'est pas un Commis.

La clé de cette unification est fournie par l'indépendance de la justice, l'autonomie reconnue à la troisième personne de la *trias politica*, au Juge. À lui revient d'appliquer à l'individualité du sujet le poids de la souveraineté en général, de « la volonté unifiée du peuple » source des trois pouvoirs : « il attribue à chacun le sien selon la loi » [3]. Or, conclusion du syllogisme pratique, cette attribution est aussi le dernier mot de la liaison entre pouvoirs, « c'est par l'unification de l'une et de l'autre » (des deux premières personnes) « qu'à chaque sujet on reconnaît son droit en partage » [4]. Cette troisième personne est subordonnée aux deux autres, à la loi d'abord (puisqu'il s'agit simplement d'appliquer à un fait singulier la rigueur de la loi, qui définit universellement ce qui est pour chacun le sien), et au pouvoir exécutif ensuite (qui commence par installer les juges comme magistrats, en faisant ainsi du juge ou du tribunal un administrateur de l'État, *Staatsverwalter* [5], puis qui, au terme du procès, fait appliquer la sentence). Sa sphère d'action est donc étroitement circonscrite, par la loi (puisque le juge n'est, selon la formule de Montesquieu, « que la bouche

1. *Ibid.*, Remarque A, p. 202, développant le § 46, p. 196.

2. Longuement étudié par Berkeley à la fin de la *Siris* (1744 ; traduit partiellement en allemand dès 1745) : on remarquera que l'appendice des *Prolégomènes à toute métaphysique future* (trad. fr. J. Gibelin, Paris, Vrin, 1984, p. 170) attribue à « l'évêque Berkeley » (évêque de Cloyne à partir de 1734) une opinion qui, à notre avis, ne peut venir que de la *Siris* (§ 264).

3. *Doctrine du droit*, II, 1, § 45, p. 195.

4. *Ibid.*, § 48, p. 198.

5. Voir *ibid.*, § 49, p. 199-200.

qui prononce les paroles de la loi ») et par la force publique (sans laquelle sa sentence resterait lettre morte). Mais, à l'intérieur de ces limites, le pouvoir judiciaire possède son principe propre : lui seul décide sous quel biais, *auf welche Ausmittelung*, les deux autres pouvoirs seront appliqués à l'individu. Il est donc tout à fait remarquable que cette fonction (à qui revient de décider si oui ou non tel individu singulier en tel cas singulier relève de la loi, et sous quel rapport) soit confiée, en droit, à des co-sujets [1] de l'accusé, « concitoyens (*Mitbürger*) qui sont nommés par un libre choix comme représentants du peuple, pour tel acte de justice en particulier », selon le mécanisme du Jury. Parce que l'individu jugé, qui appartient au peuple, simplement passif, et les deux pouvoirs exécutif et législatif, qui sont actifs comme personnes constitutives du Souverain, sont des deux côtés de la barrière, le premier, comme sujet, obéissant, les deux autres, comme autorités, ordonnant, il y aurait risque d'injustice si la troisième personne n'était pas tirée du peuple lui-même, comme ensemble d'individus égaux et passifs, et non de l'État. « La justice comme Idée du pouvoir judiciaire selon des lois universelles fondées *a priori* » [2] exige donc que la troisième personne de la *trias politica* soit comme politiquement nulle, et extérieure, non seulement aux deux premières, mais même, à la limite, à la Souveraineté politique en général, au *Staatsoberhaupt*, sinon en tant qu'il installe et encadre, selon les modalités décrites plus haut, ce fragment de peuple délégué à chaque fois à la fonction de juger. En ce sens, on dira qu'« il serait indigne du chef de l'État, *Staatsoberhaupt* » réduit ici à ses deux premières figures, Souverain et Régent (*Staatsherrscher* et *Regierer*) « de jouer au juge, c'est-à-dire de se placer dans la possibilité d'être injuste » [3]. Tout l'édifice kantien de l'unification est donc suspendu à la sauvegarde du droit de chaque individu : on découvre ici comment subordination et coordination peuvent s'accorder pour remplir un but éloquemment énoncé par Rousseau [4], mais que sa théorie de la souveraineté semble parfois étrangement compromettre. Car le caractère absolu de la souveraineté, joint au refus de tempérer par une quelconque coordination la subordination des pouvoirs inférieurs [5], la fait peser de tout

1. Sur le concept de *co-sujet*, voir *Théorie et pratique*, p. 35 n.

2. *Doctrine du droit*, II, 1, Remarque E, p. 217.

3. *Ibid.*, § 49, p. 200.

4. *DEP*, p. 256 : « Le salut d'un citoyen est-il moins la cause commune que celui de tout l'État [...]. Si l'on entend qu'il soit permis au gouvernement de sacrifier un innocent au salut de la multitude, je tiens cette maxime pour une des plus exécrables que jamais la tyrannie ait inventée [...] la plus directement opposée aux lois fondamentales de la société ».

5. *CS*, II, 2, p. 370 : « Les droits qu'on prend pour des parties de cette souveraineté lui sont tous subordonnés ».

son poids sur l'individu : les devoirs qu'il a à remplir en qualité de sujet tendent à réduire à rien le droit naturel dont il doit jouir en qualité d'homme [1], et il devient inéluctable que le malfaiteur, opposé au Souverain qui est son ennemi, sans qu'un pouvoir de médiation soit reconnu à aucun co-sujet, soit soumis au droit de la guerre, et que la peine de mort consiste moins à faire mourir le citoyen coupable qu'à tuer le vaincu [2].

On voit donc comment, selon le droit naturel ou rationnel, le pouvoir absolu du Souverain en général, de l'Idée Pure de *Staatsoberhaupt*, se tempère en se répartissant entre trois figures à la fois coordonnées et subordonnées, dont la procession ou émanation peut se déduire à partir de la plus haute, qui garde avec la législation le nom de la souveraineté (*Herrschaft* ou *Souveränität*), les autres s'en détachant par ce que Kant nomme dans certaines de ses *Reflexionen* une autolimitation [3], d'abord le pouvoir exécutif, dont le dépositaire, nommé Régent, est seul Agent de l'État, et, comme détenteur suprême du pouvoir de contraindre, impunissable, puis le pouvoir judiciaire, où l'autolimitation atteint son terme, puisque la fonction du juge est confiée à celui qui n'est plus que sujet.

II

Du droit au fait, la distance est grande. Elle est la distance du possible au réel, de la pensée rationnelle au pouvoir actuel : « Ce supérieur, *Oberhaupt* (le Souverain, *Souverän*), n'est qu'un être de raison, *Gedankending* (représentant le peuple entier) tant qu'il n'y a pas encore de personne physique qui représente la plus haute puissance de l'État, *höchste Staatsgewalt*, et qui procure à cette Idée » (c'est-à-dire à l'Idée pure du *Staatsoberhaupt*, de la volonté générale du peuple unifié) « son efficacité sur la volonté du peuple, *Volkswillen* » [4]. Dans tout État existant, le lieu idéal de la souveraineté, dont la raison pose *a priori* qu'il doit être occupé par l'Idée du peuple unifié, par la volonté unifiée du peuple, est en fait occupé.

1. Voir *ibid.*, 4, p. 373.
2. Voir *ibid.*, 5, p. 376-377.
3. On verra les textes cités par G. Vlachos, *La pensée politique de Kant*, Paris, P.U.F., 1962, chap. XII, § 35, p. 361, n. 83 et chap. XVII, § 51, p. 491, n. 4. [On lit dans la note 83 du § 35 : « *Rph. R.* [*Reflexionen zur Rechtsphilosophie*], n° 8020, p. 584 » ; et dans la note 4 du § 51 : « "Il n'existe aucune possibilité d'imaginer une constitution permettant au peuple de limiter [...] en quoi que ce soit le Souverain", *Rph. R*, n° 7741 et 7792, p. 575. *Cf.* n° 7855, p. 535-536 : "La liberté (souveraineté) soit se limiter d'elle-même" ». Voir *infra,* chap. XII, n. 1, p. 252-253 [NdÉ]].
4. *Doctrine du droit*, II, 1, § 51, p. 221.

Mais, selon les États, l'occupant diffère, comme aussi l'exact contenu juridique de cette plus haute puissance qui, par son nom seul, attire l'attention sur les rapports entre les divers pouvoirs politiques, la plus haute puissance pouvant être distinguée de la totalité des pouvoirs comme monarque se distingue d'autocrate[1]. Point d'État qui n'ait à sa tête une personne physique, ou plusieurs, qui se trouvent par là, à la fois, *à côté* du peuple ou multiplicité dispersée des individus, comme une personne physique à côté des autres (voire des mêmes, mais sous deux rapports différents), et *au-dessus* du peuple, comme occupant la place du Souverain Idéal et le « représentant », en tenant lieu, tenant son rôle, et comme donnant une efficacité, *Wirksamkeit*, à cette Idée (de la volonté unifiée). Tout État effectif est donné, dans le phénomène, comme pensable en conformité avec l'Idée de son unité *en général* sous une volonté suprême détenant la puissance. C'est au nom de cette Idée que l'autorité de fait a droit à l'obéissance inconditionnelle du sujet; c'est à la lumière de cette Idée que le philosophe politique peut apprécier toute autorité de fait.

Kant, après Rousseau, constate et mesure l'écart entre la norme universelle du droit rationnel et les institutions positives ou constitutions de fait. « À présent que nos fondements sont posés, venez examiner ce que les hommes ont bâti dessus, et vous verrez de belles choses ! », disait à Émile son précepteur : car, pour aligner aussi exactement à la règle chaque pièce de la machine politique, il faudrait travailler sur du bois, et non sur des hommes réels[2]. Nul objet, pour Kant, ne peut être donné dans l'expérience qui soit adéquat à une Idée, et la constitution juridique parfaite entre les hommes est une Idée. Mais s'il est vrai que les principes du droit politique n'exposent pas seulement l'Idéal plus ou moins utopique d'un État à réaliser, mais les conditions de possibilité de tout État en général, ils doivent permettre de comprendre, dans ce qui fait sa nature[3], chaque État existant.

1. Voir *Doctrine du droit*, II, 1, § 51, p. 222.

2. *Émile*, V, p. 849. Kant reprendra l'image : « le bois dont l'homme est fait est si noueux qu'on ne peut y tailler des poutres bien droites « (*Idée d'une histoire universelle*, 6e proposition, *op. cit.*, p. 68 [rééd. p. 78]).

3. Nature « signifie le premier principe intérieur de tout ce qui fait partie de l'existence d'une chose. L'essence est le premier principe intérieur de tout ce qui fait partie de la possibilité d'un objet. C'est pourquoi on ne peut attribue : aux figures géométriques (puisque dans leur concept on ne pense rien qui exprime un être – *Dasein*) qu'une essence, mais non une nature » (E. Kant, *Premiers principes métaphysiques de la science de la nature*, Préface, trad. fr. J. Gibelin, Paris, P.U.F., 1952, p. 7 et n.). Au contraire, un État n'a pas seulement une essence, il a une nature.

> Avant d'observer, il faut se faire des règles pour ses observations : il faut se faire une échelle pour y rapporter les mesures qu'on prend. Nos principes de droit politique sont cette échelle. Nos mesures sont les lois politiques de chaque pays[1].

Les États réalisent toujours en fait la soumission du peuple, « l'unification du peuple par des lois de contrainte »[2], encore que leurs formes empiriques ou statutaires ne prennent pas toujours, et même sans doute ne prennent jamais tout à fait, comme la forme originaire ou rationnelle, « la *liberté* comme principe et même comme condition de toute *contrainte* nécessaire à une constitution juridique dans le sens propre du terme État »[3]. On déterminera, à chaque fois, qui est, dans tel État, détenteur de chacun des pouvoirs (rationnellement déduits de l'Idée pure du *Staatsoberhaupt*) ; et quel est, dans cet État, le rapport entre ces pouvoirs (rapport dont la forme rationnellement déduite est la *trias politica*). La réponse à ces deux questions permettra, à la fois, de définir la nature des États existants en édifiant une typologie des constitutions empiriques, et de mesurer les écarts par rapport à la fin dernière de tout droit public, l'Idée d'une pure République, pour donner son contenu à l'obligation où est tout pouvoir de fait de se transformer progressivement afin de se rapprocher de sa norme interne.

La première question s'énonce ainsi : qui, dans tel État donné, détient la souveraineté, le pouvoir souverain, *Herrschergewalt* ?

> Ou bien *un seul*, ou bien *plusieurs* réunis, ou bien *tous* les citoyens ensemble détiennent le pouvoir souverain (*autocratie*, *aristocratie* et *démocratie*, pouvoir du Prince, *Fürstengewalt*, pouvoir de la noblesse et pouvoir du peuple)[4].

> Le rapport de cette puissance à la volonté du peuple peut être conçu de trois manières différentes : ou bien *un seul* dans l'État commande à tous, ou bien *quelques-uns*, égaux entre eux, unis, commandent à tous les autres, ou bien *tous* ensemble commandent à chacun et à eux-mêmes par conséquent ; c'est-à-dire que la *forme de l'État, Staatsform*, est ou bien *autocratique*, ou bien *aristocratique*, ou bien *démocratique*[5].

Forme de l'État équivaut exactement, en ce texte, à ce que le précédent appelait forme de la souveraineté, *die Form der Beherrschung, forma*

1. *Émile*, V, p. 837.
2. *Doctrine du droit*, II, 1, § 51, p. 222.
3. *Ibid.*, § 52, p. 224 (souligné par Kant).
4. *Vers la paix perpétuelle*, II, 1, *op. cit.*, p. 94-95 (souligné par Kant).
5. *Doctrine du droit*, II, 1, § 51, p. 221-222 (souligné par Kant). Cf. *C. Facultés*, II, 7, p. 226 : *Staatsform*.

imperii. Et, dans la première forme, le Prince, *Fürst*, n'est bien sûr plus le simple chef de l'exécutif, que Rousseau appelait Prince et Kant Régent, mais « celui qui commande par lui-même, *Selbstherrscher* » et qui « est le Souverain, *Souverän* »[1].

Nous savons que, par essence, la place idéale où résident originairement tous les pouvoirs politiques se laisse analyser en dignités hiérarchisée (qui, selon les États, sont ou non réparties entre des personnes physiques différentes), dont la plus haute est celle du législateur (nommé par définition *Souverän*), et dont l'ensemble (ou du moins l'ensemble des deux premières) constitue le *Staatsoberhaupt*, le chef de l'État. La doctrine kantienne de la subordination permet de ramener à la question : qui fait la loi ? La question générale : qui commande dans l'État ? Qui est *Souverän*, c'est-à-dire légifère, est aussi *Herrscher*, c'est-à-dire a le dernier mot, la suprême puissance, de quelque manière que s'exerce le pouvoir exécutif. Il faut néanmoins souligner que, dans tout État existant, c'est l'efficacité, *Wirksamkeit*, sur la volonté du peuple de la (simple) Idée de volonté générale qui est l'élément décisif supplémentaire apporté par la présence d'une personne physique dans la place idéale de la souveraineté : la considération de l'exécutif, de la force publique par laquelle seule cette efficacité peut être actuelle, y acquiert donc une sorte de promotion par rapport à la fonction législative. Dès les principes *a priori* du droit naturel ou rationnel, la terminologie kantienne suggérait une affinité entre l'*imperium* qui définit la souveraineté en général (de l'*imperans* par rapport au sujet qui obéit, *subditus*) et la seconde personne de la *trias politica* : *Befehlshaber*, celui qui donne les ordres, est le nom du Souverain globalement considéré[2], et *Oberbefehlshaber*, le Chef suprême ou celui qui donne les ordres en dernier ressort, est le terme technique pour la seconde personne, pour le pouvoir exécutif suprême[3]. Dans l'État effectif ou de fait, la considération d'efficacité devient dominante : « la puissance impérative et législative suprême sur un peuple »[4] se reconnaît sans doute à ce qu'elle possède le pouvoir le plus élevé, « la suprême législation, *höchste Gesetzgebung* »[5], mais en tant que cet attribut, qui permet de l'appeler *Souverän*, lui assure la subordination de la force publique efficace. Le législateur, substantif

1. *Doctrine du droit*, II, 1, § 51, p. 222.

2. Le Souverain, *Beherrscher*, est toujours celui qui donne en dernier ressort les ordres au peuple, *Oberbefehlshaber*, par l'intermédiaire de lois, *durch Gesetze* (*Doctrine du droit*, II, 1, Remarque B, p. 205).

3. Voir *ibid.*, § 48, p. 198.

4. *Ibid.*, Appendice, Conclusion, p. 254.

5. *Ibid.*, Remarque A, p. 203. *Cf.* Appendice, conclusion (« la législation prescrivant souverainement, *Zu oberst*, tous les droits »), p. 255.

désignant le principe invisible des lois, ce *Souverän* qui n'est pas un agent mais la loi même personnifiée, tend à devenir adjectif ou participe présent, pour énoncer une propriété du Chef, la plus haute, par laquelle son efficace de Chef se manifeste en lois universelles : *das gesetzgebende Oberhaupt des Staats*, le Chef de l'État qui légifère[1]. Dans les États de fait, la législation est moins isolée dans une première personne réelle privée de toute efficace que constituée comme la première faculté à reconnaître dans la personne du Chef de l'État, de celui qui détient avant tout la force de se faire obéir. Car, pour l'homme effectif, c'est la seconde personne de la trinité (religieuse ou politique) qui est la plus importante.

Pour Kant, comme pour Rousseau, point d'État politique sans « une puissance suprême, un centre où tout se rapporte, un principe d'où tout dérive, un Souverain qui puisse tout » : partout où la description traditionnelle énumère une pluralité d'ordres politiques dont chacun détient tel ou tel pouvoir, il faut chercher « la puissance constitutive qui les établit, qui les lie, et de laquelle ils dépendent tous »[2]. Peu importe ici que cette puissance souveraine, *Herrschergewalt*, enveloppe la totalité des pouvoirs, *alle Gewalt*, ou seulement le pouvoir le plus haut, *höchste Gewalt* : l'important est qu'elle est le pouvoir constituant, *konstituierenden Gewalt*[3]. À Genève, le Conseil général est souverain de son propre chef, il est la loi vivante et fondamentale qui donne vie et force à tout le reste et qui ne connaît d'autres droits que les siens, il n'est pas un ordre dans l'État mais l'État même[4] : c'est un exemple de ce que Kant appelle démocratie.

> En Pologne, ôtez l'ordre équestre, il n'y a plus de Sénat, puisque nul ne peut être sénateur s'il n'est noble polonais. De même il n'y a plus de roi, puisque c'est l'ordre équestre qui le nomme, et que le roi ne peut rien sans lui : mais ôtez le Sénat et le roi, l'ordre équestre, et par lui l'État et le Souverain demeurent en leur entier et dès demain, s'il lui plaît il aura un Sénat et un roi comme auparavant[5] :

la Pologne, ce proche voisin qui agonise sous les yeux de Kant, est un parfait exemple de ce qu'il appelle aristocratie. Enfin,

> dans les monarchies où la puissance exécutive est jointe à l'exercice de la souveraineté, le Gouvernement n'est autre chose que le Souverain lui-

1. Voir *ibid.*, II, 1, Remarque A, p. 202 et Appendice, conclusion, p. 255.
2. *LEM*, VII, p. 823.
3. Voir *Doctrine du droit*, II, 1, § 52, p. 223.
4. Voir *LEM*, VII, p. 824.
5. *Pologne*, VI, p. 972.

> même, agissant par ses ministres, par son conseil, ou par des corps qui dépendent absolument de sa volonté[1] :

la monarchie française d'Ancien Régime, par exemple, cette forme d'État qui « se resserre »[2] jusqu'à se réduire à un seul individu, la plus simple puisque tous s'y rapportent à un seul, qui seul est législateur, est appelée par Kant autocratie[3].

Par-delà toute répartition des pouvoirs, on trouve ainsi, à chaque fois, un Souverain qui les constitue ou institue, et qui peut les transformer, les limiter, les modifier, et reprendre quand il lui plaît les pouvoirs subordonnés ou émanés dont il les a faits dépositaires. En un sens, ce Souverain se définit toujours parce que, juridiquement, il peut tout : « il est de l'essence de la puissance souveraine de ne pouvoir être limitée, elle peut tout ou elle n'est rien »[4]. Plus exactement, s'il peut tout par rapport aux pouvoirs subordonnés qui émanent de lui par une sorte d'autolimitation, il ne peut « violer l'acte par lequel il existe »[5]. Il peut ou bien maintenir dans l'être des pouvoirs qui lui restent subordonnés, ou bien s'anéantir, mais il ne peut pas transférer à un autre son essence souveraine contenue dans le pouvoir de légiférer, puisqu'il faudrait alors que, réduit à rien, il continue à produire quelque chose. De même Kant tient que

> un changement de la constitution (vicieuse) de l'État peut bien être parfois nécessaire, mais [...] s'il a lieu, il ne peut atteindre que le pouvoir exécutif, non le pouvoir législatif »[6]

et que

> ce changement ne peut consister à faire que l'État, délié de l'une des trois formes, se constitue suivant l'une des deux autres, par exemple que les aristocrates s'unissent pour se soumettre à une autocratie, ou pour se fondre dans une démocratie, et inversement, comme s'il dépendait du libre choix et du bon plaisir du Souverain, *Souverän*, de soumettre le peuple à telle ou telle constitution[7].
>
> Le droit de la législation suprême dans un corps politique n'est pas un droit aliénable, mais le plus personnel de tous les droits[8].

1. *LEM*, V, p. 770-771.
2. *CS*, III, 10, p. 422.
3. Voir *Doctrine du droit*, II, 1, § 51, p. 222.
4. *LEM*, VII, p. 826.
5. *CS*, I, 7, p. 363.
6. *Doctrine du droit*, II, 1, Remarque A, p. 204.
7. *Ibid.*, § 52, p. 223.
8. *Ibid.*, p. 225.

Le Souverain, qui juridiquement peut tout, se reconnaît ainsi à la faculté qu'il a de légiférer : c'est par la législation, et, plus spécifiquement, par l'énonciation de lois fondamentales ou constitutionnelles, qu'il aménage les autres pouvoirs. « Dans tout État, la loi parle où parle le Souverain »[1] : là où se prononce la loi, on est sûr qu'est le Souverain, comme, réciproquement, chaque fois que le Souverain parle comme tel, on est sûr qu'il énonce une loi. Devant cette voix souveraine, toute autorité émanée s'annule : « Sitôt que la puissance législative parle, tout rentre dans l'égalité ; toute autre autorité se tait devant elle ; sa voix est la voix de Dieu sur la terre »[2].

En tout État existant, il est un maître, *Oberherr*, qui peut tout, et, empiriquement, on le reconnaît à ce que la loi (constitutive ou constitutionnelle) parle par sa bouche.

La seconde question à poser à tout État existant pourra désormais se formuler ainsi : Selon quel mode de gouvernement le pouvoir souverain fait-il usage de sa toute-puissance ? Cette question porte sur la *forme du gouvernement, die Form der Regierung, forma regiminis*, ou, si l'on préfère, sur le mode de gouvernement, *Regierungsart*.

> Elle concerne le mode, *Art*, fondé sur la constitution (sur l'acte de la volonté générale qui fait de la multitude un peuple), suivant lequel l'État, *der Staat*, fait usage de sa toute-puissance, *Machtvollkommenheit* ; et sous ce rapport, elle est ou *républicaine* ou *despotique*. Le *républicanisme* est le système politique, *Staatsprinzip*, de la séparation du pouvoir exécutif (du gouvernement, *der Regierung*) d'avec le pouvoir législatif ; le *despotisme* consiste dans l'exécution arbitraire, *eigenmächtigen Vollziehung*, par l'État, *des Staats*, des lois qu'il a données lui-même, c'est-à-dire par conséquent qui ont été données par la volonté publique en tant qu'elle est aux mains, *gehandhabt*, du Régent comme sa volonté privée[3].

Kant parlera donc de despotisme chaque fois que les deux pouvoirs (supérieurs, dont l'ensemble suffit à constituer le *Staatsoberhaupt*) sont confondus dans la même personne physique (ou dans le même corps), soit que le gouvernement fasse en même temps fonction de législateur[4], soit que le Souverain prétende agir (lui-même ou par ses ministres) en même temps comme Régent[5]. Au contraire, le mode de gouvernement est républicain, au sens étroit du mot République, *Republik* (puisqu'au sens large,

1. *LEM*, VII, p. 816.
2. *Pologne*, VI, p. 973.
3. *Vers la paix perpétuelle*, II, 1, *op. cit.*, p. 94-95 (trad. mod. ; souligné par Kant).
4. Voir *Doctrine du droit*, II, 1, § 49, p. 199, par opposition à un gouvernement patriotique ou national ; cf. *Théorie et pratique*, II, p. 31.
5. Voir *Doctrine du droit*, II, 1, Remarque A, p. 202.

res publica latius dicta s'applique à toute communauté politique, *das gemeine Wesen*, même si son mode de gouvernement est despotique), là où sont distingués le détenteur du pouvoir législatif, le Souverain, et le chef suprême du pouvoir exécutif, le Régent.

> Dans les Républiques, surtout dans les Démocraties, où le Souverain n'agit jamais immédiatement par lui-même, c'est autre chose. Le Gouvernement n'est alors que la puissance exécutive, et il est absolument distinct de la souveraineté[1],

écrivait Rousseau. Nous verrons qu'il faut, pour Kant, éviter soigneusement la confusion entre Démocratie et République : mais il reste que la République (au sens étroit) se définit par un mode constitutionnel (c'est-à-dire fondé, non pas sur la bonne volonté du souverain de fait mais sur les dispositions constitutionnelles qui s'imposent à toutes les autorités constituées) d'exercice du pouvoir, le pouvoir législatif étant soigneusement distingué, comme inactif, du pouvoir exécutif, son Agent. L'Idée républicaine implique la séparation du pouvoir exécutif et du pouvoir législatif, qui doit être assuré, selon les principes de la liberté[2], par l'ensemble du peuple unifié, chacun étant citoyen actif, c'est-à-dire co-législateur[3], ou, du moins, s'il s'agit d'une constitution qui n'est pas encore républicaine quant à sa lettre, mais seulement d'un mode de gouvernement d'esprit républicain[4] (dans un État où la souveraineté reste autocratique ou aristocratique, c'est-à-dire où un seul, ou un seul groupe, participe effectivement à la législation), où l'État est administré « en analogie avec les lois que se donnerait un peuple lui-même d'après les principes universels du droit »[5]. Et la gestion des affaires, relevant du Régent, doit être constitutionnellement subordonnée au respect de la loi.

Kant en effet ne cesse de dénoncer l'illusion selon laquelle un bon gouvernement (reposant à la fois sur la bonne volonté, l'expérience et les concepts théoriques exacts[6] d'un Prince ou Régent éclairé) suffirait à faire un bon mode de gouvernement, c'est-à-dire un mode de gouvernement républicain :

> un exemple de bon gouvernement ne prouve rien en faveur du mode de gouvernement. Qui a mieux gouverné qu'un *Titus* et un *Marc-Aurèle*?

1. *LEM*, V, p. 771.
2. Voir *Doctrine du droit*, II, 1, § 52, p. 224.
3. Voir *ibid.*, § 46. Le concept de *co-législateur* est présent dans *Théorie et pratique*, II, 3, p. 35; cf. *Doctrine du droit*, II, 1, Remarque E, p. 218 et *C. Facultés*, II, 6, p. 225 n.
4. Voir *Doctrine du droit*, II, 1, § 52, p. 223-224.
5. *C. Facultés*, II, 7, p. 226.
6. Voir *Idée d'une histoire universelle*, 6e proposition, *op. cit.*, p. 68-69 [rééd. p. 77-79].

Et pourtant le premier eut pour successeur un *Domitien*, et le second un *Commode*; ce qui n'aurait jamais pu arriver avec une bonne constitution, car leur inaptitude à ce poste eût été assez tôt reconnue, et le pouvoir du Souverain eût suffi pour les exclure [1].

Par opposition au despotisme, le républicanisme implique une dissociation, fondée sur la constitution, entre le Souverain (légiférant sous l'Idée, au moins, de la volonté unifiée du peuple) et le Régent, subordonné à la loi, et agissant selon cette loi. C'est avant tout la séparation des pouvoirs qui définit pour Kant la vraie République. Faut-il y ajouter l'attribution au peuple du pouvoir législatif?

La principale difficulté de la politique kantienne tient à la contradiction (au moins actuelle) entre les données de l'anthropologie (selon laquelle chacun, porté à faire passer son intérêt propre avant l'intérêt général, veut avant tout être maître et étendre son pouvoir au maximum) et les exigences du mode de gouvernement républicain. Puisqu'est maintenue par Kant l'idée d'une subordination entre les pouvoirs, et que le pouvoir de légiférer ou souveraineté reste le plus élevé, la séparation des pouvoirs demeure toujours fragile, et comme suspendue à la bonne volonté (qu'on est en droit d'espérer du progrès historique, mais sur laquelle on serait bien sot de compter dès à présent [2]) du Souverain : toute limitation imposée par la constitution reste, au fond, une autolimitation, puisque le Souverain est, comme législateur, *ex lex* ou au-dessus de la loi. La politique est donc prise dans un dilemme : si, au nom de la coordination des pouvoirs, le souverain reste effectivement inactif, alors, comme Rousseau le craignait, le Régent sera nécessairement porté à usurper le pouvoir législatif et à devenir (ou demeurer) un despote autocratique; si par contre, au nom de la subordination des pouvoirs, le Souverain prétend effectivement agir pour contrôler le gouvernement, alors le Souverain (et, en particulier, le peuple uni qui est en droit le seul législateur légitime) sera nécessairement porté à exercer lui-même le pouvoir exécutif. C'est ici que se développe la critique kantienne de la démocratie. « La *démocratie*, dans le sens propre du mot, est nécessairement un *despotisme* » [3]. Il nous faut restituer l'argumentation. Démocratie signifiait en effet, pour Rousseau que va suivre Kant, deux choses différentes : l'État dans lequel la souveraineté (c'est-à dire, d'abord,

1. *Vers la paix perpétuelle*, II, 1, *op. cit.*, p. 96-97, note ** (trad. mod. ; souligné par Kant). *Cf.* la même idée dans *Doctrine du droit*, II, 1, § 51, p. 222, dernière phrase.

2. *Vers la paix perpétuelle*, 1 er supplément, *op. cit.*, p. 124-125 : « Ce n'est pas à la moralité qu'il faut demander la bonne constitution de l'État, car c'est plutôt de cette constitution même qu'on doit d'abord attendre la bonne culture morale d'un peuple ».

3. *Ibid.*, II, 1, p. 94-95 (souligné par Kant). *Cf.* « républicaine, je ne dis pas démocratique » (*C. Facultés*, II, 8, p. 230).

le pouvoir législatif) appartient au peuple en corps[1], rassemblé dans une assemblée générale des citoyens co-législateurs (les « anciennes soi-disant Républiques »[2] ou la Genève moderne) ou représenté dans un Parlement par ses députés ou représentants élus[3]; l'État dans lequel ce même peuple souverain exerce aussi le pouvoir exécutif, c'est-à-dire les fonctions de gouvernement, l'application aux cas particuliers, voire le pouvoir judiciaire[4]. La terminologie de Rousseau restait ici fluctuante, elle doit être précisée pour chaque texte, puisque tantôt démocratie, pris comme synonyme de République (au sens étroit), désigne l'État, seul légitime, où le peuple fait la loi, tantôt démocratie, distingué de République, signifie l'État dans lequel le peuple garde pour lui l'exécution de ses propres lois. Mais, sur un point, la doctrine politique de Rousseau est très claire : il est imprudent, et dangereux, pour le peuple souverain (au premier sens du mot démocratie) de garder les fonctions de gouvernement (au second sens du mot démocratie)[5]. Il est inévitable, en effet, que l'application aux cas particuliers dresse les citoyens les uns contre les autres, et entame la volonté générale : aucune volonté ne peut être générale lorsqu'elle traite de cas particuliers, voire singuliers[6], et l'homme réel (qui n'est pas un Dieu[7]) ne peut pas se tourner vers les vues particulières sans se rendre incapable des vues générales attendues de lui comme co-législateur. Le drame des démocraties directes, de l'Athènes ou de la Rome antiques par exemple, fut de corrompre le peuple (comme législateur) à force de le charger de fonctions gouvernementales ou judiciaires (qui nécessairement le divisaient contre lui-même).

Or la doctrine de Rousseau ne parvient pas à éviter tout à fait le péril : s'il est vrai que toute institution légitime du gouvernement implique un passage (si bref qu'il soit) par un moment de démocratie, « une conversion subite de la souveraineté » (premier sens du mot démocratie) « en Démocratie » (au second sens, qui concerne le gouvernement)[8], et s'il est vrai que

1. *DI*, Dédicace, p. 112 : « le peuple et le Souverain [y sont] une même personne » ; cf. *LEM*, VII, p. 816 : « Dans une Démocratie où le peuple est souverain ».

2. *Vers la paix perpétuelle*, II, 1, *op. cit.*, p. 96-97.

3. Voir *Doctrine du droit*, II, 1, Remarque A, p. 202 et § 52, p. 224 ; *Sur un prétendu droit de mentir par humanité*, trad. fr. J. Guillermit, Paris, Vrin, 1967, p. 70 et p. 72.

4. Voir *CS*, III, 4 (d'où la distinction entre « République » et « Démocratie », *ibid.*, II, 6, p. 379-380 et n.). Cf. *Doctrine du droit*, II, 1 § 51, p. 222.

5. Voir *DI*, Dédicace, p. 114.

6. *CS*, II, 6 p. 378-379 : « le tout moins une partie n'est point le tout » et *ibid.*, III, 1, p. 395 : « la puissance exécutive ne peut appartenir à la généralité comme législatrice ou souveraine ».

7. *Ibid.*, VIII, 4, p. 406 : « S'il y avait un peuple de Dieux, il se gouvernerait démocratiquement. Un gouvernement si parfait ne convient pas à des hommes ».

8. *Ibid.*, III, 17, p. 433, auquel renvoie *LEM*, VIII, p. 854.

le maintien de la souveraineté populaire exige la répétition régulière de ce moment[1], la démocratie (au premier sens, qui concerne la forme de souveraineté, seule légitime selon Rousseau) implique la démocratie au second sens, avec les dangers inséparables de cette confusion, dans le même corps (du peuple), de deux fonctions radicalement hétérogènes et même incompatibles. Telle est bien la leçon que Kant tire de Rousseau, quand il fait de la démocratie, non pas du tout le but (idéal) dont il faudrait se rapprocher progressivement, mais le gouffre où toute politique républicaine risque de s'abîmer. Il rapproche en effet deux thèses incontestablement présentes chez Rousseau: *d'abord* que, dans la démocratie (au second sens), « puisqu'elle établit un pouvoir exécutif où tous décident sur et même contre un seul (qui ne donne pas son assentiment) [...]; la volonté de tous n'y est pas celle de tous, ce qui est une contradiction de la volonté générale avec elle-même et avec la liberté »[2]; *ensuite* que la démocratie (au premier sens, qui est son sens kantien de Forme de l'État ou forme de souveraineté) implique inéluctablement la démocratie au second sens. « La forme démocratique est de toutes la plus complexe, car elle comprend » trois rapports différents, « tout d'abord » (comme tout État en général) « la volonté de tous de s'unir pour constituer un peuple », ce qui dans les autres régimes se fait sous une volonté souveraine sans que les membres du peuple soient nécessairement eux-mêmes citoyens ou co-législateurs, « puis celle des citoyens, *Staatsbürger*, d'accord pour former une République », ce qui constitue le premier sens de la démocratie avec l'accès de chacun au rang de co-législateur, et enfin pour mettre à la tête de cette République le Souverain, *Souverän*, qui est cette « volonté unifiée elle-même »[3], transformation du Souverain (populaire) en Régent qui constitue le second sens de la démocratie. On ne peut pas faire l'économie de ce dernier moment : le peuple effectivement réuni est en effet nécessairement ou naturellement détenteur de tous les pouvoirs.

C'est cette inévitable chute dans le despotisme démocratique que Kant aperçut dans l'enchaînement des épisodes révolutionnaires. Aussitôt qu'« un puissant souverain de notre temps », Louis XVI, eût commis la lourde « faute de jugement » de rassembler lui-même, dans les formes (des États généraux), son peuple, il se découvrit dépossédé par ce que Manuel appellera le vrai Souverain : il rencontrait en face de lui ce peuple souverain qu'il avait lui-même constitué, et qui « reçut ainsi naturellement,

1. Voir *ibid.*, III, 13 et 14, puis 18; *LEM*, VII, p. 826 (sur le droit d'inspection) et VIII, p. 845 (sur le droit de représentation).

2. *Vers la paix perpétuelle*, II, 1, *op. cit.*, p. 94-95.

3. *Doctrine du droit*, II, 1, § 51, p. 222.

natürlicherweise, non seulement le pouvoir législatif pour lever des impôts sur les sujets, mais aussi par rapport au gouvernement». Désormais le pouvoir souverain du roi était du passé, passé tout entier au peuple (ou, pour être plus exact, à l'Assemblée Nationale) qui, souveraine, se trouva aussitôt et définitivement supérieure à tout autre pouvoir, et, comme telle, ne pouvait plus «remettre à nouveau les rênes du gouvernement au monarque»[1]. Un mécanisme était en marche qui, inéluctablement, conduisit du contrôle à l'exercice du gouvernement, par le souverain populaire, et, par là, à l'autodestruction de la volonté générale dans les contradictions de la Terreur. Les jugements de Kant sur «la» Révolution française se comprennent par cette marche des choses, cet enchaînement nécessaire entre un droit (le droit du peuple réuni à être législateur, et donc souverain) et un fait (le fait qu'un peuple ne peut être effectivement réuni sans se trouver aussi chargé naturellement du pouvoir exécutif, et donc condamné à se détruire bientôt comme volonté générale au milieu des questions contentieuses). Le premier sens du mot démocratie (qui rejoint ce que Kant appelle une République à la lettre, la forme la plus haute de la légitimité) est inséparable du second, qui implique nécessairement (aussi longtemps que l'homme sera ce qu'il est, c'est-à-dire tant qu'il y aura besoin de politique) le despotisme du grand nombre. La condamnation sans appel de la démocratie[2] renvoie l'Idée de pure République du côté de l'Idée représentative : là où la forme de souveraineté est démocratique, le mode de gouvernement n'est pas et ne peut pas être républicain.

> Toute vraie République, *Republik*, est, et ne peut rien être d'autre qu'un *système représentatif* du peuple, institué pour protéger ses droits en son nom par l'union de tous les citoyens au moyen de leurs délégués (députés)[3].

L'idée représentative appelle explication. On retrouve d'abord, ici, l'idée déjà exposée par Kant que le gouvernement, détenteur du pouvoir exécutif, doit être distingué de la volonté générale dont il a à appliquer les lois universelles :

1. *Doctrine du droit*, II, 1, § 52, Remarque, p. 224-225.

2. *CS*, II, 6, p. 380 n. [souligné par J.-M. B.] : «Pour être légitime *il ne faut pas que* le Gouvernement se confonde avec le Souverain, mais qu'il en soit le ministre : alors la monarchie elle-même est République» : le mot République ne convient *pas seulement* aux démocraties. Mais «il ne faut pas que…» n'est pas synonyme de «il faut que… ne… pas…» (voir *LEM*, IV, p. 765, début). Pour Kant, *il faut que* le Gouvernement (légitime ou républicain) *ne* se confonde *pas* avec le Souverain. Une démocratie ne peut donc jamais être une République. Est-ce dire que *seule* la monarchie peut être républicaine ?

3. *Doctrine du droit*, II, 1, § 52, p. 224 (souligné par Kant).

> Toute forme de gouvernement, *Regierungsform*, qui n'est pas *représentative* n'en est pas à proprement parler une, car le législateur ne peut être en une seule et même personne l'exécuteur de sa volonté (de même que, dans un syllogisme, l'universel de la majeure ne peut être en même temps subordonné, comme particulier, à l'universel) [1].

À ce niveau, l'idée de représentation joue par rapport au seul organe d'exécution, subordonné à un pouvoir législatif (à un souverain) que le pouvoir exécutif re-présente (en ce sens qu'il agit en son nom pour le rendre comme présent dans les cas particuliers), sans que la nature même de ce pouvoir législatif soit envisagée : c'est ainsi que Rousseau, pour faire « concevoir comment le gouvernement représente le Souverain », opposait les deux pouvoirs, « il est clair que dans la puissance législative le peuple ne peut être représenté; mais il peut et doit l'être dans la puissance exécutive, qui n'est que la force appliquée à la loi » [2]. Mais la critique systématique de la démocratie conduit Kant plus loin. S'il est vrai que, devant le Souverain, le Gouvernement qui le représente se tait et que le pouvoir exécutif, au moins virtuellement, revient à l'instant à celui qui, avec le pouvoir de légiférer, détient celui d'organiser (ou réorganiser) toute la hiérarchie des pouvoirs, il suffit que le Chef de l'État, *Staatsoberhaupt*, « se laisse représenter en personne », c'est-à-dire, en l'occurrence, soit présent en personne et non plus représenté, pour que toute la puissance politique soit en lui rassemblée, dans une inévitable confusion des pouvoirs (qui définit justement le despotisme par opposition au républicanisme).

> Dès qu'un Chef d'État (qu'il soit roi, corps de noblesse ou tout le peuple, *Volkszahl*, l'union démocratique) se laisse re-présenter en personne, aussitôt le peuple ainsi réuni, *das vereinigte Volk*, ne *représente* plus simplement le Souverain, il *est* lui-même le Souverain [3].

Quel que soit le souverain de fait (défini comme *Souverän* par son pouvoir de législation), sitôt qu'il est là *en personne*, il est aussi bien tout-puissant (il est au sens plein, *Staatsoberhaupt*, détenteur aussi du pouvoir exécutif, sinon même comme juge suprême, détenteur du pouvoir judiciaire), puisque, avec lui, avec sa personne physique, c'est l'unité du peuple, le peuple unifié, source de tout pouvoir politique, qui est là. C'est ainsi que, lorsque le roi (de France) tenait *lui-même*, en personne, un lit de justice, toute résistance devait fléchir, et que la volonté royale (c'est-à-dire générale) s'exprimant directement et réduisant à néant toute remontrance,

1. *Vers la paix perpétuelle*, II, 1, *op. cit.*, p. 94-95 (souligné par Kant).
2. *CS*, III, 15, p. 430.
3. *Doctrine du droit*, II, 1, § 52, p. 224 (souligné par Kant).

il ne restait plus au Parlement qu'à l'enregistrer. C'est ainsi encore que, dans une forme de souveraineté aristocratique, le corps de noblesse effectivement réuni se retrouve détenteur de tous les pouvoir même du pouvoir exécutif (délégué, par exemple, au roi de Pologne). Mais le cas n'est pas tout à fait le même selon que la souveraineté (c'est-à-dire le pouvoir de légiférer, *Souveränität*, et, par lui, l'*Herrschergewalt*, la maîtrise sur l'ensemble des pouvoirs politiques, qui définit le *Staatsoberhaupt*) est assurée par le peuple en corps (dans la démocratie) ou confiée à une personne physique ou groupe partiel (dans l'autocratie ou l'aristocratie).

> Il y a encore cette différence que le Parlement d'Angleterre n'est souverain qu'en vertu de la loi et seulement par attribution et députation

notait Rousseau

> au lieu que le Conseil Général de Genève n'est établi ni député de personne; il est souverain de son propre chef: il est la loi vivante et fondamentale qui donne vie et force à tout le reste, et qui ne connaît d'autres droits que les siens. Le Conseil Général n'est pas un ordre dans l'État, il est l'État même[1].

Il y a, dans la politique de Rousseau, une éclatante supériorité du peuple effectivement rassemblé et réuni, de ce qu'il nomme « le peuple en personne »[2]: cette supériorité par rapport à tout usurpateur du pouvoir souverain (à ceux que Kant appellerait autocrates ou aristocrates, et Rousseau despotes[3]) se double d'une supériorité par rapport aux députés ou représentants, comme on les nomme improprement[4], voire au fond d'une supériorité par rapport à la loi elle-même[5]. Au contraire Kant, d'autant plus attaché à l'Idée représentative qu'il condamne toute forme de démocratie, tient que la loi, dans une constitution républicaine ou conforme au Droit, doit l'emporter sur le peuple effectivement rassemblé ou, pour mieux dire, doit permettre de ne jamais rassembler effectivement le peuple.

1. *LEM*, VII, p. 824. Voir *supra*, n. 2 et n. 4, p. 233, et n. 4, p. 234.
2. *CS*, III, 15, p. 430 : « Toute loi que le peuple en personne n'a pas ratifiée est nulle ».
3. *Ibid.*, 10, p. 423 : « Pour donner différents noms à différentes choses, j'appelle Tyran l'usurpateur de l'autorité royale, et Despote l'usurpateur du pouvoir souverain ».
4. *Ibid.*, 15, p. 429 : « La souveraineté ne peut être représentée [...]. Les députés du peuple ne sont donc ni ne peuvent être ses représentants ».
5. *Ibid.*, 11, p. 424 : « Ce n'est point par les lois que l'État subsiste, c'est par le pouvoir législatif ».

À la démocratie, où le peuple *en personne* exerce lui-même la souveraineté, où le pouvoir législatif originaire et idéal (re-)devient actif à intervalles fixes, on opposera ce qu'on voudrait appeler la nomocratie, où « la loi commande par elle-même, *selbstherrschend ist* »[1], où la souveraineté de la loi exclut la souveraineté de toute personne particulière, et même du peuple comme totalité effective particulière. L'Idée représentative implique à la fois la non-présence (en personne) du représenté (dont le représentant tient lieu), et la non-suffisance du représentant (représentatif de… ce qu'il représente). Le second thème explique pourquoi la République à la lettre exclut toute forme de souveraineté aristocratique ou autocratique (au sens strict), et requiert que la totalité des pouvoirs politiques (à commencer par le pouvoir législatif) ne soit jamais attribuée à un individu ou à un groupe partiel pour lui-même, mais seulement en tant qu'il représente le peuple tout-entier, qui s'unifie (représentativement) à travers lui.

> C'est en lui (le peuple) que se trouve originairement le pouvoir suprême, *oberste Gewalt*, dont les droits des individus, en tant que simples sujets (en tous cas comme serviteurs de l'État) doivent être dérivés, et la République, *Republik*, une fois établie, n'est plus dans la nécessité d'abandonner les rênes du gouvernement et de les remettre à ceux qui les avaient tenues auparavant, et qui dès lors pourraient détruire par leur arbitre absolu toutes les nouvelles institutions[2].

La République détruit donc la prétention de l'autocrate à détenir par lui-même, et non par représentation, la souveraineté, et réduit définitivement toute autorité au statut de représentant du seul souverain légitime, la volonté unifiée du peuple. Mais, réciproquement, un État n'est proprement République que si l'unité du peuple, et de sa volonté générale, s'y opère à travers un (ou quelques) représentant :

> plus le personnel de l'autorité étatique, *Staatsgewalt* (c'est-à-dire le nombre des *Herrscher*, maîtres ou membres du souverain) est restreint, plus est grande leur représentation, *die Repräsentation derselben*, et plus la constitution de l'État, *Staatsverfassung*, s'accorde avec la possibilité du républicanisme, et peut espérer de s'y élever finalement par des réformes successives[3].

1. *Doctrine du droit*, II, 1, § 52, p. 224.
2. *Ibid.*
3. *Vers la paix perpétuelle*, II, 1, *op. cit.*, p. 96-97 (trad. mod.).

Ainsi le détachement des fonctions gouvernementales, confiées à un Régent qui « représente » le Souverain (le législateur), suppose que la représentativité soit affirmée dès le niveau du pouvoir législatif, par un législateur qui se contente de « représenter » le peuple unifié sans se confondre avec lui.

(Inachevé)

CHAPITRE XII

RÉPUBLIQUE ET RÉGICIDE CHEZ KANT *

Je souhaite discuter cet après-midi devant vous le rapport de Kant à ce que nous appelons tous, un peu vite peut-être, *la* Révolution française.

J'ai commencé il y a déjà quelques années la recherche dont je vous soumets aujourd'hui les conclusions. J'ai eu l'occasion d'en présenter une première ébauche à Luxembourg; et je l'ai reprise l'an dernier à Caen devant quelques-uns de nos éminents sociétaires.

Pourquoi donc y revenir, et de quoi s'agit-il?

En face d'une immense entreprise d'*émancipation*, que résume l'instauration en 1792 de notre première République, il s'agit d'apprécier

* Première publication : *Bulletin de la Société française de philosophie* 87, Paris, janvier-mars 1993, p. 1-24. Toutes les notes sont de l'éditeur de ce recueil.

La conférence, donnée le 28 novembre 1992 devant la Société française de philosophie, était annoncée comme suit :

M. Jean-Marie BEYSSADE, Professeur à l'université de Paris-Sorbonne (Paris IV), se propose de développer les points suivants :

On essaiera de réévaluer le jugement de Kant sur le procès et l'exécution de Louis XVI à la lumière de deux distinctions conceptuelles. Dans la philosophie théorique, distinction entre deux concepts du changement : l'un, *Veränderung*, comme identité continuée d'une substance qui se transforme ; l'autre, *Wechsel*, comme substitution d'un état à un autre dont il prend la place. Dans la philosophie pratique ou morale, la *Métaphysique des mœurs* dont la *Doctrine du droit* est la première partie, opposition entre l'Idée représentative, qui est au principe de la République, et la démocratie qui est nécessairement despotisme.

Ces deux distinctions aident à retrouver la cohérence d'une analyse rigoureuse dans la multiplicité des textes que Kant a consacrés à ce que *nous* appelons trop vite « la Révolution de 1789 ». L'objet de la réflexion kantienne est l'enchaînement des événements depuis la réunion des États généraux en 1789 jusqu'à l'exécution du roi en 1793. L'horreur devant le

la *coupure* opérée dans une tradition de plusieurs siècles, coupure symbolisée par une tête coupée, la plus haute tête dans l'État, *Staatsoberhaupt*, la tête de Louis XVI guillotiné le 21 janvier 1793. En cet automne 1992, nous avons en effet à méditer un double bicentenaire : le bicentenaire de la République, proclamée par la Convention à sa séance d'ouverture le 21 septembre 1792; et le bicentenaire d'un procès ouvert le 7 novembre 1792, le procès du roi renversé le 10 août 1792 et emprisonné depuis au Temple, un procès qui s'achèvera par le régicide.

République et régicide : la liaison entre les deux, avant d'être objet de méditation philosophique pour le spectateur de Königsberg, a été clairement affirmée par les acteurs français de la scène révolutionnaire. Permettez-moi en guise d'introduction d'en citer trois, Manuel, Cambon, Saint-Just. À la séance d'ouverture de la Convention, Manuel, qui avait présidé avec Pétion la commune insurrectionnelle du 10 août, dit au premier jour de l'an I : « Ce n'est pas tout. Vous avez consacré la souveraineté du *vrai Souverain*, le peuple. Il faut le débarrasser de son rival, le *faux Souverain*, le roi ». Le procès de Louis-le-dernier, comme on disait alors, et pour finir le régicide, lui apparaissaient comme l'envers de la République instaurée. Au lendemain de l'exécution, Cambon, le grand financier de la République, eut une formule que Marat jugea sublime : « nous venons enfin d'aborder dans l'île de la liberté, et nous avons brûlé le vaisseau qui nous y a conduits ». Cambon reporte ainsi l'installation dans l'île de la liberté, c'est-à-dire au fond l'instauration de la République, jusqu'à l'exécution du roi Louis XVI, qui nous y a conduits malgré lui par la convocation initiale des États généraux. *Nous avons brûlé le vaisseau*. Qui donc,

régicide, qui se fonde sur l'Idée rationnelle du droit et non pas sur un sentiment humanitaire de pitié, tient à un retournement de la volonté générale contre elle-même. Non point seulement un parricide, Louis XVI père d'une révolution qui finira par le tuer; mais un suicide, *Selbstmord*, la volonté générale se condamnant elle-même en Louis XVI avant même que les factions révolutionnaires se guillotinent les unes les autres dans la Terreur. Trois conclusions peuvent se tirer d'une semblable lecture. 1) La définition kantienne de la réforme, par distinction d'avec la révolution, comporte deux critères distincts : partir sans violence d'en haut; ne pas porter atteinte au pouvoir législatif souverain. La (non-)Révolution de 1789 les a disjoints : Louis XVI a réuni légalement son peuple, en se dessaisissant par là de son pouvoir souverain de légiférer. D'où son ambiguïté. 2) Le régicide quasi diabolique de 1793 exhibe une confusion mortelle présente dès 1789, la perversion de l'Idée républicaine par un moment démocratique. Il est donc chimérique de dissocier deux séquences temporelles successives dans un processus qui, depuis le début, repose sur une « grossière faute de jugement », un mixte d'universel et de particulier. 3) Kant associe, de façon insolite pour nous, une attitude inconditionnellement non révolutionnaire et le refus irréductible de toute appréciation contre-révolutionnaire. Ce philosophe des Lumières est peut-être par là en avance sur nous qui avons aujourd'hui à penser l'échec advenu sous nos yeux d'une autre révolution à prétention universelle.

nous? Nous les Français, nous les révolutionnaires, nous la majorité des conventionnels? Et quel est le vaisseau que nous avons brûlé, qui avons-nous guillotiné? Louis Capet, un citoyen parmi d'autres? Louis XVI, roi des Français selon la constitution de 1791? Ou Louis XVI, roi de France et de Navarre par la grâce de Dieu depuis 1774? Cambon exprime bien le sentiment d'un cheminement, et d'un effacement du chemin derrière soi: nous voilà lancés, les chemins sont rompus derrière nous, il faut aller de l'avant bon gré mal gré. Je finis par Saint-Just, dont le grand discours du 13 novembre 1792 donna son ton au procès en liant principiellement institution de la République et procédure de la mise à mort.

> Je ne perdrai jamais de vue que l'esprit avec lequel on jugera le roi sera le même que celui avec lequel on établira la République. La théorie de votre jugement sera celle de vos magistratures; et la mesure de votre philosophie dans ce jugement sera aussi la mesure de votre liberté dans la constitution [1].

Pour mieux comprendre l'appréciation de Kant, arrêtons-nous ici un instant. Car Saint-Just précisément ne fut pas suivi par la Convention sur ce point. Saint-Just refusait toute idée d'un juste châtiment, toute idée d'une continuité permettant de soumettre la conduite du roi, son administration passée, à une norme reconnue de tous et de lui qu'il aurait violée. Pour Saint-Just, Louis XVI n'est pas et n'a jamais été partie au contrat social qui lie les Français entre eux. Il a toujours été un étranger, un mortel ennemi dont l'être même de roi est incompatible avec une volonté générale du peuple uni. Il y a donc moins à le juger qu'à le combattre, tout homme libre a droit de le tuer, il relève du poignard de Brutus et non du glaive de la loi. « Ceux qui attacheront quelque importance au juste châtiment d'un roi ne fonderont jamais une République », voilà son avertissement. Et il souhaite comme Robespierre, par un meurtre fondateur, cimenter la République dans le sang d'un roi. Mais quelque impression qu'ait pu faire cet appel au meurtre, à « un exemple de vertu qui serait un lien d'esprit public et d'unité dans la République », la Convention s'y refusa. Elle se lança dans ces formes sans principes dont Saint-Just avait prophétisé, à tort, qu'elles conduiraient le roi à l'impunité. Elle suivit la voie que Kant médite dans une célèbre note de la *Doctrine du droit* en 1797.

Je reviens donc à Kant, et à la double question, historique et conceptuelle, que soulève son rapport à la Révolution française.

1. E. Hamel, *Histoire de Saint-Just, député à la Convention nationale*, livre II, chap. I, Bruxelles, Méline, Cans et Cie, 1860, t. I, p. 134.

Historiquement, chacun sait combien Kant a été attentif aux événements de France. Ses œuvres portent la trace de cet intérêt, depuis une note de la *Critique de la faculté de juger* en 1790 où il évoque « la transformation intégrale, *gänzlichen Umbildung*, récemment entreprise d'un grand peuple en un État », jusqu'au *Conflit des Facultés* en 1798 où il analyse « la révolution d'un peuple spirituellement riche », révolution « remplie de misères et d'atrocités » mais qui suscite néanmoins dans tous les cœurs « une sympathie d'aspiration qui frise l'enthousiasme » [1], en passant notamment par *Théorie et pratique* (1793), le *Projet de paix perpétuelle* (1795) et surtout la *Doctrine du droit* (1797), tous textes sur lesquels nous aurons à revenir. Historiquement, il est impossible de ne pas relever que l'approbation initiale s'est singulièrement tempérée et nuancée par la suite. Un événement semble bien avoir ici spécialement marqué Kant, comme au demeurant un très grand nombre des contemporains : le régicide. Non point tant la mort d'un individu qui avait été roi, Louis, objet de pitié pour la sensiblerie des âmes sentimentales; mais plutôt la volonté de juger le souverain en grande pompe, de le condamner et de l'exécuter dans les formes, bref un procès voulu comme exemplaire, mené par les détenteurs présents de la souveraineté contre Louis XVI, roi, poursuivi pour son administration passée. Une note, célèbre et difficile, de la *Doctrine du droit* semble assimiler cet épisode révolutionnaire à « un crime qui subsistera éternellement et ne sera jamais effacé (*crimen immortale, inexpiabile*), pareil à ce péché dont les théologiens disent qu'il ne peut être remis ni en ce monde ni dans l'autre » [2]. Kant y parle d'un « frisson d'horreur qui saisit l'âme imprégnée des Idées du droit de l'humanité, frisson qu'on ne laisse pas de ressentir aussitôt et aussi souvent qu'on imagine la scène » [3]. Faut-il donc penser que Kant a hésité ou vacillé, qu'il a reculé devant la logique d'une révolution dont il aurait naïvement applaudi les prémisses avant d'en rejeter avec une horreur effrayée les conséquences ? Ou bien faut-il penser que c'est la Révolution qui a dévié, qui s'est détournée à un certain moment (et alors lequel ?) de sa première direction libératrice ou émancipatrice, qui a versé dans l'horreur, voire dans l'autodestruction ? Est-ce Kant qui a changé, ou la Révolution, ou bien peut-être les deux ?

1. E. Kant, *Critique de la faculté de juger*, IIe partie, § 65, trad. fr. A. Philonenko, Paris, Vrin, 1986, p. 149 n. (trad. mod. J.-M. B) ; *Le conflit des Facultés,* IIe section, § 1, trad. fr. J. Gibelin, Paris, Vrin, 1988, p. 101 (trad. mod. J.-M. B).

2. E. Kant, *Doctrine du droit*, II, 1, § 49, « Remarque A », note, p. 203.

3. *Ibid.* (trad. mod. J.-M. B).

Cette interrogation historique rejoint une question conceptuelle : qu'est-ce que l'Idée de révolution, et peut-on accéder à la liberté politique par le moyen d'une révolution ? Essayons de formuler la difficulté avec les termes mêmes de la philosophie pratique kantienne, de cette morale ou métaphysique des mœurs, *Metaphysik der Sitten*, dont la *Doctrine du droit*, la *Rechtslehre*, est une partie, la première. Il n'y a liberté que là où chacun se donne à lui-même sa loi, selon le principe de l'autonomie. Si donc un peuple uni s'oppose à un souverain de fait, à un Chef de l'État en place, *Staatsoberhaupt*, dont la volonté a cessé d'être la volonté générale du peuple uni, alors le philosophe ne peut qu'approuver la substitution du peuple uni au monarque renversé dans la fonction suprême de législation. Une telle révolution coïncide avec l'émergence de la raison et l'accès à la liberté. Mais, d'un autre côté, comment l'initiative révolutionnaire ne serait-elle pas en son essence contraire à la liberté dont elle se réclame ? En se dressant contre les formes de la légalité en vigueur, en s'insurgeant contre la souveraineté du souverain en place, les révolutionnaires ont beau se réclamer de l'unité du peuple uni, leur acte même est désunion : peu importe qu'on préfère dire avec les partisans de la révolution que cet acte sanctionne une désunion déjà là, ou avec ses adversaires qu'il la produit, en tout cas il l'alimente et il l'attise, il la porte à son acmé. La révolution est d'abord destruction de la liberté rationnelle, puisqu'elle s'attaque à la forme légale de la liberté, qui se confond nécessairement par principe avec le souverain en place. Le moyen utilisé étant en contradiction directe avec la fin visée, l'idée d'une révolution libératrice ou émancipatrice risque fort d'être une chimère, un cercle carré, une non-Idée plutôt qu'une Idée.

I

Pour chercher à éclairer, sinon à résoudre ces deux questions liées, historique et conceptuelle, qui se posent à Kant et aux historiens du kantisme, je partirai d'une distinction élaborée par Kant dans sa philosophie théorique, distinction qui me semble fort pertinente ici. Les catégories de l'entendement, chacun le sait, se déploient dans l'*Analytique des principes* et la métaphysique de la nature, dans ce domaine de la nature où l'entendement légifère ; mais elles sont tout aussi applicables là où c'est la raison qui légifère dans le domaine de la liberté ou philosophie pratique, et notamment dans la *Doctrine du droit*.

Dans la première « Analogie de l'expérience » [1], Kant distingue avec soin deux concepts que désignent deux termes allemands différents, *Veränderung* et *Wechsel*, deux concepts que le français confond ou risque de confondre sous un terme unique, *changement*, en employant un seul et même verbe, *changer*. Lorsque je pétris un morceau de cire et que, de cubique, il devient sphérique, qu'est-ce qui change ? La substance, ici le morceau de cire, change de forme. Peut-on dire qu'elle change ? Oui et non, dira le français victime d'un verbe équivoque. Non, elle-même ne change pas : chacun dira au contraire que, sous ses changements de forme, de couleur, de saveur et ainsi de suite, elle demeure la même, *eadem cera*, elle demeure elle-même, *cera ipsa*. Et pourtant oui, elle change, elle s'altère, elle devient autre : car, si elle ne change pas absolument, elle change de…, comme un homme change d'habits. C'est ce que Kant appelle *Veränderung* ou *verändern*. Le mot désigne ce qui advient à une substance S qui reste suffisamment identique à soi sous les changements pour qu'on puisse dire qu'elle a changé : c'est toujours elle qu'on retrouve, si on la compare telle qu'elle est devenue au moment t^2 avec son état e^2, et telle qu'elle était dans son ancien régime avec son état e^1 au moment t^1. Le français emploie bien le verbe *changer*, mais il faudrait y mettre une nuance de réfléchi, comme dans *s'altérer*, *se transformer*, *se modifier*. On ne peut pourtant pas dire couramment, en ce sens neutre du réfléchi, *se changer*, car le verbe emporte alors une idée différente d'activité causale. D'un homme qui *change* d'habits, on dit certes qu'il *se change*. Mais à un homme qui a vieilli, on dirait si la courtoisie n'en dissuadait : comme vous *êtes changé*, ou comme vous *avez changé* ; mais certainement pas : comme *vous vous êtes changé*. Voilà pour *Veränderung*.

Wechsel signifie tout autre chose. Quand une substance change ou s'altère, *sich verändert*, par exemple change de forme – ce qui par rapport à elle est *Veränderung* –, ses états successifs se substituent l'un à l'autre. Ils se remplacent. E^1 n'est plus là quand e^2 est là : une forme, une couleur, une saveur nouvelles ont pris la place de l'ancienne forme, de l'ancienne couleur, de l'ancienne saveur. Chaque état est ce qu'il est, il ne se modifie pas. Change-t-il ? Oui, en un sens. Là encore le français est équivoque, car on peut bien dire que la forme de la cire change ou a changé. En vérité pourtant, Aristote déjà le soulignait après Platon, la forme ne change pas, et si le morceau de cire change de forme, d'abord cubique, ensuite sphérique, jamais le cube ne devient sphère. *Wechsel* signifie en allemand,

1. E. Kant, *Critique de la raison pure*, Ire partie : « Théorie transcendantale des éléments », livre II, chap. III, 3e section, § 3, trad. fr. A. Tremesaygues et B. Pacaud, Paris, P.U.F., 1944, p. 177-182.

plutôt que changement, échange ou change, au sens presque monétaire : si vous échangez vos marks contre des francs, votre fortune en principe reste la même quand vous la changez ainsi d'une monnaie à une autre. Mais les marks ne sont plus là quand les francs sont là. Ni les marks ni les francs au demeurant ne changent, ils sont simplement ailleurs, dans une autre poche. Ils ne changent pas, ils s'échangent.

C'est donc souvent un seul et même processus qui peut être qualifié aussi bien de *Veränderung* que de *Wechsel*. *Veränderung* au regard de la « chose » qui se transforme, disons la substance s'il y en a une qui garde son identité continuée sous la diversité de ses états successifs. Et *Wechsel* au regard de l'« état », de la forme ou du régime qui n'a d'identité qu'à refuser tout changement ou toute altération. Le malheur avec le français est que le verbe le plus usuel, *changer*, ne fait pas la distinction. Nous disons indifféremment que « la cire change » ou que « l'état de la cire change ». Soit l'énoncé (1), « la cire change » ou « la cire a changé » : nous pouvons certes ajouter qu'« elle a changé de forme ou de couleur », mais nous pouvons aussi ne rien ajouter et garder au verbe sa forme absolue, « elle a changé » tout court. Soit l'énoncé (2), « la couleur de la cire change », « elle a changé » : pourtant la forme ou la couleur n'ont pas changé, elles apparaissent ou disparaissent, l'une remplace l'autre, la mort de l'une est la naissance de l'autre. À chaque fois le français est tenu d'interpréter. Il faut savoir ce qui change, puisqu'il est le sujet, l'ὑποκείμενον d'une *Veränderung*, et ce qui s'échange, les états ou formes soumis à *Wechsel*. Il faut distinguer la substance et son mode ou régime.

II

Il faut se le demander aussi pour une révolution, et Kant se le demande nommément pour la Révolution française. Pour préparer la suite par une boutade, je risquerais volontiers que, d'après Kant, si les Français ont raté leur révolution, s'ils l'ont ratée comme *leur révolution*, car ils l'ont réussie en soi *pour les spectateurs étrangers*, c'est sans doute pour n'avoir eu qu'un verbe, *changer*, et n'avoir pas su distinguer *Veränderung* et *Wechsel*. Mais revenons de la boutade à l'analyse conceptuelle. Revenons au concept kantien de Révolution en général, qui implique au regard de la liberté *Wechsel* sans *Veränderung*, alors que la Réforme implique une liberté substantielle qui subsiste comme sujet d'une *Veränderung* sous le *Wechsel* de ses états. Et revenons au cas particulier de la Révolution française ensuite, à ce qui fait sa paradoxale et fascinante originalité dans ce jeu du changement, entre *Wechsel* et *Veränderung*.

Pour définir une révolution et ce qui la rend fondamentalement illégitime, pour la distinguer d'une réforme souvent nécessaire et alors légitime, Kant a recours à deux caractères principaux qui peuvent servir de critères. Ces deux critères reconduisent directement au couple *Veränderung/ Wechsel* que nous venons d'examiner. Mais, parce que ces deux critères ne sont pas nécessairement liés, on peut imaginer leur disjonction. Le caractère énigmatique, voire contradictoire de ce que nous appelons « la Révolution française » tient à ce que, dans ce cas exceptionnel, la disjonction s'est effectivement opérée.

Premier caractère : une révolution part d'en bas, une réforme part d'en haut. Dans une révolution le peuple se soulève contre l'autorité en place ; dans une réforme, le processus inauguré par le souverain de fait est conforme à la légalité, à l'Idée de la volonté générale comme déjà actualisée dans la réalité empirique du *Staatsoberhaupt*. La révolution naît toujours et nécessairement hors du droit : elle a sa source dans un fait, dans ce que Kant appelle la « réunion arbitraire, *willkürlich* », du peuple. Elle est d'abord un rassemblement de sujets qui n'ont, comme tels, aucun droit reconnu ou reconnaissable à faire la loi. Elle est donc toujours rupture, discontinuité dans le droit. Deux aspects de cette discontinuité, qui empêche de trouver sous le changement la continuité d'une substance juridique libre, sautent aux yeux : l'un dans le temps, l'autre dans l'espace. Dans le temps de l'insurrection, et même pour une révolution qui va réussir, l'intervalle qui sépare le soulèvement de son triomphe est un moment de non-droit. Pendant les heures du 10 août 1792 où les Suisses défendent le Louvre contre les assaillants, le « bon citoyen » kantien – qui est inconditionnellement tenu le 9 août d'obéir au roi Louis XVI, chef « irrésistible » du pouvoir exécutif, et qui est inconditionnellement tenu le 11 août d'obéir aux nouvelles autorités sans se soucier du nommé Louis Capet – se retrouve dans un « état de nature » où il n'y a plus aucun droit extérieur. Je cite la *Reflexion* 8045 :

> Toute amélioration de l'État au moyen d'une révolution est injuste, car le fondement n'y réside point dans le droit du régime précédent et par conséquent entre ce dernier et le suivant intervient un *état de nature* où il n'existe aucun droit extérieur[1].

1. *Reflexionen zur Rechtsphilosophie* [désormais *Reflexionen*], t. VI du *Kant's handschriftlicher Nachlaß* [manuscrits posthumes], dans *Kant's gesammelte Schriften* (*Akademie-Ausgabe*), t. XIX, Berlin/Leipzig, De Gruyter, 1934, p. 591. Aucune traduction

Cet intervalle temporel rejoint un fractionnement dans l'espace national des concitoyens, qui pendant le soulèvement ne sont encore que des co-sujets. Car il est manifestement subreptice de dire que le peuple se soulève contre le roi. Le singulier laisse entendre de façon spécieuse que c'est « le peuple uni » qui se soulève. En fait seule une partie ou une fraction du peuple se soulève, fraction arbitrairement réunie qui tout aussi arbitrairement, *willkürlich*, se prétend représentative du peuple entier, son avant-garde. Kant l'a dit très clairement en 1793, dans *Théorie et pratique* :

> Dans un tel cas, le peuple ne peut réagir sur le champ en tant que *corps commun*, il ne le peut que par faction, car la constitution jusque-là en vigueur ayant été déchirée par le peuple, il faut avant tout organiser un nouveau corps commun. C'est à ce moment que se situe l'état d'anarchie avec toutes ses horreurs qu'il rend au moins possibles; et l'injustice qui survient ici consiste en ce que chaque parti commet contre les autres au sein du peuple [1].

Kant en cela n'est nullement aveugle au sens d'une action révolutionnaire. Il rejoint Robespierre faisant l'apologie des émeutiers après le 10 août : « citoyens, vouliez-vous une révolution sans révolution ? ». Il est vrai, ajoutait-il, « qu'une grande nation ne peut se lever par un mouvement simultané, et que la tyrannie ne peut être frappée que par la portion des citoyens qui est plus près d'elle » [2]. Même si la révolution se réclame de l'universalité populaire, elle n'a d'abord qu'une fort équivoque « procuration tacite » de la société tout entière, procuration qui reste à vérifier. Au point de vue du droit, c'est-à-dire de la liberté considérée comme substance, il y a ici *Wechsel*, il n'y a aucune volonté légale continuée dont on puisse dire qu'elle a subi une *Veränderung*, qu'elle a changé de régime. Certes, si l'on quitte la philosophie pratique et la liberté pour l'étude théorique de la nature, on trouvera toujours des constantes sociologiques, politiques, culturelles et ainsi de suite, qui rendent relative la coupure. Mais la question morale ou juridique, les deux adjectifs sont ici synonymes, n'est pas là : au regard de la liberté, un droit est mort, un autre est né, aucun ne s'est transformé.

complète des *Reflexionen* n'existe en français. Il est possible que cette traduction soit de J.-M. B. Il a aussi pu la trouver dans l'imposant ouvrage de G. Vlachos cité dans le chapitre précédent, n. 3, p. 229. La traduction de cette *Reflexion* ne figure pas dans les deux passages auxquels se réfère cette note, mais G. Vlachos cite et traduit dans les IIe et IIIe parties de son ouvrage de nombreuses *Reflexionen*.

1. E. Kant *Théorie et pratique*, *op. cit.*, p. 45, n.

2. M. Robespierre, « Discours à la Convention du 5 novembre 1792 », dans *Œuvres de Maximilien Robespierre*, éd. A. Laponneraye, Paris, Chez l'Éditeur, 1840, t. II, p. 199.

Entre réforme et révolution, Kant relève un second caractère différentiel, qui peut servir lui aussi de critère. Dans une réforme, si radicale qu'elle soit, seul le pouvoir exécutif est affecté : toucher au pouvoir suprême ou souverain, à la plus haute instance qui légifère et constitue, c'est toujours un acte révolutionnaire. Les traducteurs français de la *Doctrine du droit* n'ont pas compris à cet égard un passage central de la Remarque A.

> Un changement, *Veränderung*, de la constitution (vicieuse) de l'État peut bien être parfois nécessaire – il ne saurait alors être accompli que par le souverain lui-même grâce à une *réforme*, non par le peuple au moyen d'une *révolution* – et, si ce changement se produit, il ne peut atteindre que le pouvoir exécutif, non le pouvoir législatif [1].

Wenn sie geschieht, si ce changement... *Sie* ne désigne pas la Révolution, comme l'ont cru les deux plus récents traducteurs français ; *sie* désigne un changement nécessaire, à cause des défauts, et légitime, parce qu'il se fait par réforme et vient du souverain en place sans rupture de légalité. Il serait évidemment absurde de soutenir qu'une révolution n'affecte que le pouvoir exécutif : elle peut se limiter à cette atteinte partielle aux pouvoirs constitués, mais, puisqu'elle naît hors du droit, d'un soulèvement arbitraire, elle n'est nullement astreinte à semblable restriction et, le plus souvent, elle opère une subversion de tout l'édifice politique, à commencer par son instance suprême, le *Staatsoberhaupt* détenteur de la souveraineté. La réforme au contraire, puisqu'elle tire sa valeur légale de l'autorité légiférante et constituante qui la suscite et l'autorise, implique que cette autorité souveraine se conserve après comme avant, véritable substance permanente de la liberté dont les formes seules ont changé, un nouveau régime s'étant substitué à l'ancien régime, mais dans la continuité d'une même souveraineté. Le souverain qui, partout où la forme de gouvernement est despotique, réunit en les confondant fonctions législatrice et exécutive, ne peut pas se dessaisir de la première, sans quoi sa décision cesserait de faire droit, ou loi. Il ne peut donc que déléguer la seconde fonction, l'exécutrice, en s'autolimitant et en se renfermant dans le rôle suprême de législateur constituant. C'est ce que Kant dit explicitement. « Le droit de la législation suprême dans la communauté publique, *im gemeinen Wesen*, n'est pas un droit aliénable, c'est au contraire le plus personnel des droits » [2]. Suivons donc l'ordre de la déduction légitime.

1. E. Kant, *Doctrine du droit*, II, 1, § 49, « Remarque A », p. 203-204.
2. *Ibid.*, § 52, « Remarque », p. 225 (trad. mod. J.-M. B.).

> Il doit bien être possible au souverain de changer, *ändern*, la constitution politique existante lorsqu'elle est difficilement conciliable avec l'Idée du contrat originaire, et d'y introduire la forme, *diejenige Form*, indispensable[1].

Mais « ce changement, *diese Veränderung*, ne saurait consister à faire que l'État, délié d'une des trois formes » de souveraineté[2], se constitue selon une autre. Kant précise même ce qui apparaîtra essentiel : un autocrate, un monarque tel Louis XVI qui rassemble dans sa personne singulière tous les pouvoirs, ne saurait légitimement, par voie de réforme, se dessaisir du pouvoir législatif souverain au profit d'une souveraineté démocratique. « Même s'il décidait de changer, *umzuändern* » (on relèvera qu'il ne s'agit plus de *Veränderung*, puisque la continuité de la souveraineté constituante s'y perd) « pour une démocratie, il pourrait agir injustement »[3]. Autrement dit, toucher au pouvoir législatif est d'emblée rendre impossible la continuité substantielle d'une *Veränderung*, c'est opérer une révolution.

On voit donc bien ce qui rapproche les deux caractères : ils produisent l'un et l'autre la rupture révolutionnaire, où l'échange entre deux légitimités, *Wechsel*, ne permet plus la transformation ou modification légale d'une même volonté générale, *Veränderung*. Mais ces deux caractères ne sont pas nécessairement joints. Et si Kant ne parle jamais de « la révolution de 1789 », c'est que justement, en 1789, ces deux caractères se sont disjoints. Il faut reprendre la suite des événements, tels que Kant les apprécie, depuis la convocation des États généraux par Louis XVI jusqu'à l'exécution du 21 janvier 1793, pour chercher où commence exactement la rupture révolutionnaire. Elle ne commence pas, je crois, dans le procès (puis l'exécution et la Terreur). Elle commence beaucoup plus tôt. Pour le dire avec brutalité, elle commence avec l'acte inaugural lui-même, avec la « grosse faute de jugement » (*ein grosser Fehltritt der Urteilskraft*) du roi convoquant pour 1789 les États généraux. Mais on ne comprendra bien ce point qu'en partant de ce qui est, en effet, le plus évident : la rupture définitivement consommée par le régicide, par le procès et ses modalités.

1. *Ibid.*, § 52, p. 223 (trad. mod. J.-M. B.).
2. *Ibid.* (trad. mod. J.-M. B.).
3. *Ibid.* (trad. mod. J.-M. B.).

III

L'illégitimité du « crime inexpiable » ne constitue pas, pour Kant, un virage dans le cours des événements, une malencontreuse déviation faisant sortir d'une légitime *Veränderung*. Il consacre, en prétendant scandaleusement lui donner l'évidence exemplaire du droit, une contradiction jusque-là masquée ou enfouie dans l'idée de souveraineté. Mais qu'est-ce qui est donc si scandaleux dans le procès du roi ?

Tout tient en une expression : « un suicide de l'État, *ein vom Staate an ihm verübter Selbstmord*, un suicide accompli par l'État sur lui-même ». Il faut expliquer ce terme décisif, *suicide*. La volonté générale du peuple uni, ici du peuple français, s'est retournée contre elle-même. C'est elle qui constitue, depuis le début, la substance unique, unifiante et indivisible de la liberté, ici la liberté du peuple français. Si du moins il y en a une : or justement il y en a une, à la fois pour Kant, pour Louis XVI et pour les révolutionnaires qui ont conduit le jugement, nous y reviendrons dans un instant. Tous, à des titres divers, conviennent de cette unité et unicité substantielle. D'où le scandaleux paradoxe : c'est bien la même volonté générale ou substance, nommons-la S, qui dans sa forme ou régime e^2, comme Convention nationale, se retourne contre l'ancien régime e^1 et prétend juger en lui, condamner et exécuter celui qui était alors et dans ce régime e^1 la source de la légitimité, cette même substance S qui assure identiquement la légalité de e^1, la légalité du passage entre e^1 et e^2 et, partant, la légalité même de e^2, bref la légalité tout court, la légalité en général. Louis XVI a engendré la Constituante qui a engendré la Législative qui a engendré la Convention : en tuant Louis XVI, la Convention commet certes un parricide, mais encore plus qu'un parricide. Car les différentes personnes, dans une lignée biologique, sont autant de substances distinctes : le parricide n'est pas un suicide. Ici au contraire chacun représente la même substance libre ou liberté substantielle, la même et unique volonté générale du peuple uni, laquelle n'a aucune existence en dehors de celui qui la représente. En jugeant Louis XVI pour ses actes de roi, pour ce que Kant appelle « son administration passée », la Convention vise en lui ce qui serait censé avoir dévié de la volonté générale en sa substance ; mais elle atteint en lui cette même substance qui est sa propre substance, substance dont elle est seulement le nouveau régime, un mode autre et, sans doute, moins défectueux. Elle porte donc ses coups contre elle-même, contre ce qui l'autorise. Elle se suicide.

Analysons dans le détail ce qui s'est passé. Avant 1789, Louis XVI était souverain, et souverain autocrate : il confondait en lui, comme *Staatsoberhaupt* despotique, le pouvoir législatif et le pouvoir exécutif. De par la constitution de 1791, Louis XVI n'était plus que le chef du pouvoir exécutif : il était comme puissance constituée deuxième personne de la trinité politique, Kant dit « Régent » et Rousseau aurait dit « Prince », subordonné désormais à la personne du législateur, au pouvoir constituant. À parler strictement, le 10 août 1792 n'a donc pas enlevé à Louis XVI un pouvoir souverain qu'il ne détenait déjà plus : le mouvement venu d'en bas, du peuple arbitrairement réuni, de la fraction ou faction insurgée, a renversé l'exécutif. Mais le procès, que la Convention unanime a souhaité exemplaire, a prétendu juger toute la conduite royale depuis le commencement de ce qui se revendique alors soi-même comme « la Révolution ». Tous les révolutionnaires sans exception ont voulu un procès délivré à la face du monde et des générations futures comme une sorte de cours magistral, une leçon que la postérité pourrait indéfiniment revisiter sans jamais y trouver matière à révision. Et ils ont pensé pour la plupart que la conduite entière du monarque, depuis la convocation des États généraux jusqu'à la chute de la monarchie au 10 août, pouvait et devait être soumise au jugement de la volonté générale, cette même volonté générale qui faisait loi et droit depuis le début et qui, maintenant, s'exprimait dans la Convention. Que penser de cette prétention à juger le souverain détrôné pour son administration passée ?

Kant parle d'abord d'un abîme, engloutissant tout sans retour, mais ensuite il va plus loin, il parle d'un « suicide » dont la volonté proclamée se confond avec la publicité donnée au procès. Il ne suffit donc pas de dire que « tout ce que le souverain, *Oberhaupt*, a fait en cette qualité doit être envisagé extérieurement comme légal et qu'il ne saurait, comme source des lois, être lui-même injuste » [1]. Cette remarque, qui est correcte, nous laisse encore dans la logique de l'Ancien Régime, sans élucider ce qui subsiste de cet ancien régime dans le nouveau, ce qui seul justifie le terme de *suicide*. Parce que le nouveau souverain, dans son nouveau régime, refuse d'être nouveau et se projette dans le passé, au moment où il juge de ce passé, comme s'il avait toujours été le seul et unique souverain et comme s'il y avait déjà fait droit, ou loi. Droit et loi au regard desquels le monarque détrôné aurait été coupable d'une sorte de crime éternel et lui aussi impardonnable. Suicide, pourquoi ? Parce que le peuple, « lui qui est redevable de son existence » (légale ou juridique, bien sûr, et non pas historique ou

1. E. Kant, *Doctrine du droit*, II, 1, § 49, « Remarque A », p. 203 n. (trad. mod. J.-M. B.).

sociologique) « à la seule législation instaurée par le souverain » (le souverain de fait, tel qu'il était dans l'Ancien Régime où il administrait despotiquement) « se constitue en souverain de ce (premier) souverain » [1]. Il le juge et il le condamne sans voir qu'il se juge par là, et qu'il se condamne. S'il réussissait dans son entreprise et parvenait à inscrire son projet dans un procès exemplaire pour l'éternité, il y inscrirait le total renversement des principes et l'impossible rétablissement ou résurrection de l'État renversé. Kant aime mieux plaider, fort curieusement, de bien étranges circonstances atténuantes : sous le malheureux et scandaleux habillage juridique d'un procès, monstrueusement diabolique s'il était sérieux, il aime mieux voir un simple assassinat, dicté par la peur de la contre-révolution et l'état de nécessité. Mais cette ultime parade ne doit pas faire oublier l'essentiel. Pour Kant, s'il faut parler de suicide, même afin de le déclarer impossible, c'est d'abord parce qu'il s'agit d'une seule et même souveraineté S qui s'identifie en t^1, sous l'ancien régime e^1, avec la personne de Louis XVI, et qui se retrouve en t^2, sous le nouveau régime e^2, dans la Convention nationale qui le juge. Quels que soient les comportements des acteurs politiques les uns par rapport aux autres dans les différents épisodes de la Révolution française, quelles que soient les règles applicables à ces actes et à ces acteurs, il y a une continuité dans la souveraineté qui devrait permettre de retrouver une *Veränderung*, même si la confusion insensée des états ou régimes qui se remplacent (*Wechsel*) avec la substance qui devrait s'y maintenir en se transformant conduit au cauchemar d'un *suicide* : substance encore là, mais seulement pour se nier elle-même en ne se reconnaissant qu'à demi d'un état à l'autre. Ainsi, pour Kant, le peuple qui jugeait Louis XVI à travers la Convention nationale n'était pas un ramassis d'émeutiers, c'était bien le peuple uni ou le souverain légitime : sans quoi le mot de *suicide* n'aurait pas pu surgir, celui ou ceux qui auraient tué le souverain sortant n'étant pas eux-mêmes le souverain. Et, symétriquement, celui qu'ils condamnaient et mettaient à mort était bien le fondement substantiel de leur souveraineté, de la souveraineté populaire, il n'était ni un étranger ni un citoyen, ni un monstre ni un ennemi : sans quoi, l'ancien monarque qu'ils exécutaient n'étant pas lui-même le souverain, le mot de *suicide* n'aurait toujours pas pu surgir.

Cette confusion des deux souverainetés, qui éclate de façon paroxystique avec le procès du roi, avec son impossible et nécessaire condamnation dans les formes, n'avait pas échappé aux révolutionnaires, je l'ai rappelé en introduction. Mais là où Saint-Just se tourne vers le futur, pour

1. E. Kant, *Doctrine du droit*, II, 1, § 49, « Remarque A », p. 204 n. (trad. mod. J.-M. B.).

rêver une institution républicaine qui ne devrait rien à la souveraineté monarchique de l'ancien régime, Kant se retourne aussi vers le passé, pour rappeler l'acte inaugural, la convocation des États généraux. Le nouveau régime n'est pas né de l'insurrection, il est né de l'initiative royale. Et il faut sans doute chercher jusque dans cet acte fondateur la racine des contradictions qui éclatent au grand jour avec le scandale presque diabolique du régicide. Contradiction entre une légitimité, celle de la souveraineté populaire, et une suite d'atrocités qui retournent la volonté générale contre elle-même jusqu'à son autodestruction.

IV

L'acte inaugural, la convocation par Louis XVI des États généraux, illustre la disjonction signalée plus haut entre les deux caractères qui distinguent réforme et révolution. Il est en ce sens déjà porteur de la contradiction mortelle qui, dans le procès exemplaire du roi renversé, éclatera comme suicide de l'État.

Louis XVI était détenteur de la souveraineté, c'est-à-dire d'abord et essentiellement du pouvoir législatif suprême, du pouvoir constituant, parce que, en lui seul, se réalisait la volonté générale du peuple uni. Il était le seul représentant de cette volonté : hors de lui, il n'y avait que des sujets. Sa volonté seule faisait loi : « si veut le roi, si veut la loi ». Mais nulle autorité n'est légitime, d'après le principe fondamental de l'autonomie, sinon dans la mesure où elle représente cette volonté générale du peuple uni. L'idée du contrat originaire, aussi centrale pour Kant que pour Rousseau duquel il l'a empruntée, domine tout l'édifice politique. Seule la volonté royale est souveraine, parce que et tant que seul le roi représente le peuple uni. Mais la volonté royale n'est souveraine que dans la mesure et pour le temps où elle représente et où elle représente seule la volonté du peuple uni. De là l'extrême gravité de l'acte, pacifique et légal, par lequel le roi fait appel à son peuple entier pour sortir d'une crise, crise financière en l'occurrence. Le peuple va se trouver, dans l'élection de ses représentants, légalement rassemblé. Nulle discontinuité ici, ni dans l'espace ni dans le temps. Aucune faction ne se rassemble arbitrairement, hors du droit, par un acte de force. L'universalité est convoquée par le souverain, selon les règles du droit.

Mais là où est le représenté, le représentant n'est plus rien. Le roi tirait toute son autorité souveraine de l'absence du peuple uni dont, seul présent en personne, il tenait lieu. Que le peuple à son tour soit présent en personne, dans son unité universelle incontestable puisque le monarque même l'a convoqué, et le lieutenant se résorbe devant la réalité désormais présente dont il n'était jamais que le porte-parole. Il s'éclipse également devant ces nouveaux représentants, désormais plus directement et immédiatement issus du peuple, encore que le peuple qui les a élus ne puisse être dit peuple-uni, et que ses représentants ne puissent être dits représenter maintenant le peuple-uni, que parce que le souverain effectif, Louis XVI, a permis au peuple-uni de surgir en personne et de se choisir en personne ses représentants. L'acte royal reste à la fois l'origine et, en un sens, la substance continuée de la volonté générale. Pourtant l'acte même de convocation est identiquement la fin de la souveraineté royale, l'abdication implicite de Louis XVI. En rassemblant légalement un peuple qui, comme uni, ne peut pas ne pas être l'unique souverain légitime, Louis XVI a inextricablement noué un processus légal puisque parti d'en haut, *Veränderung*, et une rupture révolutionnaire par transfert de souveraineté, *Wechsel*. En un sens, il s'est suicidé comme souverain.

Trois *Reflexionen* permettent de suivre avec précision la pensée de Kant sur cette abdication involontaire ou inconsciente. J'y renvoie seulement, sans les commenter, il s'agit des *Reflexionen* 8018, 8048 et 8055[1]. On retrouve la même doctrine dans la *Rechtslehre* publiée. La remarque du paragraphe 52 insiste sur le caractère « naturel » du transfert de souveraineté opéré par la « faute de jugement ». Naturel en plusieurs sens : la nature de la souveraineté, qui est indivisible, et la nature du droit naturel, qui l'attribue originairement au peuple-uni, rejoignent ici un mouvement légal et tout naturel qui contraste avec les violences d'une insurrection, rassemblement arbitraire où une faction se dresse contre la loi. Le « puissant souverain », après cette faute de jugement, se trouve au sens strict annihilé : « le pouvoir souverain du monarque disparut entièrement, il ne fut pas seulement suspendu »[2]. Et ce passage à la République est irréversible. On peut ainsi, remontant de la remarque au paragraphe 52, éclairer certaines phrases équivoques et peut-être fautives. Il est sûr que, pour Kant,

> la République une fois établie n'est plus tenue d'abandonner les rênes du gouvernement et de les restituer à leurs anciens détenteurs qui pourraient, en usant de leur arbitre absolu, faire retourner au néant toutes les institutions nouvelles[3].

1. E. Kant, *Reflexionen*, *op. cit.*, p. 582-583, 593 et 591.
2. E. Kant, *Doctrine du droit*, II, 1, § 52, « Remarque », p. 225 (trad. mod. J.-M. B.).
3. *Ibid.*, p. 224 (trad. mod. J.-M. B.).

Ce nouveau droit républicain, qui est pour Kant comme une aurore, comme l'Idée de la raison juridique entrant en scène, se fonde sur un contraste décisif : le monarque était le représentant de la souveraineté,

> le peuple uni ne se contente pas de représenter le souverain, il *est* lui-même le souverain, car c'est en lui [le peuple] que se trouve originairement le pouvoir suprême, duquel il faut dériver tous les droits des particuliers en tant que simples sujets (ou en tout cas en tant qu'ayant une fonction dans l'État) [1].

Mais quand et comment se fait ce passage, à la fois pacifique (« naturel » et légal, non violent), immédiat et global (« entièrement »), légitime (« originairement ») et irréversible (« sans retour »), de la monarchie à la République ? Le texte du paragraphe 52 est fort étrange :

> aussitôt que, *sobald... so*, un chef de l'État, *ein Staatsoberhaupt*, quant à sa personne, *der Person nach*, ce peut être roi, corps de noblesse ou tout le corps du peuple, *die ganze Volkszahl*, l'union démocratique, *der demokratische Verein*, se laisse aussi représenter, *sich auch repräsentieren läßt* [2].

Nous avouons ne pas comprendre ce passage, que nous supposons corrompu dans sa forme imprimée. Car il est absurde de parler d'un chef de l'État qui se laisserait lui-même représenter en personne : ou il est là en personne, ou il se fait représenter en son absence, mais « se faire représenter en personne » est un non-sens. Il nous semble que Kant doit vouloir associer trois idées distinctes, mais liées dans son système, vraies toutes les trois et confirmées par les *Reflexionen* commentées comme par la note qui suit [3] : 1) il y a trois personnes différentes qui, selon la diversité des États empiriques, peuvent détenir la souveraineté et être *Staatsoberhaupt*, un roi (autocratie), une noblesse (aristocratie), le peuple entier (démocratie); 2) dans chacun de ces régimes (ou dans les deux premiers seulement ?) la personne du chef de l'État est simplement représentative et, si le mode de gouvernement doit y être légitime, il faut que le souverain de fait se considère comme simple représentant d'une totalité qu'il n'épuise pas (d'où par exemple la distinction entre l'autocrate et le monarque); 3) aussitôt que le chef de l'État laisse le peuple uni se présenter en personne, qu'il le fait peut-être par sa convocation se représenter lui-même, alors la souveraineté cesse d'être représentée ou représentative.

1. *Ibid.* (trad. mod. J.-M. B.).
2. *Ibid.* (trad. mod. J.-M. B.).
3. Voir *ibid.*, « Remarque », p. 225.

Alors on est passé, non plus seulement à la République, mais à la Démocratie.

V

Nous sommes conduits par là à notre dernier point. Si l'acte primordial de Louis XVI a opéré un passage légitime et irréversible, ce passage pourrait bien être aussi un passage funeste. Car « seule la démocratie est nécessairement despotique ». Je crois trouver dans cette formule de *La paix perpétuelle* une clé pour entendre la position kantienne.

La faute de jugement renvoie en effet à la judiciaire, l'*Urteilskraft*, comme art de subsumer le particulier sous l'universel. Le défaut d'une semblable faculté définit la stupidité, qui est incurable. Or la faute de jugement de Louis XVI est certes d'abord une faute de jugement à son propre égard : le monarque imprudent n'a pas vu que derrière son initiative généreuse, c'est, sans qu'il l'ait voulue, une dépossession de souveraineté qui s'accomplissait. Alors que, selon Kant, un souverain chassé du pouvoir par une insurrection garde toujours le droit de refuser le nouveau régime, « puisque le soulèvement qui l'a arraché à sa possession était injuste », même s'il peut aussi, « revenu au rang de simple citoyen, préférer son repos et celui de l'État à l'entreprise téméraire de quitter le pays pour courir, en tant que prétendant, l'aventure de sa reconquête, que ce soit par une contre-révolution secrètement fomentée ou grâce à l'assistance d'autres puissances »[1], Louis XVI n'avait pas ce choix puisqu'il s'était lui-même dessaisi de son pouvoir en rassemblant son peuple. Mais « la faute de jugement » est aussi d'une tout autre ampleur, au regard du peuple même et de l'architecture des pouvoirs politiques. En effet, systématiquement, le pouvoir législatif ou souverain est associé à l'universel ou à la majeure du syllogisme, le pouvoir exécutif du Régent à la mineure qui introduit le particulier à subsumer, et leur coordination et subordination systématique est un objet central de la *Rechtslehre*. Le despotisme, qui est la confusion des deux pouvoirs législatif et exécutif, est donc par essence faute de jugement.

En quoi la démocratie, forme de souveraineté qui remet au peuple entier effectivement rassemblé la souveraineté, est-elle nécessairement despotique ? La réponse est limpide : dans tout autre régime, le despotisme est possible comme un risque, il n'est pas inévitable, parce que le statut originellement représentatif du souverain permet de maintenir un écart,

1. Voir E. Kant, *Doctrine du droit*, II, 1, § 52, « Remarque », p. 224-225.

au moins de principe, entre la source originairement synthétique de tous les pouvoirs (le peuple-uni effectivement absent ou non réuni, et présent simplement en et par ses représentants) et les pouvoirs effectivement constitués (en personnes physiques ou morales représentatives, éventuellement multiples et distinctes). Mais dans la démocratie le peuple est là en personne : du coup, tous les pouvoirs sont effectivement regroupés et confondus dans cette seule et unique instance, à la fois rationnelle comme Idée du peuple-uni, et empirique comme somme numérique du peuple entier, comme union démocratique. Or cette inévitable confusion condamne la volonté générale à l'autodestruction. Kant retrouve ici exactement la critique rousseauiste de la démocratie comme mode de gouvernement, critique tragiquement illustrée par l'autodestruction de la volonté révolutionnaire à travers la Terreur et la lutte des factions. Le peuple en effet, dans la démocratie, exerce à la fois le pouvoir législatif et le pouvoir exécutif. Comme pouvoir législatif, il est le vouloir universel de l'universel, il est volonté générale. Comme pouvoir exécutif, il est pouvoir sur le particulier, c'est-à-dire lutte d'une partie contre une autre partie, il ne peut pas être volonté générale. Or c'est la même volonté qui doit être l'un et l'autre, sans qu'on puisse maintenir d'écart, grâce à l'Idée représentative, entre la volonté générale seule législatrice, et la volonté particulière du Régent chargé de l'exécution.

La démocratie est nécessairement despotisme, puisqu'elle établit un pouvoir exécutif où tous prennent des décisions sur et même contre un seul, qui ne donne pas son assentiment; c'est pourquoi la volonté de tous n'y est pas celle de tous, ce qui est une contradiction de la volonté générale avec elle-même et avec la liberté.

Ainsi le suicide de l'État, accompli dans le procès du roi et la volonté d'un régicide exemplaire ou dans les formes, renvoie à l'acte inaugural du roi qui, faute de jugement, s'est comme démis sans le savoir ni le vouloir de son pouvoir souverain, et, à travers son appel inconsidéré au peuple lui-même, présent en personne, il renvoie à ce suicide de la volonté générale qu'est la confusion démocratique du législatif et de l'exécutif.

> Toute forme de gouvernement qui n'est pas *représentative* n'en est pas proprement une, c'est un chaos informe, *eine Unform*, car le législateur ne peut pas être en une seule et même personne l'exécuteur de sa volonté (de même que dans un syllogisme l'universel de la majeure ne peut pas être en

même temps subordonné dans la mineure, comme particulier, à l'universel)[1].

On peut concevoir, dans les formes de souveraineté monarchique ou aristocratique, diverses modalités de gouvernement conformes à l'esprit du système représentatif. Au contraire, la démocratie rend ce système impossible, puisque l'être-là en personne du peuple souverain y rend nul l'écart représentatif, la distance du représentant au représenté. Ce qui rendait légitime le transfert de souveraineté le rendait dès le début mortel.

Ce qui finit par éclater au grand jour dans l'enchaînement des épisodes révolutionnaires était présent dès le geste inaugural, avec la confusion inextricable entre trois positions différentes adoptées simultanément par Louis XVI : se considérer comme un représentant, le représentant du peuple-uni ; laisser ce peuple élire ses représentants, se donner la représentation pleine et entière d'une Assemblée nationale ; le faire se présenter lui-même en personne, dans l'immédiateté contradictoire d'une universalité agissante. Il n'est pas sûr que l'enthousiasme initial du philosophe lui ait laissé voir au premier jour cette funeste concaténation. Il est sûr qu'au soir de son œuvre il l'avait parfaitement débrouillée.

Je conclus brièvement.

1. Y a-t-il pour Kant un virage et comme une coupure dans les événements enchaînés qui constituent la Révolution française ? La réponse est : non. L'atrocité du régicide, ou plutôt le fondement rationnel de l'horreur que suscite sa prétention impossible à être exemplaire, à savoir le *suicide* de l'État qu'il constituerait s'il n'était pas simplement le masque de la peur, ne sont pas des déviations. Cet épisode porte à son paroxysme une contradiction mortelle présente dès l'acte inaugural de 1789. Certes le pire n'a jamais été sûr. Le roi aurait pu empêcher les ordres de fusionner aux États généraux, comme après leur fusion en Assemblée nationale il aurait pu se résigner à n'être qu'un simple citoyen dans la République qu'il avait irréversiblement fait ou laissé advenir. Les révolutionnaires auraient pu renoncer à juger le roi renversé, éviter de poursuivre le souverain pour son administration passée. Peut-être une constitution légitime et vraiment républicaine, c'est-à-dire représentative, finira-t-elle par surgir des soubresauts chaotiques que le spectateur désintéressé ne peut que condamner. Il reste que le rassemblement légal par Louis XVI de son peuple convoqué en 1789 contient le germe de tout ce qui a suivi : la légitimité du transfert de souveraineté (de la monarchie à la République), la nécessité désastreuse du

1. E. Kant, *Vers la Paix Perpétuelle*, IIe Section, « Article 1 », *op. cit.*, p. 94 (trad. mod. J.-M. B.).

despotisme (par la confusion démocratique des pouvoirs) et enfin l'atrocité du régicide légal.

2. Est-ce que cet aboutissement désastreux – qu'il faut rapprocher des autres aboutissements désastreux de la Révolution française comme l'autodestruction de la volonté révolutionnaire dans la Terreur et l'élimination réciproque des factions, comme l'autodestruction de la liberté républicaine dans le despotisme impérial, comme le retournement de la guerre extérieure et de la révolution exportée en un désastre militaire et la monarchie restaurée réimportée dans les fourgons de l'étranger, qu'il faut rapprocher aussi de semblables aboutissements désastreux que nous avons vu se répéter sous nos yeux avec une autre révolution à prétentions universelles – entraîne pour Kant une disqualification globale de la Révolution française ? La réponse est : non. Pour Kant, de son début jusqu'à sa fin, la Révolution française aura été double. Pour ses acteurs, un échec : Kant n'est pas, n'a jamais été et ne sera jamais révolutionnaire. À la question de l'acteur, *Que dois-je faire ?* la réponse est constante et catégorique : en aucun cas la révolution. Un homme réfléchi qui serait assuré, au prix qu'elle a coûté, de la réussir en la refaisant s'y refuserait. Mais pour les spectateurs elle est inoubliable. Eux et eux seuls y voient ce qu'elle n'a pas été pour ses acteurs : une Idée du droit devant laquelle même l'honneur et le vieil idéal de la noblesse militaire s'éclipsent, l'Idée républicaine (alors que pour ses acteurs elle a été despotisme démocratique), l'Idée de paix perpétuelle (alors que ses acteurs ont mené une guerre permanente). Kant n'a jamais été contre-révolutionnaire. Même au vu de ses atrocités, de ses misères et de ses crimes – qu'il en jugeait, je crois, comme Hegel, inséparables – il ne s'est jamais tourné contre ce qu'il appelle bien en 1798, au singulier, « *la* Révolution française », à travers l'enchaînement inachevé et imprévisible de ses épisodes.

3. Enfin, ce philosophe des Lumières a-t-il assez compris le sens des révolutions pour nous délivrer encore une leçon, à nous modernes, ou postmodernes si blasés et minés dans nos croyances politiques ? Je serais tenté de répondre : oui. Il a compris un danger mortel : confondre l'impossible unité d'un peuple exerçant *en personne* le pouvoir politique, et l'indispensable subordination de toutes les autorités envers l'unité de ce peuple-uni qu'elles *représentent*. Dans une terminologie qui nous étonne parfois, il a pensé l'Idée représentative, qu'il identifie à la République, *contre* la démocratie. Il nous rappelle par là, il nous apprend peut-être, que sans l'Idée représentative, ses formes et ses lenteurs, la démocratie est un nom à peine déguisé pour le despotisme, ou l'anarchie, ou les deux à la fois.

Seule l'Idée représentative, qui maintient à distance la volonté générale, la substance de la liberté, et les instances ou les états dans lesquels elle se modifie ou se modalise, ses régimes, permet un progrès de la liberté dans la liberté. Avec elle et elle seulement est possible une *Veränderung*, une marche dans le sensible ou l'empirique vers la liberté rationnelle, vers l'Idée du droit. Sans elle, l'échange des figures historiques, leur substitution incessante, *Wechsel*, tourne au cauchemar d'une substance qui n'est pas une substance, qui se défait en se confondant avec ses états, qui se dévore comme le temps au lieu de s'instaurer comme la raison, qui se suicide.

Il nous a appris aussi à ne pas être pour autant aveugle à l'Idée de liberté qui était à l'œuvre dans l'entreprise, à savoir toujours en reconnaître et respecter les visées, à ne pas transformer l'évidence de ses échecs en dénégation du droit qu'elle voulait instaurer et dont, peut-être, elle a en effet approché. Bref à ne pas passer d'un fanatisme à l'autre, et d'un suivisme dans l'action révolutionnaire à un suivisme dans l'idéologie contre-révolutionnaire. On voit combien Kant, nouveau comme philosophe, nouveau parce que philosophe, est resté loin de ce que nous appelons en France aujourd'hui un nouveau philosophe.

POSTFACE

JEAN-MARIE BEYSSADE ET LES DEUX EXACTITUDES*

Je n'ai pas compétence à parler de Jean-Marie Beyssade, lecteur de la politique des modernes ni même de Jean-Marie Beyssade, lecteur de la politique de Kant. Je voudrais simplement dire quelques mots de la méthode de Jean-Marie Beyssade historien de la philosophie telle qu'elle se dégage des deux textes sur la politique de Kant qui clôturent ce dossier : le texte sur « Les deux souverains », jusqu'ici inédit et publié pour la première fois dans ce recueil; et le texte présenté devant la Société française de philosophie en 1992 sur « République et régicide ».

Je citerai pour commencer une remarque que faisait Beyssade au début d'une autre de ses lectures kantiennes, lecture qui portait non sur la philosophie politique de Kant, mais sur la critique kantienne du cogito cartésien[1]. Sur cette critique, Beyssade faisait l'observation suivante. Ce que dit Kant de l'argument cartésien a une « apparence d'inexactitude ». Celle-ci doit nous conduire, plutôt qu'à accabler Kant, à réfléchir sur « ce qu'il ne faut pas demander à Kant, en fait d'exactitude »[2]. Cette réflexion

* Le texte de cette postface est extrait de mon intervention lors du colloque « Jean-Marie Beyssade et la Philosophie comme science exacte » tenu en Sorbonne le 9 juin 2017. Ma présentation portait sur l'ensemble de ce que j'appelais les « lectures kantiennes de Jean-Marie Beyssade ». Sur l'amicale insistance de Denis Kambouchner et Michelle Beyssade, j'en retiens ici les quelques remarques qui portaient sur les deux textes publiés dans ce volume.

1. J.-M. Beyssade, « La critique kantienne du cogito de Descartes », dans Ch. Ramond (éd.), *Kant et la Pensée moderne : alternative critiques*, Bordeaux, Presses Universitaires de Bordeaux, 1996, p. 47-61.

2. *Ibid.*, p. 49.

conduisait Beyssade à distinguer deux formes d'exactitude. La première est celle de l'historien de la philosophie, qui discute tel passage, le compare à d'autres passages parallèles, replace éventuellement la discussion de l'auteur dans son contexte historique et s'attache à rendre compte de manière aussi fidèle que possible de ce que l'auteur a vraiment dit. L'exactitude de Kant discutant Descartes, poursuit Beyssade, est d'un autre ordre. C'est celle d'un philosophe, muni de ses propres questions et dont en outre les références ne sont pas les nôtres. Dans une telle approche,

> Les auteurs convoqués, ici Descartes, ne sont pas pris d'abord dans la vérité effective et historique de leur démarche mais comme *index* pour des moments spéculatifs déterminés en dehors d'eux [1].

Et Beyssade d'ajouter :

> Peut-être que Kant, en critiquant un cartésianisme qui n'est pas ou pas tout le cartésianisme de Descartes, pourra nous aider à dégager un autre Descartes qu'il a méconnu, un autre cartésianisme qui éclaire Kant lui-même [2].

En outre, ajoute Beyssade, l'inexactitude incontestable de certains aspects de la lecture que fait Kant de Descartes ne doit pas nous rendre aveugles à l'exactitude d'autres aspects de sa lecture, parfois plus exacte que celle des historiens d'aujourd'hui, dont les références centrales ne sont plus les mêmes. En d'autres termes, les erreurs de Kant, incontestables sur le point central qu'est sa lecture du cogito, ne doivent pas nous masquer le fait que différentes époques se font d'un même auteur une image différente en fonction de leurs propres références centrales.

> Là où nous voyons une inexactitude de Kant, Kant peut être d'une exactitude parfaite, fidèle mais fidèle à un autre aspect de l'auteur, à d'autres références que les nôtres, à des textes qui ne sont plus nos textes canoniques [3].

En d'autres termes, on doit discerner deux aspects bien distincts de la mise en garde que formule Beyssade contre une condamnation trop rapide des apparentes inexactitudes dans la lecture que fait Kant de Descartes. Le premier aspect, et le principal, consiste à dire que plutôt que de reprocher à Kant l'absence d'une exactitude textuelle dans sa lecture de Descartes, il faut chercher à comprendre la vérité philosophique que Kant cherchait à dégager de sa réflexion sur Descartes. Le second aspect de la défense de

1. J.-M. Beyssade, « La critique kantienne du cogito de Descartes », art. cit., p. 49.
2. *Ibid.*
3. *Ibid.*, p. 50. J'analyse plus en détail le débat de Beyssade avec Kant et Descartes dans le texte complet de mon intervention, disponible sur mon profil academia.edu.

Beyssade consiste à dire que derrière l'inexactitude apparente peut se cacher une exactitude non seulement au sens du philosophe mais au sens de l'historien de la philosophie : l'exactitude d'une lecture digne de figurer dans la panoplie de l'historien de la philosophie le plus rigoureux, mais une exactitude dont les références centrales sont différentes des nôtres. Il y a donc deux types d'exactitude : celle de l'historien de la philosophie et celle du philosophe[1].

La question que je voudrais poser ici est la suivante : quel est le type d'exactitude de Jean-Marie Beyssade lui-même? Nous l'admirons tellement pour son goût de l'exactitude dans la lecture des textes, nous l'admirons tellement pour sa jubilation à traquer les moindres nuances du langage de son auteur – en latin, en français, en allemand – que l'on est tenté de dire : il était résolument, pour sa part, du côté de la première exactitude, celle de l'historien de la philosophie, tout en ayant l'intelligence et la générosité nécessaires pour, plutôt que traquer les inexactitudes (en ce premier sens) d'un grand auteur, chercher plus utilement à en comprendre le sens systématique et à faire même de l'inexactitude (au sens de l'historien de la philosophie) son miel, jusques et y compris pour mieux comprendre l'auteur à propos duquel l'inexactitude était commise, en l'occurrence Descartes dans l'analyse qu'en faisait Kant.

Nous connaissons donc Jean-Marie Beyssade comme un exemple éblouissant de la première exactitude. Mais je voudrais suggérer qu'il ne se dispense pas lui-même de la deuxième exactitude, celle du philosophe, même lorsqu'elle est au moins en partie au détriment de l'exactitude de l'historien de la philosophie. Et c'est pour le mieux. Sa contribution à la fameuse séance de la Société française de philosophie le montre, qui suscita autant de contestation que d'admiration.

« République et régicide chez Kant » présente toutes les marques de l'exactitude au premier sens, au sens de l'historien de la philosophie. Jean-Marie Beyssade y offre non seulement une étude méticuleuse du jugement de Kant sur la Révolution française dans son évolution et ses transformations, de l'enthousiasme des débuts au jugement horrifié sur le régicide ; mais aussi une référence détaillée au contexte historique et à la succession des événements qui conduisit de la convocation par Louis XVI des États

1. Au cours de la discussion lors de la journée d'hommage à Jean-Marie Beyssade, Hélène Bouchilloux a proposé de caractériser la distinction entre les deux exactitudes comme une distinction entre la « vérité du texte » et la « vérité de la chose ». On pourrait dire alors que Kant est superlativement attaché à la deuxième (la vérité de la chose, à laquelle correspond la « deuxième exactitude » de Beyssade) au détriment souvent de la première (la vérité du texte, à laquelle correspond la « première exactitude » de Beyssade).

généraux à son procès et à sa condamnation à mort en janvier 1793. Beyssade fait en outre appel à d'abondantes citations et analyses des discours des principaux acteurs de la Convention qui condamna Louis XVI : Manuel, Cambon, Saint-Just, Danton et Robespierre. Quant à son analyse du jugement de Kant, elle est focalisée sur une thèse principale : le procès du roi suivi de son exécution, c'était selon Kant « un suicide accompli par l'Etat sur lui-même » – ici Beyssade cite en allemand « ein vom Staate an ihm verübter Selbstmord ». Beyssade lit cette formule de Kant à la lumière d'une distinction qu'il emprunte à la première « Analogie de l'expérience » dans la *Critique de la raison pure* : la distinction entre deux types de changement, *Veränderung* (altération), et *Wechsel* (substitution). Le premier type de changement – *Veränderung* – consiste dans la transformation d'une substance, dont il présuppose l'existence continuée. Le second – *Wechsel* – est la disparition de l'état d'une substance et son remplacement pur et simple par un autre état. Le premier type de changement, dit Beyssade, définit une réforme plutôt qu'une révolution. Le deuxième définit une révolution, la substitution pure et simple, sans continuité, d'un état de chose à un autre. Or, poursuit Beyssade, dans l'acte catastrophique accompli par la Convention de 93, un tel changement sans continuité est en réalité un retournement contre elle-même de la volonté générale, la volonté du peuple uni, qui – ici je cite de nouveau Beyssade – « constitue depuis le début la substance unique, unifiante, et indivisible de la liberté, ici la liberté du peuple français » [1].

Cette analyse de Beyssade s'éclaire si on la lit à la lumière du texte sur « Les deux Souverains » publié pour la première fois dans le présent recueil. Car dans ce texte, consacré à l'analyse kantienne du concept de la souveraineté dans la *Doctrine du droit*, Beyssade montre que Kant distingue le Souverain en Idée, identifié à la volonté générale, celle du peuple uni ; et le Souverain réel, qui est la forme empirique que prend l'idée pure de souveraineté. Pour faire très vite : en exécutant Louis XVI, en l'exécutant en tant qu'il est roi, et en le faisant sous le couvert d'une légitimité juridique, la Convention – devenue à son tour la forme empirique de la volonté générale – exécute en Louis XVI la volonté générale elle-même, dont il a été lui aussi, comme roi, la réalisation empirique.

1. Voir « République et régicide », chap. XII, *supra*, p. 256.

Je n'ai pour ma part pas compétence pour rendre compte du jugement de Kant sur le régicide. La culture de Jean-Marie Beyssade est, à cet égard comme à bien d'autres, bien plus vaste que la mienne. Je noterai simplement qu'il est clair que, du texte que rédigea Beyssade sur « Les deux Souverains » à son texte sur « République et régicide chez Kant », « l'idée rationnelle pure du Souverain » ou « idée rationnelle pure de la République », est devenue sous la plume de Beyssade « liberté substantielle », à laquelle les Conventionnels ont voulu, par un véritable contresens pratique, imposer un changement en forme de disparition, *Wechsel*, c'est-à-dire un type de changement qui ne devrait s'appliquer qu'à des états de la substance, et non pas à la substance elle-même, incarnée dans Louis XVI. Dans la discussion animée qui suivit son exposé, plusieurs intervenants, à partir d'angles variés, furent amenés à souligner que la distinction entre *Veränderung* (altération d'une substance) et *Wechsel* (changement des états d'une substance) à laquelle fait appel Beyssade pour éclairer l'analyse kantienne appartient à la philosophie théorique et non à la philosophie pratique. Au demeurant, à strictement parler *altération* (de la substance) et *changement* (de ses états) sont une seule et même chose, même si Beyssade a raison de dire que la deuxième notion (changement, *Wechsel*) connote une substitution pure et simple d'un état à l'autre alors que la première (altération, *Veränderung*) souligne la continuité de la substance par-delà ses changements d'états. Mais le point le plus important était que lire l'analyse kantienne comme une opposition entre la continuité de l'altération d'une substance et la discontinuité de la substitution pure et simple d'un état à un autre conduisait à durcir encore la position de Kant, pourtant déjà suffisamment critique à l'égard de la Révolution française et de son crime de régicide, que Kant appelait non seulement un « suicide de l'État » mais un « crime inexpiable de l'humanité ».

Or dans ce débat, la force de la position de Beyssade tenait peut-être à ce qu'il introduisait dans son analyse le deuxième type d'exactitude, celle du philosophe, venant s'ajouter à celle de l'historien de la philosophie qu'il avait par ailleurs magistralement démontrée. Le geste philosophique que faisait Beyssade, en important les notions de substance et de liberté substantielle là où Kant ne parlait que d'une Idée de la souveraineté ou de la République, dont les États empiriques (monarchies, démocraties ou aristocraties) ne seraient jamais qu'une approximation tenant à des circonstances historiques particulières, ce geste philosophique sera celui de Hegel, qui fera de l'État la substance même de la liberté, une substance qui est aussi sujet. Ce faisant, Beyssade l'historien de la philosophie, exact au meilleur de ce premier sens du terme, se montre exact au deuxième sens, discernant peut-être, dans le jugement dramatique de Kant, la possibilité de sa postérité hégélienne[1]. Ce faisant, il nous invitait – l'invitation est explicite dans son texte – à réfléchir non seulement sur le déroulement des événements révolutionnaires de 1789 à 1792, mais aussi sur une autre révolution dont l'échec avait été signé trois ans plus tôt avec la chute du mur de Berlin (la conférence fut prononcée en novembre 1992), et plus généralement sur le rapport entre réforme et révolution. Jean-Marie Beyssade l'exigeant, le méticuleux, l'exact, était ici exact au second sens qu'il dessina quelques années plus tard dans son article sur Kant lecteur de Descartes, le sens que sa générosité attribuait à Kant le philosophe. Il le faisait pour notre plus grand plaisir et au bénéfice de l'une des plus belles discussions auxquelles il me fut donné d'assister à la Société française de philosophie.

Cette tension entre les deux types d'exactitude n'est pas seulement inévitable, elle est même souhaitable. La tâche d'unir les deux types d'exactitude est une tâche difficile, dont Jean-Marie Beyssade fut l'un des plus grands praticiens. Mais comme le disait le philosophe qui lui était peut-être le plus cher, « tout ce qui est très précieux est aussi difficile que rare ». Ou, dans le latin que Michelle et Jean-Marie Beyssade nous ont appris à tenir pour la plus vivante des langues : « Sed omnia præclara tam difficilia quam rara sunt »[2].

Béatrice LONGUENESSE

1. Comme me l'a confirmé Michelle Beyssade, Hegel ne faisait pas partie des références philosophiques de Beyssade. Je me demande cependant, pour ma part, si ne se fait pas sentir ici, dans la sensibilité philosophique de Jean-Marie Beyssade, l'influence de Jean Hyppolite, professeur à l'École Normale Supérieure, puis directeur de l'École, dont Beyssade fut un élève précoce et brillant.

2. B. Spinoza, *Éthique* V, proposition 42, scolie.

INDEX DES NOMS

AUTEURS ET COMMENTATEURS

ALQUIÉ, Ferdinand, 10, 49
ALTHUSSER, Louis, 10, 81, 97, 99, 100, 102-105, 107, 108, 112, 115, 146, 223
ARISTOTE, 45, 222, 250
ARON, Raymond, 24

BALIBAR, Étienne, 10
BERKELEY, George, 49, 227
BOSSUET, Jacques-Bénigne, 207
BOUCHILLOUX, Hélène, 269
BRANCOURT, Jean-Pierre, 13, 57

CLARKE, Samuel, 49
COIRAULT, Yves, 48, 49, 66, 74
CONSTANT, Benjamin, 166
CORNEILLE, Pierre, 10, 12, 16, 21, 22, 24, 26, 29, 35, 36, 43-45

DE WAELHENS, Alphonse Marie Adolphe, 48
DERATHÉ, Robert, 89, 90, 93, 132, 136, 222
DERRIDA, Jacques, 10
DESCARTES, René, 9, 11, 16, 22, 58, 66, 84, 177, 203, 267-269, 272
DIDEROT, Jacques, 88, 89, 98

EISENMANN, Charles, 223

FABRE, Jean, 49, 124, 140, 164, 175, 176
FOUCAULT, Michel, 10

GOLDSCHMIDT, Victor, 10, 14, 81, 97-99, 116, 146, 175, 177, 190, 218
GOUHIER, Henri, 148
GOYARD-FABRE, Simone, 175-177, 181, 186, 187, 191, 193
GROTIUS, HUGO DE GROOT, dit –, 132, 134
GUEROULT, Martial, 10
GUYON, Bernard, 124

HALBWACHS, Maurice, 99
HAVENS, George R., 152
HEGEL, Georg Wilhelm Friedrich, 116, 117, 120, 187, 265, 271, 272
HELVÉTIUS, Claude-Adrien, 135
HOBBES, Thomas, 15, 84, 88, 121, 172, 177, 180
HUME, David, 149
HYPPOLITE, Jean, 120, 272

KANT, Emmanuel, 10, 11, 13, 14, 47, 51, 61, 78, 82-84, 97, 116-118, 120, 121, 176, 177, 179, 205-208, 210-216, 219-222, 226, 229-237, 239-242, 245-271
KANTOROWICZ, Ernst, 13

LAUNAY, Michel, 124
LEIBNIZ, Gottfried Wilhelm, 180
LOCKE, John, 15, 216, 223

MALEBRANCHE, Nicolas, 47, 49
MARION, Jean-Luc, 10
MARKOVITS, Francine, 165
MIRABEAU, Victor Riquetti, marquis de –, 172, 173
MOLIÈRE, 35, 203
MONTESQUIEU, Charles Louis de Secondat, baron de –, 12, 41, 47, 53, 56, 221-223, 227
MORE, Thomas, 208

NEWTON, Isaac, 84

PASCAL, Blaise, 188
PLATON, 21, 208, 250
PLUTARQUE, 163, 174
PROUST, Marcel, 47
PUFENDORF, Samuel von –, 154, 222

ROUSSEAU, Jean-Jacques, 9-14, 16, 17, 19, 47, 53, 64, 81-86, 88-90, 92, 93, 95, 98, 99, 102-105, 107, 108, 110, 111, 113-121, 123-131, 133-136, 138, 141, 144-148, 150-159, 161-166, 169, 171-177, 179, 181, 187, 190-192, 196-204, 208, 211, 212, 215-218, 220, 222, 224, 226, 228, 230, 232, 233, 236-238, 241, 242, 257, 259

SAINT-PIERRE, Charles-Irénée Castel, abbé de –, 11, 13, 14, 61, 85, 86, 175, 181, 187, 189-197, 201, 202
SAINT-SIMON, Louis de Rouvroy, duc de –, 10, 12, 13, 47-50, 52-58, 60, 62, 64-73, 75, 77, 78
SOCRATE, 89, 110, 135, 163
SPINOZA, Baruch, 9, 16, 177, 216, 272
STAROBINSKI, Jean, 54, 120, 152, 172
STELLING-MICHAUD, Sven, 87, 127, 137, 196
STENDHAL, Henri Beyle, dit –, 47, 79

TRUC, Gonzague, 48

VAIRASSE d'Allais, Denis, 208
VICO, Giambattista, 182
VLACHOS, Georges, 229, 253
VOLTAIRE, 48, 54, 108, 120, 151, 152, 154, 157, 169, 172

WOLFF, Christian, 49

PERSONNAGES HISTORIQUES

ALBERONI, Giulio (homme d'État au service du roi d'Espagne Philippe V), 186
ANJOU, Philippe, duc d'– (roi d'Espagne à partir de 1700), 72, 182
ANNE (reine de Grande-Bretagne), 179, 183

BONAPARTE (NAPOLÉON Ier), 182, 189
BONAPARTE (NAPOLÉON III), 189
BOUILLON, Emmanuel-Théodose de La Tour d'Auvergne, cardinal de –, 59
BOURGOGNE, Louis de France, duc de – (dauphin de Louis XIV jusqu'à sa mort en 1712), 50, 60, 62, 72, 177, 182
BRUTUS (Marcus Junius Brutus Cæpio, dit –), 170, 247

CAMBON, Pierre-Joseph (député à la Convention), 214, 246, 270
CATON (Marcus Porcius Cato ou Caton l'Ancien), 109, 132, 134, 163
CATON (Marcus Porcius Cato Uticencis, ou Caton le Jeune), 119, 132
CÉSAR (Caius Iulius Caesar), 36, 138, 140
CHARLES QUINT, 86
CHARLES XI (roi de Suède), 61
CHARLES XII (roi de Suède), 177
COMMODE (Imperator Caesar Lucius Aelius Aurelius Commodus), 237
CONDÉ, Louis II de Bourbon, dit le Grand –, 22, 25
CROMWELL, Oliver, 57

DANTON, Georges Jacques, 206, 214, 270
DEFFAND, Marie de Vichy-Chamrond, marquise du –, 47
DOMITIEN (Titus Flavius Domitianus), 237
DUBOIS DE CRANCÉ, Edmond-Louis-Alexis (député à la Convention), 59

EUGÈNE DE SAVOIE-CARIGNAN, PRINCE –, 183

FABRICIUS (Gaius Fabricius Luscinus, consul de Rome au IIIe s. av. J.-C.), 147, 150, 152, 154, 172
FÉNELON, François de Salignac de La Mothe-Fénelon, dit –, 183
FRANÇOIS Ier, 194
FRÉDÉRIC II (roi de Prusse), 196

GRACCHUS (Tiberius Sempronius Gracchus, tribun de la Plèbe au IIe s. av. J.-C.), 169

GRACCHUS BABEUF, François Noël Babeuf, dit –, 169

HENRI III (roi de France), 184
HENRI IV, 87, 94, 180, 181, 184

JÉSUS CHRIST, 92, 110, 119, 163
JUSTINIEN (Imperator Caesar Flavius Petrus Justinianus Sabbatius), 197

KAUNITZ, Wenceslas Antoine, prince de –, 179

LASOURCE, Marc David (député à la Convention), 206, 214
LOUIS XIII, 22, 23, 57, 68
LOUIS XIV, 22, 23, 49, 51, 55, 59, 60, 62, 63, 65, 68, 72, 75, 177, 182
LOUIS XV, 71, 72
LOUIS XVI, 12, 65, 67, 239, 245, 246, 247, 248, 252, 255, 256, 257, 258, 259, 260, 262, 264, 269, 270, 271
LYCURGUE, 217

MAHOMET, 204
MAINE, Louis Auguste de Bourbon, duc du –, 51, 63, 64, 75, 76
MANUEL, Pierre-Louis (député à la Convention), 206, 239, 246, 270
MARAT, Jean-Paul, 246
MARC-AURÈLE (Marcus Aurelius Antoninus), 236
MARIE-THÉRÈSE D'AUTRICHE, 196
MARLBOROUGH, John Churchill 1er, duc de –, 183
MAZARIN, Giulio Raimondo Mazzarino, cardinal –, 22, 27, 52, 183
METTERNICH, Klemens Wenzel, prince de –, 179
MIRABEAU, Victor Riquetti, marquis de –, 172, 173
MONTESPAN, Françoise de Rochechouart de Mortemart, marquise de –, 63

ORANGE, Guillaume-Henri d'– (roi de Grande-Bretagne sous le nom de Guillaume III, 61

PÉTION DE VILLENEUVE, Jérôme (député à la Convention), 246
PHILIPPE D'ORLÉANS (régent du royaume de France pendant la minorité de Louis XV), 49, 51, 65, 67, 72
PHILIPPE II (roi d'Espagne), 184
PHILIPPE V (roi d'Espagne ; voir aussi Philippe, duc d'Anjou), 72, 182
PIERRE LE GRAND, 199
PONTCHARTRAIN, Louis, marquis de Phélypeaux, chancelier de –, 55, 62
POPILIUS (Caius Popillius Laenas, consul de Rome au IIe s. av. J.-C.), 132, 134

REGULUS (Marcus Atilius Regulus, consul de Rome au IIIe s. av. J.-C.), 134, 135
RICHELIEU, Armand Jean du Plessis, cardinal de –, 22
ROBESPIERRE, Maximilien de –, 247, 253, 270

SAINT JACQUES, 119
SAINT-JUST, Louis Antoine de –, 246, 247, 258, 270
SAINT PAUL, 119

SERVIUS (Servius Tullius, roi légendaire de Rome), 130, 141
SOLIMAN le Magnifique, Soliman Ier, dit –, 194
SOLON, 180, 181, 189
STUART, Jacques François Édouard (prétendant au trône d'Angleterre), 179
SULLY, Maximilien de Béthune, duc de –, 94, 180

THÉODOSE (Flavius Theodosius Augustus), 197
TITUS (Imperator Titus Caesar Vespasianus), 236
TOULOUSE, Louis-Alexandre, comte de –, 55, 63

WARENS, Françoise-Louise de la Tour, dite madame de –, 172

TABLE DES MATIÈRES

ABRÉVIATIONS 7

INTRODUCTION par Blaise Bachofen 9

NOTE SUR L'ÉDITION DES TEXTES 19

CHAPITRE PREMIER : « ENTRE TERREUR ET GÉNÉROSITÉ : LES IDÉES DU POLITIQUE DANS LE *NICOMÈDE* DE PIERRE CORNEILLE » 21

CHAPITRE II : « L'IDÉE DE TYRANNIE DANS LES *MÉMOIRES* DU DUC DE SAINT-SIMON : L'ORDRE ET LES DEGRÉS DE L'USURPATION » .. 47

CHAPITRE III : « LE DUC DE SAINT-SIMON ET LES ÉTATS GÉNÉRAUX DE 1715 : ROMAN OU SONGE PROPHÉTIQUE ? » 65

CHAPITRE IV : « DU CONTRAT SOCIAL EN GÉNÉRAL »......................... 81

CHAPITRE V : « ÉTAT DE GUERRE ET PACTE SOCIAL SELON J.-J. ROUSSEAU » 97

CHAPITRE VI : « LE SOLDAT ET LE CITOYEN CHEZ JEAN-JACQUES ROUSSEAU » 123

CHAPITRE VII : « JEAN-JACQUES ROUSSEAU : LE PACTE SOCIAL ET LA VOIX DU GUEUX. DU *DISCOURS SUR L'ORIGINE DE L'INÉGALITÉ* AU *CONTRAT SOCIAL* : DEUX PACTES OPPOSÉS, OU UN SEUL ? »...... 145

CHAPITRE VIII : « "SOPHIE ET MON CHAMP" OU LA POLITIQUE DES MODERNES » 161

CHAPITRE IX : « ANTHROPOLOGIE ET POLITIQUE CHEZ L'ABBÉ DE SAINT-PIERRE » 175

CHAPITRE X : « QUELLES FRONTIÈRES POUR L'EUROPE ? L'ISLAM POUR L'ABBÉ DE SAINT-PIERRE ET JEAN-JACQUES ROUSSEAU » 191
CHAPITRE XI : « LES DEUX SOUVERAINS. RÉPUBLIQUE ET DÉMOCRATIE CHEZ KANT » 205
CHAPITRE XII : « RÉPUBLIQUE ET RÉGICIDE CHEZ KANT » 245

POSTFACE par Béatrice LONGUENESSE : « JEAN-MARIE BEYSSADE ET LES DEUX EXACTITUDES » 267

INDEX DES NOMS 273
TABLE DES MATIÈRES 279

Achevé d'imprimer en mars 2025 sur les presses de
La Manufacture - *Imprimeur* – 52200 Langres – Tél. : (33) 325 845 892
Imprimé en France – N° : 250184 – Dépôt légal : mars 2025